听雨楼杂笔

大家史说

高伯雨／著

故宫出版社

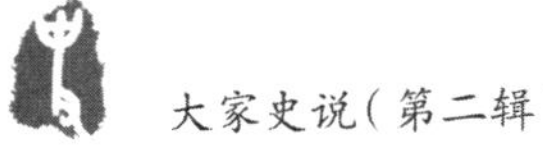

图书在版编目（CIP）数据

听雨楼杂笔 / 高伯雨著. -- 北京：故宫出版社，2013.9
（大家史说. 第 2 辑）
ISBN 978-7-5134-0231-6

Ⅰ. ①听… Ⅱ. ①高… Ⅲ. ①中国历史–掌故 Ⅳ. ①K206.6

中国版本图书馆 CIP 数据核字（2011）第 271420 号

听雨楼杂笔

著　　者：高伯雨
责任编辑：江　英　宋　歌
装帧设计：赵　谦
校　　对：毕卫涛
出版发行：故宫出版社
地址：北京市东城区景山前街 4 号　邮编：100009
电话：010-85007808　010-85007816　传真：010-65129479
网站：www.culturefc.cn　邮箱：ggcb@culturefc.cn
印　　刷：保定市中画美凯印刷有限公司
排　　版：保定市万方数据处理有限公司
开　　本：880×1230 毫米　1/32
印　　张：12
字　　数：200 千字
版　　次：2013 年 9 月第 1 版
2013 年 9 月第 1 次印刷
印　　数：1~5000 册
书　　号：ISBN 978-7-5134-0231-6
定　　价：30.00 元

《听雨楼杂笔》序

伯雨为文如其为学，为学如其为人。其为人，温而毅，直而婉；不信不言，不果不行；用其文其学，博而不杂，精而不执；深而不刻，浅而不薄；大而不无当，泛而不无归——友人中吾未见有如伯雨者也。

不特此也。伯雨留学英伦有年，治英国文学亦有年，而未尝有寻常昂首天外之博士气，亦未尝有言必厕洋语之买办气；尤未尝谓外国月亮大，如若干时髦少年意气崭崭之所云为。则不知伯雨何由臻乎是且有乐乎是也。

伯雨卖文自活如吾。抱残守缺，日与故纸邻而不知老之将至亦如吾；至其治晚清掌故之勤，与夫言事之必征必信，行文之纯朴可喜，吾实甚敬畏之。即此书也。

虽然，今日者乃一“理幕”横绝一世之时代也。奉一教条，抱一体系，即若将终身用之食之而不穷，奚以之孳孳矻矻日与故纸邻如吾侪之所为为？吾又以是不知伯雨何由臻乎是且有乐乎是也！

然则伯雨此书虽一代文献之所系，其风行殆将有待。顾虽有待，何伤？是为序。

徐亮之

目录

题听雨楼杂笔五首

末世同为膏火煎，无锥可立但青毡。
丝窝缀露曾何益，须悔当年学草玄。
入简星萤故不光，窥人残蠹阅沧桑。
蟠胸五十年来事，胜与河桥说辨亡。
雨中烟树忆南村，笔法君家有本源。
绝似哀湍奔笔底，潇潇飞雨隔江繁。
人间凄断雍门琴，谁识清言画里心。
白眼看人浑欲老，一编苦道去来今。
遗事聊追越缦书，一时綦辙费爬梳。
漫同窥日牖中趣，沾溉风流也起予。

丙申新春饶宗颐

康有为公车上书

清光绪廿一年（1895），中国败于日本，割地求和。这一年是会试之期，各省举人齐集北京应试。恰好遇到中日和议完成，《马关条约》将要画押，定于五月初四日“用宝”（当日朝廷的一种术语，即盖用御宝）。应试举人知道条约中的条款甚苛，国势危殆，便齐集松筠庵（明杨椒山先生故居）的谏草堂开会，决议联名上书政府，反对和议。这就是历史上著名的“公车上书”。众举人公推康有为（时名祖诒）起草上政府书，由他领衔，开头说：“具呈举人康祖诒等……”接着就说到他们的主张：请拒和约，迁都练兵，变法等项。这个有意义的政治运动（又可说是学生运动、学生干政）影响很大，有了这运动，才有三年后的戊戊变法，才有辛亥革命、五四运动等一连串的革新。康有为等当日的主张，虽不为清政府所接纳，但这一运动已在历史上写下了光辉的一页，到今年恰一周甲，是值得我们纪念的。

康有为的万言书写成后，只是在民间互相传观，无法上达“天听”，但清政府已经知道这件事，深怕众怒难犯，便提前“用宝”。这么一来，军机大臣孙毓汶就受到朝野的攻击，不得不辞职了。这件事的经过，我想引《南海先生传》一书所记来说明。它说：“诸举人以宰相孙毓汶贪懦卖国，欲殴之，孙乃派人布散谣言，并阻其书，竟不得达。然此时举人车马集于都察院者长五里，阗塞院门。台湾举人涕泪哭诉，院长长揖引过……”（这部书系1929年出版，据编者陆乃翔、陆敦骙说：“昔光绪二十六七年间，梁君任公尝著《康南海》一传行世，同学颇以为简略。于是各尊所闻，各述所知，通力合作，勒为此篇。”但只有上篇，下篇尚未出版。又书中称孙为宰相，似亦不妥。毓汶官止军机大臣，以兵部尚书致仕，并未入阁，不应称为宰相。）万言书不能上达，乃受厄于孙毓汶，这是一部分事实。其实书未上，和约已“用宝”，都察院以无可挽回，便不肯收他们的公呈了。

《南海先生传》又云：“中国数千年来未闻有此大举也。

虽不行，而全国震动，美公使田贝闻之，即托人来问先生取奏稿上海刻之，今名《公车上书记》者是也。诸举人有欲扛棺于孙毓汶家而杀之者，先生以必生大祸，固止。孙亦大畏，不敢入朝，遂称病。皇上因而听其去位。士气之昌，至逐宰相，世所未有也。”孙毓汶本是主和派的领袖，一向就主张议和及割地（见《翁同龢日记》光绪廿一年正月廿九日记事），他见敌前屡败，便力主不能再战。翁同龢拟利用英俄在幕后之争来延迟换约之期，但孙毓汶、徐用仪却极力反对，翁同龢和他们争得面红耳赤，无如西太后要苟安，割地了事，就是大臣力争也没有效果的。张伯桢的《南海康先生传》说：“是日翁同龢入朝房，犹持勿用宝，电日相伊藤博文请展期五日。孙谓若尔，日本必捣京津，吾辈皆有身家，实不敢也。同龢厉声责之曰：‘我岂不知爱身家者，其如国事何！’孙苦无法，乃使李莲英请之太后，于是大错成矣……”同龢四月初八日日记云：“上意幡然，有批准之谕。臣对以三国若有电来，何以处之。上曰，‘须加数语于批后为将来地步’。于是战慄哽咽，承旨而退。”光绪帝受翁同龢的影响，本是不肯弃台湾的，他曾说过，如果弃台湾，“则天下人心皆去，朕何以为天下主！”（见《同龢日记》）但后来孙毓汶运动西太后，对光绪帝施以压力，才有“批准之谕”。张伯桢所述，相当可靠，大概是他亲闻诸其师及参考翁氏日记而写的。结果孙毓汶于六月五日奏请开缺，立刻批准，光绪帝不请命于西太后，这是很少见的。（西太后名曰“归政”，但进退大臣仍须征求她的同意，光绪帝无权也。）

康有为的公车上书，大略已经说过了，现在顺便说一下那本《公车上书记》。这是一本一百四十多页的木刻线装书，印于光绪廿一年（1895）。正文之前有序三篇，第一篇是袁祖志写的，第二篇是刘锡爵，第三篇是用“哀时老人未还氏”之名，不知何许人。正文之后是“公车上书题名”，分列各省士子的姓名籍贯。十八省中，独无浙江省的士人。袁祖志的序文就说：“余浙人也，检点所列姓名，独缺吾浙一省，反复推求，莫解其故。序成，兼志其疑。”到底何以没有浙省的士人参加，我也不大明白，是否浙人怕事，抑另有原因，待考。

各省士人题名，先列吉林，而殿以贵州，共一千三百余名。现在把参加此运动的较为知名的人物，分籍列举如下，使读者知道一二。

吉林：德懋（号子勉）。直隶：刘世骏、马文煜、张权（号君立，张之洞子）。江苏：金还、曹元忠、唐浩镇、秦曾潞、吴廷燮、沈恩孚、姜汝谟、廉泉（字惠卿，号南湖）。安徽：李汝穉、胡殿元、何云蔚。山西：王仪通。陕西：曹邦彦、陈良均、丁兆松、吕国治。甘肃：陈协华、张思永、彭汝翼、丁俊。福建：李景骧（字季缄、号少峰）、朱勋、朱序铨、胡兆铨。江西：陈鹏运。湖北：夏良才、黄庆曾。湖南：曾熙（字子缉、名书画家，张大千之师）、戴展诚。四川：杨锐（戊戌六君子之一）、张联芳、林秉钧、谢璋。广东：何祖濂、梁启超、赖际熙（即香港人所称的赖太史，广东增城人，光绪二十九年进士，散馆授编修。他是香港大学第一个华人教授）、谢锡勋、曾述经、麦孟华、江孔殷、梁知鉴（字保三，士诒之父）。广西（案：书中把广西省士人并入广东一栏内，现在把它分开）：秦钟毓、王国梁、施献璜。云南：王佩玱、白嘉澍。贵州：黄钟杰、李端棨。

其实知名之士，不止我所举这五十多人，但是我见闻很窄，所知有限，只能举出这几个，而这五十人中，大概有百分之八十是古人了。

谈岑春煊

岑春煊以纨绔出身，后来努力用功，中了光绪十一年(1885) 举人。他的父亲毓英死后，以门荫赏五品京堂。戊戌行新政，光绪帝见他年少有为，使他以开缺的太仆寺卿一跳便做到广东布政使，不久就做到巡抚、总督、尚书，他的官运可谓亨通极了。

春煊为人勇于任事，“敢作敢为”，这是他的长处。可惜他性情暴躁，刚愎自用，不学无术，以致不能成为清末的“名臣”，这也许是一般人为他惋惜的。

光绪廿四年 (1898)，春煊做广东布政使时，年方三十五岁，在任不过一月，就和两广总督谭钟麟发生意见。清廷知道他们不和，便下令春煊开缺，入京陛见。据后来他对章士钊先生说这件事的经过是这样的：

（西林言）粤人之赂，均明白致之，号曰“公礼”，与人计事，以不收“公礼”为无诚意。彼开藩（即布政使，俗称藩台）时，为米案接商人禀词，中夹票银四十万，骇而还之。继询知为“公礼”，与寻常行贿有别。商人以是大戚，以藩台无意助己也。而西林（春煊广西西林人）卒右商。与总督谭钟麟互讦，清廷两解之，彼得调往甘肃。米商遮之，不听其行。自大堂以至东西辕门，皆为米包填咽，举足不得。西林朝服出迎，长跪与众商对话，称朝命不可忤，重来有日，暂不必噪。商尽泣，知不收“公礼”而肯为民任事者尚有人也。未数年，西林果督粤。（见《孤桐杂记》）

这是春煊自己说的，也许有夸大之处，但他不贪财，肯为百姓做事，确实称得上是一个清官。他临走时有《告别广东绅民书》，劝人民积谷、办团练、勿涉讼、勿械斗，这是戊戌十一月的事。

米商见无法挽留他，只得筹备一个盛大的欢送会，请他吃饭。到起程之日，又远送郊外数十里，人民所送的“万民伞”多到数不清。有一个商人还作了一首诗，恭颂岑方伯的德政，现摘钞如下：

仇在寅僚德在民，阮林蒋后此“名臣”。开藩东粤才三月，咸道西陲第一人。严饬吏员畴有是，只看文告已无伦。使君安得今还我，著手浑生五岭春。

方伯卸任前一日，由辰至戌，各商民留行，负米约千包，堆积藩署堂下，以阻行旌。是夕复各执灯笼大书“乞留宪驾”四字，拥进署内数百人。故一时好事者诗贴藩署门头，有“千石米粮堆廨舍，万家灯火拥牌楼”之句，因并志之。治下古冈州汴梁叔子拜稿。

这样的去任，可说是风光到极致了。岑春煊到甘肃做布政使后，碰上庚子之变，他带了几千人马去勤王，从此大为西太后所宠，升任陕西巡抚，后来又移任山西，不久就做到两广总督。光绪三十三年（1907）内召为邮传部尚书，还未到任，就亲口对西太后说：“侍郎朱宝奎声名狼藉，我怎能和他共事。”西太后也知朱宝奎是庆亲王、袁世凯的一党，声名平常，早就想罢斥他了。现在听到岑春煊这样说，便道：“好罢，你到部办事后，上折奏参，我有了根据才可以下上谕。”岑春煊那时自恃有宠，并没有想一下侍郎并非尚书的属吏，以一个未到任的尚书，竟然可以奏参侍郎，岂非大违体制？但春煊为人暴躁，不学无术，即奏曰：“如果皇太后认为我说的并不错，没有冤枉人，我现在就面参他。”西太后不得已，即日下上谕云，“据岑春煊面奏：‘邮传部左侍郎朱宝奎，声名狼藉，操守平常，’朱宝奎著革职”。可见西太后事事对他迁就，也可见他“帘眷”之隆了。

春煊自庚子勤王以至入为尚书，其心目中只知有皇太后而不知有皇帝，因为巴结上了皇太后，便可大行其道，取功名富贵如草芥。这样不学的人，安能望他做“名臣”呢？当他带兵数千勤王之时，如果他念及光绪帝行新政时派他到广东做布政使之恩，就应该乘这机会拥光绪帝回北京亲自与联军议和，由得西太后逃到西安，从此光绪帝得到联军之助，也许能恢复政权，不像以前那样当傀儡。假使春煊是有学问、有眼光的人，就应该行此大事，以后的功名富贵，当然不可限量（因他是热衷功名富贵的人）。即使不能成事，被西太后杀了，将来也会成为一代名臣。可惜他的“敢作敢为”只是会参官，被人封号为“官屠”而已。听说他勤王时，曾一度想成此大事，后来他的幕友岑炽劝他切不可如此，这样就会害了皇帝，使他蒙上千古不孝之名，于是春煊便不敢发动，转而竭力巴结西太后了。假如他有勇气、有见识，清朝此后十年的局面又不知怎样了。

春煊做邮传部尚书不久，被庆亲王、袁世凯设计排挤出政府，又再派他做两广总督。他取道上海赴任，流连不前，庆、袁下一步的计策又告成功，岑春煊开缺了。他在上海无事，日以听歌饮酒为乐，上海道蔡乃煌曾讽刺过他。关于他这一时期和入民国后的事，我想引用近人沃丘仲子的一段记载。他的《当代名人小传》（1919年出版）卷下记云：

……宣统初，盛宣怀为营起复，奕劻执不可。庚戌，锡良入觐，力荐于载沣，沣谓吾夙知其才，行即召用。然以劻（奕劻，庆亲王之名也）、桐（那桐，大学士，外务部尚书）等把持，命遂寝。辛亥蜀事棘，宣怀、载泽交荐，初令赴川查辨，至汉上，瑞澂、端方等欲阻其进。方争议，武昌起义，乃授以川督，兼钦差大臣，然是时春煊已除髯易窭人装逃回沪渎矣。继见南省皆独立，竟电清室让位，人皆称异。民国成立，又拜世凯命至福建按事，更受任为粤汉铁路督办，屈身事仇，殊不知其意旨所在。二次革命作，民党举为帅，不敢明受，阴入广州说龙济光，济光拒之。南方势败，则捏称以病赴上海，未预乱谋，而世凯弗信，竟下令通缉，谓春煊受优伶潘月樵指挥，倡谋叛逆云云，謔而虐矣。乃逃之南洋，而令其子心叔（案：心叔名德广，汪精卫在上海组织伪府时，亦大员之一，屡见《周佛海日记》）交接党人。洪宪僭号，还国，梁启超、陆荣廷举为抚军院都司令。事平还沪，家已富有，而营进不已，且自附于伟人之列，日干预时事。初，孙文任为元帅，不赴，嗣得冯国璋密书，知北军行反戈，乃之广州，起军政府，逐文，被推为主任总裁（案：应作政务总裁主席。其时广州非常国会推举孙文、唐绍仪、唐继尧、岑春煊七人为总裁），政学系主推之为总统，而桂系不悦，几酿岑、陆（荣廷）之争……

上文所述虽有欠分晓处，但大体不误。作者对于清末民初政坛的内幕很是熟悉。政学系推春煊为总裁主席之先，已把中山先生迫走，于是春煊的一系，在广州称雄了整整两年之久。一直到民国九年（1920）十月，陈炯明回师广州，打倒岑、陆的军政府。同年十月廿四日，岑春煊和陆荣廷、林葆怿、温宗尧发表宣言，解除军政府职务。民国十年以后，春煊在政治上已不能有什么作为，就隐居上海，又回复到他早年时代的纨绔生活，习于赌博狎游，无复当年雄心了。民国廿二年，岑春煊年以七十三岁高龄病死上海。

春煊面大耳长，神仪威武。夏日，有人过访，他穿了一件短衫，手持大葵扇，和客人茗谈，声震屋瓦。春煊对生平最推重他的幕客岑炽（字盛之，绍兴人）言听计从，因此春煊在光绪末年的名誉最好。但是在这个时期，他还是没有风度，不知道社会上的一般情形。张鸣岐批评他“操切无容是其短，严厉无私是其长”，所说多少有些对的。友人陶在东与岑炽同居春煊幕中，二十年前陶君在上海对我说过春煊一件趣事。当春煊勤王时，途经山西一小县，知县密昌墀对他的供应不十分周到，和春煊发生争吵。密昌墀是有学问有气骨的人，对一个藩司是不会尽力巴结的。岑春煊很不高兴，认为他太过可恶。后来春煊移任山西巡抚，恰好密昌墀也升任平定州知州。春煊前往迎驾路过平定州，这一次“天下太平”了，密昌墀办差很是卖力，供张甚盛，行台署一联云：“此去朝天，愿执疏陈言，毋忘在莒；这回过境，论下官不职，合便烹阿。”春煊见了大怒，声称回到太原，马上把他撤职。岑炽和陶君联同向春煊说情，请他不要为小小的一件事毁了人家的前途，春煊坚不允。密昌墀接到命令，交卸后一肩行李去了。通过这件事，我们可见春煊的度量。

唐景崧的国旗

近日看到有不少人谈及六十年前唐景崧的“台湾民主国”，还提到他的国旗。这件事虽然不发生在甲午年(1894)，但却与甲午年中日之战有关，所以在甲午谈往之时，可以谈一谈那枝“台湾民主国”的国旗。

这枝国旗是蓝地黄虎，虎首向内，表示臣服清廷之意。唐景崧的民主国成立七日之后就垮台，日军入台北，抢去此旗，后来陈列在日皇宫中的振天府。今日台北博物馆所陈列的那一枝“台湾民主国”国旗是复制品，不是真的。一九四五年，台湾重归祖国的怀抱，台湾人民屡次请求国民党政府向日本索回此旗。当时政府忙于接收，对此小事无暇顾及。到一九四八年七月十三日，台湾省参议会开会，参议员郭国基提出临时动议，电请国民党政府令我国驻日代表团向日本追还此旗。议案通过后，行政院仍然没有什么举动，此后便不了了之。大概此旗现在还陈列在振天府，日皇御驾偶临欣赏，会向它微笑的。

唐景崧本是台湾的布政使，光绪二十年（1894）才升任巡抚。光绪廿一年，清廷派李鸿章之子李经方为“割台专使”，台湾人民不甘就此任人宰割，拥唐景崧为台湾民主国总统。台湾人民抗敌的布告有云：

此非台民无理倔强，实因未战而割全省，为中外千古未有之奇变。台民欲尽弃田里，则内渡后无家可归；欲隐忍偷生，实无颜以对天下。因此椎胸泣血，万众一心，誓同死守。

文后还有“呜呼惨矣”及“台湾政令非他人能干预”等语。那时候的台湾人民，明知道实力不如日敌，但不甘心就此俯首待割，还要激励人民起兵抗敌。一面运用外交力量，请求各国承认台湾民主国，唐景崧还请陈季同向法国驻华公使游说，请法国首先承认。但各国与暴日都是一丘之貉，只利中国乱糟糟，陷于衰弱之境，怎敢开罪日本？所以唐景崧的总统做了七日就下台，逃向上海了。他入南京见两江总督张之洞，请代奏清廷，问要不要他入京，不久后，清廷有谕旨到，准他解职归里。清廷没有因为他组织民主国而降罪，大概也默认他的组织，以求渡过一时的难关的。唐景崧是广西灌阳人，同治四年（1865）进士，散馆改吏部主事，光绪末年卒。

割台专使李经方

一八九四年至一八九五年，中国和日本爆发中日甲午战争，清政府一败涂地，把台湾割给日本。充当割台专使的人，是李鸿章的长子李经方。

李经方字伯行，死于一九三四年阴历八月二十日，到今年八月，恰恰是二十年。当一九四五年台湾重返祖国怀抱之日，我在澳门和朋友谈天，总是可惜李经方早死十一年，否则他可以亲眼看到从他手里送给日本的台湾重归祖国，他也死得瞑目。

中日和议，清廷派李鸿章为全权大臣，到日本和议。割台之议既定，执政王大臣特地派李鸿章之子经方作割台专使，故意以此窘鸿章父子。鸿章认为这是一件极端耻辱和棘手的事，示意经方力辞。（据翁同龢乙未年四月廿四日日记云："柳门来，倦极未晤，留字告余，合肥不令经方交台。"）经方遂以病告，但政府不准他推却，又再下严旨切责，措词极为严厉，有云："现在日使将次到台，仍着李经方迅速前往，毋许畏难辞避，倘因延迟贻误，惟李经方是问，李鸿章亦不能辞其咎也！"此旨由总理各国事务衙门（即外务部前身）于四月廿七日致电李鸿章的，廿八日，李经方已有覆奏，不敢再辞，但请求把在台湾的官员顾肇熙、杨珍歧留下，帮同办理割交手续。

当朝旨命经方充任割台专使时，经方恳辞，御史谢隽杭劾经方云："窃臣闻李鸿章李经方始终主谋，岂有功届垂成反自逍遥事外之理？且该大臣等既能定割地请和之策，自必具有用夷变夏之才，国家用人专一，若忽舍而他求，臣恐其迫胁朝廷而未已也，相应请旨饬李鸿章李经方等迅速亲赴台湾，依限交割，以终遂其志，而间执其口。"

清廷既有严旨切责，鸿章知不能再推辞，有电与经方云："我父子独为其难，无可推诿"等语，经方遂于是年六月，完成割台的使命，忍辱归国。

甲午中日战争时，清议对于李鸿章抨击特甚，且横生枝节，也把李经方拉在里面。甲午（1894）八月，御史张仲炘劾鸿章，词连经方，有云："经方以八百万两开银行于倭，认倭王女为义女，并定为儿妇。”九月，翰林三十五人联名劾李鸿章，有云：“……倭谍被获，或明纵或私放外，有海光寺傍居民王姓，经天津县获究，而李鸿章之子前出使日本大臣某为之说情……外间并有传闻，李鸿章有银数百万寄存日本茶山煤矿公司，伊子又在日本各岛开设洋行三所，以致李鸿章利令智昏，为倭牵鼻，闻败则喜，闻胜则忧，虽道路之言，而万口流传，岂得无因而至？”

十二月，御史安维峻有劾李氏父子折云：“倭贼与邵友濂有隙，竟敢索派李鸿章之子李经方为全权大臣，尚复成何国体？李经方乃倭逆之婿，以张邦昌自命，臣前已劾之，若令此等悖逆之人前往，适中倭之计……”

这些都是捕风捉影之词，不足为据。而在当日，则是人人称快的台谏大文也。最奇怪的是清廷切责李经方赴台交割时，易顺鼎（字实甫，号哭庵，湖南龙阳人，以诗名于时）于四月上疏论李经方云：

……抑微臣更有不忍不言者，李鸿章之奸，尚不及其子李经方之甚。李经方前充出使日本大臣，以己资数百万借给倭人购船备饷，其所纳外妇，则倭主睦仁之甥女，其奸诈险薄，诚不减蔡京之有蔡攸，严嵩之有严世蕃。假使凭依城社，窃据津涂，张邦昌刘豫之事，不难立见。……不图天地跃金，阴阳铸错，于倭生一睦仁，于中国生一李经方，以权奸为丑虏内助，而始有用夷变夏之阶，以丑虏为权奸外援，而始有化家为国之渐。唯有仰恳皇上天威立断，将李鸿章命交刑部治罪，判撤回李经方，革职严办……

这些台谏、京官，对李鸿章父子这样深恶痛绝，甚且摭拾流言，说李经方纳睦仁之甥女为外妇，一说是亲家，一说又是睦仁之婿，极尽诬蔑之能事。

翌年，鸿章奉使贺俄皇加冕，顺往英美各国聘问，奏明清廷，请以李经方随行。于是朝廷中又有人反对，不准所请，说李经方是一个大奸，随其父同行，必演出卖国丑剧。鸿章出使，上谕只令李经述（鸿章次子，时官三品衔刑部员外郎）随侍前往，而不及经方。因此，鸿章奏请与经方同行云："臣子李经方，幼曾兼习西国语言文字，嗣充驻英参赞，游历法德美各邦，旋充出使日本大臣，于各国风土人物，往来道里，均所熟谙。臣年逾七十，精神步履日见衰颓，所有沿途舟车馆舍及随从仆役，约束指挥，势不能处处周到，而所至之地，各国官商士庶，必多闻风来谒，不胜接待之烦。若以李经方同行，则程途之照料，宾客之酬应，均可分劳。再马关之役，势处万难，所有办理各事，皆臣相机酌夺，请旨遵行，实非李经方所能为力，局外不察横腾谤议，应邀圣明洞鉴……"

这是特为李经方申雪，而针对众言官的无聊攻击也。经方此次随其父出国，系以二品衔江苏存记道充随员。经方回国后，派充出使英国大臣，清末官至邮传部待郎，谄事尚书盛宣怀，为人不齿。入民国后，经方常居大连，其死也在大连，年八十矣。

经方为人聪明，少时学英文，进步甚速。曾纪泽《使西日记》光绪四年（1878）九月十七日云："至李相署，与李伯行一谈，伯行聪慧绝人，从朱静山暨白狄克学英文英语，甫期年，已能通会，再加精进，必可涉览英书西报之属矣!"经方能诗，善围棋，在鸿章子孙中，他的诗才最高，前曾见其一诗，题为"观段执政与客弈"（时为 1926 年，段祺瑞为临时执政，经方与彼为至交也）。诗云："俨同运甓惜光阴，镇日敲棋玉漏沈。代谢几人称国手，后先一著见天心。漫争黑白分疆界，转瞬兴亡即古今。局罢请君观局外，纵横南北气萧森。"

李经方虽是鸿章的长子，但并非是亲生的。鸿章中年无子，以季弟昭庆之子经方为嗣，后来生有经述、经迈等，而经方仍为长子，不过袭侯爵的是经述，（鸿章逝世后百日内，经述也死去，侯爵归蒙孙国杰承袭）而非经方，盖有亲生与非亲生之别也。

会逢其适的状元张謇

今年是阴历甲午，六十年前的甲午（中日甲午战争发生在 1894 年），是光绪二十年，这一年我国大实业家张季直（謇）以四十二岁中状元，可以说是老状元了。他中状元有一内幕，就趁他中后六十年重宴恩荣的今天，谈谈他中状元的趣事。按照科举故事，中进士后六十年，周甲重逢，皇帝对这个人有种种恩典的。张季直如果不死，活到今年，他是一百零二岁，他就有机会重宴恩荣了，虽然清朝已亡，但有功名的人，还可以来个庆祝的。比如今日在香港的那个八十多岁的老翰林桂南屏，他中进士是与张季直同榜，今年阴历四月，他就可以关门庆祝一番了。

张季直乡试五次都不中，到三十三岁，才中了顺天乡试的南元。会试又被摈四次，到四十二岁才中了状元，于是名闻天下。他的自订年谱说到他甲午年（1894）入京应试云：“是年慈禧太后六十万寿，举行恩科会试，叔兄于江西奉委庆典随员，函请于父，命余再应试。父年七十有七，体气特健，因兄请命曰，‘儿试诚苦，但儿年未老，我老而不耄，可更试一回。儿兄弟亦别久，藉此在京可两三月聚，我心亦慰’。余不敢违，然意固怯，迟迟乃行。二月二十三日至都……三月（按应作四月）十六日覆试……二十四日乾清宫听宣，以一甲一名引见……”

当他听到唱：“一甲一名张謇”之时，欢喜到脚软跌在地上，应试多年，忽然大魁天下，无怪他悲喜交集了。

张季直本来这一科还不能中状元的，若非翁同龢力争于张之万之前，而黄思永（光绪六年状元）助他一臂之力，恐怕张氏连鼎甲也没希望呢。照殿试的惯例，读卷大臣八人，以名次推荐状元、榜眼、探花。这一科读卷大臣张之万居首，而且他又是道光廿七年（1847）的状元，比翁同龢是咸丰六年（1856）的状元早许多科，照理翁应让张才对的（翁名次第三，可以推荐探花），但翁一定要中张季直，就联同李鸿藻（李石曾之父）迫张之万让出来。那时候，翁同龢正在柄政，又是光绪帝的老师，张之万不敢得罪他，只好听话了。至于黄思永成全张季直一事，据翁同龢的门生王伯恭在他的《蜷庐随笔》说："殿试之制，新进士对策已毕，交收卷官封送阅卷大臣（案：应作读卷大臣，因为会试才称阅卷大臣），阅之，收卷官由掌院学士点派之，皆翰院诸公也。光绪甲午所派收卷，有黄修撰思永，比张季直缴卷时，黄以旧识，迎而受之。张交卷出，黄展阅其卷，乃中有空白一字，殆挖补错误后遂忘填者。黄取怀中笔墨为之补书，此收卷诸公例携笔墨以备成全修改者，由来久矣。张卷又抬头错误，恩字误作单抬，黄当为于恩字上补一圣字，补后送翁叔平相国阅定，盖知张为翁所极赏识之门生也，以此张遂大魁天下，使此卷不遇黄君成全，则置三甲末矣。"

这是实在的情形。记得光绪九年（1883）陈冕中状元之时，策卷中"上"字误作单抬，给收卷官盛昱看出，给他补上一个圣字，作双抬，与此情形相同。王伯恭于光绪八年与张季直在朝鲜同事，他所说的相当可信。

张季直中状元，全靠几个人的大力帮忙（翁同龢怎样和他向读卷大臣力争，已详见张氏的年谱及《蜷庐随笔》，这里不详述了）。后来南通人因为本乡出了状元，便把水月阁魁星楼改为果然亭，并悬一联云："画槛欲凌云，风月无边归小阁；锦衣今获得，文章有价属崇川。"到民国六年（1917），张季直重修果然亭，他自己知道二十三年前中状元是会逢其适的，亭名果然，似乎太过贪天之功，便把亭改名适然亭，把对联改作：“世间科第与风汉；槛外云山是故人。”并题跋云：“余以清甲午成进士，州牧邦人撷唐圣肇诗语为果然亭，世间万事得其适然耳。丁巳余修亭不敢承前意也。适然之事，以适然视之，适得涪翁书，遂以易榜。”

张季直乡试五次，才中了北闱的南元，后来入京会试，四次都不中，已见上述。北京前门有一所关帝庙，自明朝中叶以来，读书人最喜欢前去求签，问功名，屡有灵验，三百年来，笔不绝书。张氏以久困名场，未能免俗，求得一签云：“当年败北且图南，精力虽衰尚一堪。若问生前君大数，前三三与后三三。”

季直和他的朋友都不懂签诗之意。但前两句到他中了状元才明白，那是说他三十三岁中北闱的南元，精力未衰，尚可一试，果然四十二岁中了状元，“前三三”之言已验。“后三三”则到民国十五年（1926）他以七十五岁逝世，距其中状元之年，恰三十三年，合之为七十五岁，“后三三”到此亦验。此签诗是曹经沅在北京时对我说的。

骆成骧中状元

清光绪廿一年（1895）乙未科的状元是四川资中人骆成骧，他死于一九三四年，去今二十年。而今年乙未（1955）又是他中状元的一周甲，因此就谈谈他中状元的经过。

上一乙未（1895）是清廷把台湾割给日本之年。是年四月，清政府已决定弃台湾，而殿试之期，也是在四月。光绪帝以国家积弱，败于东海岛夷，心里很不舒服，所以在殿试时，吩咐读卷八大臣，此次阅卷，要留意能言时务之人，一反从前重书法不重文章的恶例。傅增湘（四川江安人，光绪廿四年翰林，入民国曾一任教育总长）的《清代殿试考略》云："乡人骆成骧公骕，素不工书，乙未科殿试，竟大魁天下，闻德宗阅文中有‘主忧臣辱，主辱臣死’之言，大为感动，遂特拔之。时新败于日本，上方愤国势积弱，渐有变法图强之意，自此以后，乃稍写作兼重矣。”骆氏得中状元是这样的。

这科的榜眼是喻长霖（浙江黄岩人）、探花是王龙文（湖南湘乡人）、传胪是萧荣爵（湖南长沙人）。本来状元是内定王龙文的，因为光绪帝亲手拔取骆成骧，把内定的次序搞乱了。翁同龢是年四月廿四日日记云：“发下殿试十卷，展封则第三改第一，第十改第二，上所特拔也。阅后另封，随请批折并递。先召读卷官入，次召第二起，时已递名单，旋引见十本毕，始见军机。奏事讫，谕今年有试策不拘旧式者，写作均好，故拔之。盖自亲政试卷不发军机，今发军机，意在使诸臣磨勘也。”

同龢所记如是，但他并没有记读卷大臣所定次序的经过。骆成骧既不善书，而殿试卷又不照行行到底的风尚，时用“飞抬”（即一行写未完，遇到要抬头的就跳行抬头，谓之“飞抬”）。卷落薛允升手，薛氏以骆成骧文中谈时事甚见精辟，便和徐桐商量定为第三本（即探花）。薛允升的意思，以为同治癸亥科探花张之洞也是以“飞抬”而为西太后所特拔，现在可以继此盛事。徐桐是读卷八大臣的领衔，点头答应了。徐树铭赏识王龙文一卷，要定为第一本。

徐桐因为树铭是翰林老前辈（徐树铭是道光丁未翰林，徐桐是道光庚戌翰林，晚他一科），自愿以自己所定第一名的权力让给老前辈。第十卷本定喻长霖，因为光绪帝自己调动了一下，第三本的探花变成状元，第十本的喻长霖升为第二人榜眼，原定第一本的王龙文降为探花，原定的榜眼萧荣爵降入二甲第一名为传胪。

榜眼喻长霖一卷，原本是内定第十一的，因为此卷为汪鸣銮所阅，认为非置于十名内不可，盖在十名内，则有时可以希望得到鼎甲也。但徐桐不肯，只给以第十一名，汪氏不无怏怏。到前十本将进呈御览时，汪氏故意装出仓皇的神色说："不得了，第十本是有点小毛病的。"众同官马上抽出一看，果然发现有了毛病，便把第十一本（即喻长霖那一本）递补上去。有人说第十本的毛病，汪氏早已看出，不过他不出声，等到将进呈时才说出。这时候已没有多余的时间给各大臣从容去另选一本，只得以第十一本补上，这样喻长霖就有了一个很好的机会，可望鼎甲了。

喻长霖得中榜眼后，官运颇为亨通，到清末为资政院的硕学通儒议员，著有《惺諟斋存稿》。他的殿试策也收入文集内，附有陈尚彬注云："乙未廷对，修撰骆成骧卷原列第三，此卷原列第八。皇上亲擢骆卷第一名，此卷第二名，以奖直言，一时喧传都下，以为词林嘉话。"但喻氏之卷确是第十，有《翁同龢日记》可证，不知陈氏所言何据。

骆成骧家贫寒，他的父亲是在乡间开屠店的。他年少时在成都尊经书院求学，甚为院长王湘绮所重。他博学能文，与射洪县谢泰来最相得，两人都因为家里很穷，每月所得的膏火银还得节省些寄回家里补助家用。有一天，谢泰来很气忿的写了一句上联，请骆成骧对。联语是“至贫无非讨口”（案：“讨口”是成都俗语，谓乞食也）。骆立即对云：“不死总要出头。”后来，骆成骧果然出了头，大魁天下了。相传当捷报到家之日，他的父亲才把猪肉店开门停业，做起“书香”人家了。谑者曰：“放下屠刀矣！”

清末政府奖励翰林出国留学，成骧也到日本学法政，回来后，做到山西提学使。当时山西有一家大学，是美国传教士李提摩太所办的（以庚子退回赔款一部分所设），校中共分中西两斋。成骧到任之日，认为西斋全由外国传教士所主持，所授的课程着重英文，与国情不合，便根据日本学制改正为不分中西，以中文为主，学生如愿意修英文的，可以选修，这种办法很为人称赞。民国成立，他不愿再做官，便回故乡当绅士。二十年来，四川的军阀因为他是状元，有不少拜在他的门下，每岁都致送很厚的束修，他倒也过得舒舒服服。一九一七年间，他曾联合四川、云南、贵州三省，计划在成都办一所大学，但因内战频仍，经费无着，直到一九二七年还不能实现。他心灰意懒，只就个人的力量，在成都办了一家国文专门学校，以教授四书五经课生徒，然以大背潮流，无人问津，他更觉得无聊，不久便逝世了。

大阿哥溥儁

庚子义和团事变（1900），到今年已五十四年了，导演这次事变的人是西太后，但它的导火线却是大阿哥溥儁（清朝自雍正以后不立太子，皇子皆称阿哥，大阿哥就是太子）。溥儁那时年纪还小，不懂得什么是政治，只是他的父亲端郡王载漪想他早日登基，自己过过摄政王之瘾，恨不得早日把光绪帝废去。但外国人喜欢干涉中国内政，以致他的希望不能早日完成，所以他就痛恨外国人，才想出利用不怕枪炮的义和团来扶清灭洋。

载漪早已死去了，溥儁现时还健存，今年七十一岁了。这个流产的皇帝，如果不是他的父亲急于要抓权，再多等七年，西太后与光绪帝逝世以后，他就可以安然稳坐龙廷三年，然后把“大清天下”交回中国人手上，后来的满洲国就不会轮到溥仪做“皇帝”了。

一九四八年五月，上海申报载有禹寿先生的一篇《今犹未死的大阿哥》，现在摘钞一些如下：

西太后……为求和计，载漪势在必惩，而溥儁之大阿哥头衔，亦遂同时以明诏废去。禹寿今年赴北平，闻人言，溥儁今犹健在，已六十四岁（伯雨案：溥儁生于光绪十一年即公元一八八五年，至一九四八年足六十四岁），两目悉盲，生计穷蹙，惟寄食于什刹海畔某蒙古王府。客或与谈五十年前事，辄引颈长号，谓太后待我恩如山岳重也。

这是禹寿先生一九四八年在北平听到有关溥儁的一点消息。但这个消息太过简略了，未能满足我的好奇心。我写信到北平托几个朋友打听大阿哥的近状，请他们详细写一点情况给我，或把以前报纸刊载过的有关他的状况的文字，不妨剪些来。但那时候华北的局势很紧张，一班文化人都没心情，所以我等了大半年都没有得到消息。七八个月后，北平已经解放了（禹寿先生说大阿哥的名号在西太后惩办端王时同时以明诏废去，其间经过尚多曲折，详见下文）。

一九四二年夏，我曾致书北平某君，询问故都一班朋友的近况，顺便问到溥心畲和大阿哥溥儁（他们是从兄弟)。某君一直到一九四三年三月才有覆信，并附有故都某报署名瘦记者所作的一篇《大阿哥近状访问记》，访问的时间是一九四二年九月与十月间，现在摘钞如下：

记者特别在昨天的下午，抽出功夫来走访这位已失明了的“大阿哥”……在我们分手的时候，就是连记者也在替他老人家感到一种莫明的辛酸，和“命运”的让人捉摸不定。迨两宫回銮至开封时，端王已因罪被谴矣，更以八国联军议和条件之求，大阿哥之封号遂取消……而大阿哥则于是时呈请出宫，另邀贤良，两宫当即批准(伯雨案：事实并非如此，详见下文)……大阿哥于回北京时，即住于瀛贝勒(伯雨案：载瀛系道光帝第五子奕宗之四子，即载漪之弟，载漪行二，封多罗贝勒)府中……尚有仆人六十……二十五岁时，大阿哥告假六月回安那善旗省亲，亦于是年结亲。民元返京，即住地安门外三座桥府夹道之达王府现址矣。是时生活已渐不裕……固定进项已丝毫皆无，更惨之命运遂迫目前，只有典当度日矣……大阿哥今年五十八岁，他的夫人小他一岁，膝前一子，任警界，收入颇少，儿媳一，孙子一。人口虽然不算繁多，可是说出来也许不会令人相信，他老人家每日的三餐，几乎每日都不能获得一饱了……大阿哥是一个瘦削的人，鼻高而中断，两颧亦奇高，手纤细而特长，腿亦似乎相反的特别短似的。

据说他近年很少脱离病魔的缠绕，以致满脸风霜，显得特别老了……在生活高压之下，他日夕都为衣食问题所困，终于在去年（1941）四月间，左目失明了……九月，右眼又失明……现在，大阿哥已经是一个与世隔阂的人了，对于日光、月光以及一切灯光，他老人家已经不能再看得见。坐在那个不知是龙床抑是凤床之上，大阿哥以枯槁极端的手臂，扶住了床栏，用沉郁的语气，吐出了如下沉痛，令人酸鼻的话来："现在我是一个房子地亩都没有的人了，寄居在亲戚家，可说是分文也没有收入，她（指大阿哥之妻）每月从娘家拿回来的饽饽钱二十几块，也只好充作家用上了。可是这二十几块，怎么能够呢？……我们现在每日三餐的粗粮都不能够饱了的。唉，一转眼四十多年，宫中生活俨如昨日事，也许是当年享受太过所致罢？"语声哽涩，令闻之者有一段同情怜悯而且荒凉的感情充塞在意识里。"那么，你的眼睛已经失明了，起居情形怎样呢？"记者问。"唉！境遇如此，两目又偏偏失明，这种苦不必说了。眼睛坏了以后，起居完全没有准时间了，想到睡便睡，醒了便起来。先前眼没有坏时，还可以出去散散步，近一年来因为一步路也走不得，一点运动的幸福失掉了，所以也就日见消瘦……"说时，他老人家把袖子卷了上来，露出尚不如十岁幼童粗细的臂来，说："你看，唉！"记者的泪都要

掉下来了，多么辛酸的一幕啊！（照原文及标点）

溥儁的晚景凄凉，确实令人可怜，但这班“龙子龙孙”，在得势的时候只会享福，什么都不懂得，一到失了凭借，就无法谋生了。他既然没有为国家、人民尽过一点力，即使饿死，又有谁同情他呢。

这位瘦记者说大阿哥是光绪廿五年（1899）十二月廿三日进宫，年才十五岁，这是对的。义和团事变，是他的父亲和西太后搞出来的，与他无干，但端王既获罪，大阿哥的地位当然不能久存的。可是西太后并不想马上就把大阿哥的名号废除，从而自损面子，而满朝文武大臣更不敢在这个时候说话，所以一直到光绪廿七年（1901）回銮时，到了开封才下诏撤去大阿哥名号，并非如瘦记者所说他自己呈请出宫和是联军的要求条件之一的。

关于废黜大阿哥名号一事的经过，很为曲折，现在参考若干有关此事的私家记载，略述如此。

吴永的《庚子西狩丛谈》是记载西太后出奔情形最可靠的一部书。吴永是浙江吴兴县人，曾纪泽的女婿。西太后逃出怀来时，他正任知县。因为接驾而获西太后的欢心，便把他带往西安服务。一九二七年，吴永把他在西安所闻所见的口述出来，由刘焜笔录而成此书。关于废大阿哥一事云：

余在湖北时（伯雨案：时为庚子九、十月间吴永奉命到湖北催饷事），屡谒制府张文襄公……一日，忽谈及大阿哥，公谓："此次祸端，实皆由彼而起，酿成如此大变，而现在尚留处储宫，何以平天下之人心？且祸根不除，尤恐宵小生心，酿成意外故事。彼一日在内，则中外耳目，皆感不安，于将来和议，必增无数障碍。此时亟宜遣出宫为要着，若待外人指明要求，更失国体，不如自动为之。君回至行在，最好先将此意陈奏，但言张之洞所说，看君有此胆量否？"余曰："既是关系重要，誓必冒死言之。"曰："如此甚善。"……（次年五月，吴永回到西安，仍伺应宫门差使。）余忆及文襄所嘱，念宿诺必当实践。顾以事情重大，不敢冒昧。此时荣相（案：荣禄也）已至行在，仍为军机首领……对余颇相契爱，乃先以此意叩之。荣时方吸烟，一家丁在旁装送。闻余所述，但倾耳瞑目，作沉思状，猛力作嘘吸，烟气卷卷如云雾，静默不语。吸了再换，换了又吸，凡历三次。殆阅至十余分钟，始徐徐点首曰："也可以说得，尔之地位分际，倒是恰好，像我辈就不便启口，但须格外慎重，勿卤莽。"余因是已决意陈奏。一日召见奏对毕，见太后神气悦豫，余因乘机上奏曰："臣此次自两湖来，据闻外间舆论，对大阿哥不免有词。"太后色稍庄，曰："外间何言，与他有何关系？"余因叩头奏曰："大阿哥随侍皇太后左右，当然无关涉于政治，但众意以为此次之事，总由大阿哥而起，现尚留居宫中，中外人民，颇多疑揣，即交涉上亦恐多增障碍。如能遣出宫外居住，则东西各强国，皆称颂圣明，和约必易就范。臣在湖北时，张之洞亦如此说，命臣奏明皇太后皇上，并言此中曲折，圣虑必已洞烛，不必多陈，第恐事多遗忘，但一奏明提及，皇太后定有区处。”太后稍凝思曰：“尔且谨慎勿说，到汴梁即有办法。”余遂叩头起立，默念这一张无头状子，已有几分告准也。

张之洞托吴永觑机会奏陈处置大阿哥，这是他的取巧之处，殊失大臣风度。为大臣者，见到的事不应该知而不言，当光绪廿五年（1899）西太后欲废立，曾询之洞的意见，之洞竟学徐绩口吻说：“此陛下家事，何必问外人！”可见他的滑头。后来西太后问江督刘坤一，坤一的学问虽不及之洞，但他为人却有骨气，陈奏中颇不以为然，有“君臣之份已定，中外之口难防”等语，因此西太后息了废立之心，而别立大阿哥。之洞自己不敢言废大阿哥，与荣禄正同一心理，可见西太后的心腹大臣，没有一个说得上是有大臣风度的。

吴永记其随驾回京途中黜大阿哥一事云：

十月二十日，仍驻开封。是日上谕：“奉懿旨，溥儁着撤去大阿哥名号，立即出宫，加恩赏给入八分公衔俸，毋庸当差”云云。此事余前在西安面奏，太后曾有尔且勿说，到开封即有办法之谕，余以为一时权应之语，事过即忘，至此果先自动撤废，足见太后处事之注意。闻溥儁性甚顽劣，在宫时，一日德宗立廊下，彼从背后举拳击之，德宗至仆地不能起，以后哭诉太后，乃以家法责二十棍……奉谕后，即日出宫，移处八旗会馆。太后给银三千两，由豫抚松寿派佐什三员前往伺应，随身照料者，只一老乳妪。出宫时，涕泪滂沱，由荣中堂扶之出门，一路慰藉，情状颇觉凄切，宫监等均在旁拍手，以为快事也。

这是二十七年后吴永记他亲眼所见的事，总比道听途说可靠得多。

与西太后为死对头的王照，著有《方家园什咏记事》(1928 年镌板印行，仅以赠亲友，外间见者甚少)。记梁鼎芬在西安时，也曾在西太后跟前请废大阿哥事。咏云：“辛苦挥戈盼日中，谈言微中狄梁公。那知阴蓄滔天势，祸水横流汉火终。”注云：“梁文忠以疏逖小臣，言人所不敢言，较狄仁杰更难也。”记事云：“……张文襄之以才堪大用荐梁文忠于行在也，实因文忠欲废大阿哥之意。既得赴行在之诏，文忠由豫入陕……至西安召对……奏云：‘……臣自南方来，闻洋人在上海已先议决，除杀端王外，尚有专条干涉大阿哥事。倘至洋人提出时，伤我中国体面太大，以臣愚见，不如我们先自己料理呀！’太后正阴惧洋人追索本身，闻此连连点头。文忠默告荣、王诸大臣（伯雨案：荣禄，王文韶也），不数日而废溥儁之议定。”（此文忠最得意之事，丙午余至武昌，文忠为余详言之，而世事多不知。）梁鼎芬是张之洞最心爱的门生，鼎芬受荐赴行在，之洞必定也托他面奏黜大阿哥的。《抱冰堂弟子记》（托名弟子，实张之洞自作也）有记张之洞电行在枢垣，请办某大事，也许就是告知诸大臣，等梁鼎芬面奏之后，要他们助以一臂之力。

吴永说溥儁顽劣，而各家笔记也都说他童昏无状，独费行简的《慈禧传信录》说他的举止虽佻挞，人有小慧。据云，溥儁的师傅高赓恩曾对他说过，溥儁喜为词赋，而记忆力不强，读过就忘记。当他在西安时，高赓恩尝以“朔方十郡耕牧策”命对，溥儁即应曰：“秦中自古帝王州”，虽声未尽调，而字义工整，时方西巡，言尤有当。所为雁字诗，有“聊将天作纸，挥洒两三行。”亦工切。又望终南诗：“入夜宫中烛乍传，檐端山色转苍然。今宵月露添幽冷，欲访蒲台第五仙。”则斐然成章矣。宋伯鲁说这是赓恩自作的，然费君见高诗甚多，颇拙重，无此流利也。其忆京师诗：“梦里不堪闻北雁，觉来依旧说西安。”亦有意致。（伯雨案：费行简写的书多以沃丘仲子之名刊行，他是浙江吴兴人，十五岁受学于王湘绮，生平精于史学。现任上海文史馆馆员，一九五六年已八十七岁。）

这也可以略见溥儁的文学一斑。他如果不是无故被卷入政治漩涡，或在废黜之后，专心讲求实际的学问，发奋做人，绝不憧憬于“旧王孙”那时的一段黄金般的生活，那么，在最近的三四十年，他也许不至弄到无法生活，以至居人篱下的。

倒霉状元龙汝言

人们以为旧日的读书人一中了状元，以后就飞黄腾达，一帆风顺，做到大官，享尽人间富贵的了，其实并不尽然，状元不是个个都顺利的。远的不说，就拿张謇来说吧。他中状元后，并没有得过什么差使，应散馆试不久，就给西太后驱逐回籍，从此一蹶不振。这么一来，他反而从事实业，奠下了后半生南通土皇帝的基础。可见他中状元后，功名是颇不顺利的。

清朝最倒霉的状元，要算嘉庆十九年甲戌科的龙汝言了。他中了状元后，本来是可以“发达”的，然而竟给他的太太误了他一生，这件事的经过很有趣。

龙汝言是安徽桐城人，字子嘉，号锦珊，他入京应顺天乡试，下第后，在某都统家里教书。恰值嘉庆帝生日，中外大员照例要有祝词以备小贡的。某都统当然请西席老夫子执笔。这也是龙汝言官运快要作动，他尽半月之力，集康熙乾隆两朝的御制诗一百韵以进。嘉庆帝读后龙心大悦，立即召见某都统，着实灌了一轮米汤。某都统本是武人，倒吊都没有一滴墨水的，不敢欺君，便说是龙汝言所集的。嘉庆帝说，江南的士子，向来不屑读先皇的诗章，现在此人肯熟读，可见他具有爱君之热诚，甚可取，就马上钦赐举人，准他一体会试。可惜龙汝言不争气，嘉庆十六年的会试名落孙山。主考覆命时，嘉庆帝大发脾气，说这一科没有一篇好文章。主考胡长龄、董诰、曹振镛、文宁四人离开后，暗中向太监打听，这科的文章好的很多，为什么皇帝说没有一篇值得上眼的？太监因告以龙汝言落选之故。到甲戌年会试，主考知道龙心所属，把汝言取中，皇帝见到题名录，果然龙心大悦。到殿试之日，读卷大臣以一甲一名进，皇帝当然点头，龙汝言遂大魁天下矣。事后嘉庆帝对近臣说："我所赏识的人还会错吗！"

还未应散馆试，龙汝言即派南书房行走，实录馆纂修等差使，不时有上方珍物赏赐（他的诗文集叫做《赐砚斋集》就是纪念皇帝赐他端砚之荣），同僚为之歆羡不已。

龙汝言一生最怕老婆，和老婆吵架后，就不敢回家，以免被打。有一次，他和太太吵后，避居朋友家中，好几天不敢回去。刚刚他避出门那天，实录馆职员送来高宗实录请他校对。龙太太照例收下了，放在书房里。第三天，职员来取回去，她就拿出来交还。龙汝言回家后，太太也没有对他说到此事。过了不久，然忽有上谕，责龙汝言精神恍惚，办事不周，著革职永不叙用，但并没有宣布他的罪状。上谕一出，举朝震惊，以龙汝言素为皇帝赏识，何以忽有此处分。后来才知道，原来《高宗纯皇帝实录》的“纯”字，缮写员误书“绝”字，变成“绝皇帝”，这是封建帝王最忌的，如果他不是宠臣，早被正法了。此书龙汝言虽无过目，但恭校的黄签则大书龙汝言之名也。嘉庆帝死后，龙汝言以内廷旧员，又是受过大行皇帝非常知遇的，例准哭临梓宫。龙汝言感怀身世，伏地痛哭，见者流泪。道光帝知道了，说此人有良心，就赏给他内阁中书，道光末年逝世。

谈末科状元刘春霖

中国之有状元，真是封建帝王笼络天下士人之心的一个最好不过的办法，所谓“英雄尽入彀中”是也。在科举时代，状元是一件神秘的古董，这古董是天下五大洲所没有，只有亚洲的中华才产生。状元是不必讲学问经济的(自有清中叶已如此)，只要有先人的风水庇荫，和祖德阴骘加上本人的私德，和写得一手好字，便可以大魁天下，引起万人歆动，当胪唱之日，最尊严不过的皇帝，也抬高“龙目”，向他偷愉的瞟一眼，其他的人，更无论矣。北宋之末，已处在强邻迫境自居偏安的地位，而据宋人笔记说：“每殿廷胪传第一，则公卿以下，无不耸观，虽至尊亦注视焉。自崇政殿出东华门，传呼甚宠，观者拥塞通衢，人摩肩不可过……至有登屋而下瞰者。庶士倾羡，谨动都邑。洛阳人尹洙意气横溢，尝曰："状元登第，虽将兵数十万，恢复幽蓟，逐强藩于穷汉？凯歌荣旋，献捷太庙，其荣不可及也。"这时候，北宋积弱已甚，恢复华北已是梦想的话，而状元之荣，似乎比恢复失地还有过之，可见宋人之不长进，但状元魔力之大，令人心醉，则可见一斑。

我国自唐以来就有状元，到清朝光绪三十年甲辰科的状元刘春霖，而结中国千余年状元之局，此后中国永远没有这件古董了，而这最后一件古董，又在几年前已打碎(听说刘春霖在一九四三年前后死于北京)，则今日让我来谈谈末科的状元，也许是读者所乐闻的罢。

从前中国各地和香港南北行街稍为大一点的旧式商号，都喜欢找末科的状元、旁眼、探花、传胪写四条幅，挂在客厅，这四个人便是刘春霖、朱汝珍、商衍鎏（现居南京，一九五六年已八十三岁)、张启后。他们的字是否写得好，那却是另一回事，然而过此以后，便没有状元字了，所以世人还是珍重它（上海的荣宝斋等南纸店，仍有这四人的屏条出卖，真假暂勿论)。

甲辰会试是结中国科举之局的一科，所以这一榜的进士，还算人才济济，后来多有出类拔萃的人。大概是因为过了此次便没有机会了，所有英才集中在一起罢。（不只是考试的士子作如此想，即试官也何尝不是呢？徐世昌以卿贰充这一次的朝考阅卷大臣，他所作的《甲辰同年录序》有云：策论之试，甫定于寅科，科场之制，遽迄于辰年，余于是科获襄阅卷，含元殿上，曾瞻金镜之持；光范门前，细数晓钟之列；马融晚性，惟爱琴音，徐演残牙，犹思饼啗……”大有感慨系之，而又自喜之意，盖往时士人以得一掌文衡为荣，而何况又在末科也？）可是这科的鼎甲三人，并没有什么出色的人才，反而进士则出了不少大名鼎鼎的人物（如名记者黄远生，大政客汤化龙、王揖唐、张其煌、谭延闿等），越显出这一科的“龙头”的黯淡无色了。

据闻这一科的状元原本属于广东的朱汝珍，而殿试前的会试，谭延闿得元，也是他的同乡张百熙力争才得到的，现在把金梁和陈夔龙（清末官至直隶总督，北洋大臣，鼎革后，以遗老自居，隐于上海，一九四八年逝世）两人所记的，分别录下。金梁《光宣小记》云：“殿试派读卷大臣八人，复试及朝考各派阅卷大臣八人，传阅试卷，排定甲乙，以前十卷进呈。闻是科初以朱汝珍卷列第一，及发下，则第一为刘春霖，而朱卷第二，余卷亦有更动，谓由钦定，实则卷上随手翻阅，次序微乱，发下时，即据以为定，不得擅易，一甲二甲，出入在此顷刻间也。”又，金梁的《瓜圃述异》云："又是科第一，原定朱汝珍，太后阅卷始改刘，已屡见近人记载矣。而余卷本第三，李姚琴先生（伯雨案：李名稷勋，是科会试为同考官，金梁出其房）题记曾详言之。相传太后观字，喜疏淡而恶乌方，朱擅楷法，惟用笔较重。太后阅第一卷，不甚合意，见第二卷为细笔，而第三卷尤瘦硬，将置诸首，即余卷也。及阅策首有痛哭流涕句，是届为七十万寿恩科（伯雨案：上一科癸卯为正科，状元是山东潍县王寿彭），太后以为不祥，竟掷于地，遂改第二为第一，于是刘为状元，朱为榜眼矣。左右既知第三卷不为太后所喜，查系旗卷，乃急易一旗卷为探花，即商衍鎏，然外间早已传余为第三，捷报竟至余寓，其时京津各新闻皆喧登焉。事之确否不可知，而余寓鸿升店，确曾高悬梁花之报，则人人皆目睹而艳传者也。"

陈氏的《梦蕉亭杂记》云："甲辰会试，借豫闱举行，余以豫抚派充知贡举。总裁为长沙裕文恪德相国，长沙张文达百熙尚书，吴县陆文端润庠总宪，南海戴文诚鸿慈侍郎，满知贡举为长白熙阁学瑛，其余同考监试提调等人，均由京奉派来豫，赞襄其事。揭晓日，余与诸公齐集至公堂，升座拆卷填榜。陆文端手持一卷语余曰，此卷书法工整，为通场冠（时已废誊录），廷试可望大魁，揭封知为肃宁刘君春霖，其同乡阎太史志廉，亦系同考官，谓刘君平日所书大卷不下数百本。正欣羡间，张文达又执一卷示余曰，吾乡本朝二百余年，三鼎甲俱备，独少会元，场中得湖南一卷，写作皆佳，以正大光明次序而论，我班次居二，例中会魁，科举将停，机会难得，情商裕相，恳将此卷作为会元，庶使吾乡科名免缺陷，承裕相允让，即此卷是也。揭弥封，乃茶陵谭君延闿，为前粤督谭文卿制军之少子，成庆主司得人。迨殿试胪唱，刘君果获大魁，谭君亦以高第入词馆，私揣两君异日文章业位，正未可量，讵数年间，时局日非，国步已改，而此两人者，一则憔悴京华，仍效牛马之走，一则驰驱岭表，徒为蛮触之争，已忘其为故国词臣，先朝仙吏，国家二百余年养士之报，如此结局，尚何言哉!”陈氏以河南巡抚得参与闱事，故能详言如此。它的末段说到刘春霖默默无闻，和谭延闿的飞黄腾达，不免加以抑扬，遗老口吻如此。（案：此书作于一九二四年溥仪被逐出故宫以后。）

到一九三五年，刘春霖可不寂寞了，那时宋哲元开府北平，忽然心血来潮，要拜刘做老师，请他每星期讲经二次。旧时军阀的头脑，以为状元都是有学问的人，这和张宗昌请状元王寿彭做山东教育厅长兼山东大学校长相同。宋哲元对刘很尊敬，每次都派了自己的汽车迎送刘入府“讲学”的，遇到“政躬”不假，还要向老师请假呢。这么一来，宋哲元在平津很得到人们称赞，说他“尊师重道”了。

状元的字，是否写得好呢？这真是一个有趣的问题。一般人当然说，做了状元，还写不得一手好字么？这当然也有些道理。清朝自乾隆以后，殿试全以字写得好坏为猎取状头的标准，既然中了状元，写的字必定很好的了。其实状元翰林们的字多是馆阁体，齐齐整整，正如赵扮叔所说的好像算盘珠子一样排列在一起，绝无风致及新意可言。清朝的状元，远的不说，以光绪一朝言之，一共出了十几个状元状，能够写得好字的已不多，张謇写得算不坏，但还有些馆阁气味，未能完全解放。光绪廿四年戊戌状元夏同龢比较能解放，他在光绪廿六年给先祖写的阡表（立在曼谷的祠堂，本应立在墓前的，但因风水关系，改立在暹罗）完全用北魏和略带隶法写的，一变本来面目，在状元书法中算是解放的了。至于刘春霖的字，体格甚卑，殊无足观。他在一九三一年到上海给死了的犹太富商哈同题主，得到一大笔“利市”之外，海上人士还传为美谈，一般以耳当目的人，不惜拿出大笔钱来求他写字。据他的同年金梁说，刘久患手震，不能执笔，只有在夜里十一点到十二点半的时候，偶然能写字，所以人们更宝贵他的书法了。我想这恐怕是刘状元故作“奇谈”，使人们宝贵他的墨宝吧！否则便是他的太太代笔的。

提到状元太太，我顺便讲讲他们结合的一段趣史，说来风流得很。刘太太是前山东河务局局长张庆沄的长女，张是河北沧县人，与刘为同乡（刘为肃宁人，字润琴），张向来会写字，他的大小姐也喜欢临帖。刘春霖得拔贡之后，即书名噪一时，他的石印小楷，为张大小姐平日所仿临者，几能乱真。光绪三十年甲辰，张以浙江候补知县任宁波厘金差，有一天，门房拿进新科状元的大名片来求见。他们虽是同乡，但素未谋面，照理可以不睬的，但新科翰林到各地以联扇打秋风，本系常事。张即请他相见，寒暄后，不免恭维他的书法一顿，恰好桌上有柄折扇，张便请他挥毫。那知刘状元见了变色，支吾者久之。张觉得奇怪，请之愈力，客人不得已，勉为之书，写不到几个字，状元的跟班跑进来向他耳语了一会，客人便说寓所里有紧要事，立即辞去。张看他所写的字虽然尚端正，但和刘的相差甚远，知道是寒士所冒充，企图空手打秋风的，也不追究。张后来对他的同寅谈及此事，其中有与刘状元相识者，说张大小姐既喜欢仿刘状元的字，刘状元近日正断弦不久，何不两家联婚呢，众皆称善，遂由提议之某君作合。假状元向张行诈不遂，反促成张氏得一状元做女婿，这可说是末科状元的韵事了。

谈末科举人

清朝的考试制度，每逢“子”、“卯”、“午”、“酉”之年，举行乡试；“丑”、“辰”，“未”、“戌”举行会试（会试中试后，才有资格参加殿试）。这是指正科，照例三年一次，如果恩科（国家有庆典，如皇帝大婚，登极或万寿等盛典）则不拘此限。我国科举之制，行了千多年，到清光绪廿九年（1903）癸卯，举行恩正科乡试（正科是“卯”年，恩科则以明年甲辰，系西太后七十寿辰，要有乡试才能有会试，所以癸卯这年也是恩科），为中国乡试最后的一次（下一年甲辰，为最后一次的会试，以后即取消科举了），这一科所得的人材很多，以此来结束乡试，颇不落寞。癸卯末科乡试，到今年恰好满五十年（1903～1953），这一次的举人，到今年还有好几个在政治舞台担任一个角色，也有在学术界做领导工作的。这一科千多个举人，其中卓然能自立，对国家社会有相当贡献而比较知名者约六七十人，到现在生存着的不过五六人而已。五十年已占一世纪之半，我便趁这个机会谈谈末科的举人。在未谈之前，先约略谈一下清朝废科举的经过。

清朝在废止科举制度之前先来一次废八股文，代以策论，乡会试即自壬寅癸卯科实行。光绪廿七年七月十六日上谕云："科举为论才大典，我朝沿前明旧制，以八股文取士……乃行之二百余年，流弊日深……不得不因时变通，以资造就。着自明年为始，嗣后乡会试头场试，用中国政治史事论五篇；二场试各国政治艺学策五道；三场试四书义二篇，五经义一篇，进士朝考论疏，殿试策问，均以中国史事，及各国政治艺学命题。以上一切考试，凡四书五经义，均不准用八股文程式……"改策论后，行了一科，到光绪甲辰末科会试后，便废科举了。

癸卯、甲辰会试得人甚盛，甲辰会试与本文无涉，且不谈，现在只谈癸卯末科的举人。

前几年我和唐天如先生借了一部《癸卯恩科十八省同年全录》来看，所谓乡试同年录，和现代学校的同学录颇相似，不同之处，就是从前的读书人中了某一科举人，便和全国十八省那一科的举人认同年。有了同年关系的，将来出来做事也好，回乡当绅士也好，都占了不少便宜，这是从坏的方面讲；从好的方面说呢，就是这种同年的交谊，一直传到子孙，世世不绝。他们的子孙见面时，提到先人是那一科的举人，他们就叙起世谊来，异常亲热。这本同年全录，上册载：直隶、江南（江苏、安徽）、江西、浙江、福建、湖北、湖南七省的举人姓名年龄；下册载：河南、山东、山西、陕西、甘肃、四川、广东、广西、云南、贵州十省。本来直隶省的顺天乡试是在北京举行的，但这一次因为义和团事变，因徇各国之请，罚顺天停止乡会试，所以借河南的贡院举行，这也是科举故事中的一特点。

直隶省的大主考是徐郙、葛宝华、溥良、熙英，同考官十八名，第六房翰林院编修陈培锟（福建闽县人，光绪廿四年戊戌科进士，入翰林），第十五房翰林院编修国史馆协修傅增湘（四川江安县人，光绪廿四年戊戌科进士，入翰林）。陈先生字韵珊，一向在福建做大官，五年前才卸省府委员之职，福建省人民政府成立，他出任委员，今年七十九岁了。（韵珊先生的父亲名海梅，字香雪，光绪廿一年乙未科会元，戊戌补行殿试，成进士，父子同榜，为科举佳话。散馆后，改浙江龙泉县知县。）傅先生在一九一九年一任教育总长，为我国现代版本学家及大藏书家，双鉴楼藏书著名于时，前三年在北京逝世。

顺天乡试第一名（解元）是梁庭华，年三十三岁，直隶省安州廪生。

第八名穆湘瑶，上海人，年三十岁，是穆藕初的哥哥，曾任淞沪警察厅长，后来致力实业，有声于时。

第十九名沈钧儒，浙江省秀山县官附监生，年二十八岁，第二年成甲辰科进士，留学日本，现任人民政府最高法院院长。

第二十三名是先伯兄高秉贞，广东澄海县监生，年二十岁（榜年如此，实年二十三岁），出第七房张鸣珂所荐（张氏是光绪戊戌科进士）。伯兄字绳之，他中举人后四年，恰好先父逝世，就绝意仕进，致力实业。在汕头澄海创办电灯、自来水公司，榨油、织布等厂。陈炯明举事，曾向他借了很多钱。到辛亥革命时，潮汕地方不靖，拥兵者各称司令，一时有十三司令之多。他们整天都向潮汕商会借钱，借不到就扬言抢掠，稍为富有的人家，不逃到香港就避往他处。独伯兄肯以巨资充军饷，维持地方治安。民国成立，中山先生委他做潮州民政长。一九一四年逝世，只三十五岁。一九二九年，潮汕人士念其维持地方之功，特在汕头中山公园建纪念亭，永留纪念。

第三十一名朱汝珍，广东清远县人，拔贡，刑部主事，年三十四岁。第二年中甲辰科进士，以一甲二名入翰林。民国以后，朱氏在香港提倡孔教甚力。

第三十三名张寿镛，浙江鄞县附贡生，年三十一岁。民国成立后，历任江苏财政厅长，财政部政务次长，上海光华大学校长，为我国著名的金融家。

第一百十六名张志潭，直隶省丰润县附生，年二十岁。志潭，字伯远，历任总统府秘书，国务院秘书长，内务总长，交通总长。一九二二年创立北京电车公司，一九三五年逝世。

第一百四十四名陈汝南，广东澄海县附生，年二十九岁，出第三房同考官翰林院编修周维藩之荐（周字南屏，安徽合肥人，戊戌进士）。汝南，字殿臣，是我的表兄。汝南出生在香港，他的父亲陈春泉是我家在香港的元发行经理，以此致富。汝南到底是读书人，父死之后，家资数百万，不十年，因商业失败，全部完了。他在香港享父亲之福五十年，以殷商资格为首席太平绅士，平素热心社会公益，慷慨好义，凡潮帮商场中有什么纠纷，只要他一言便得解决。

第一百五十九名陆光熙，浙江省萧山县监生，年二十六岁。第二年成甲辰科进士，以翰林留学日本士官学校。辛亥年山西起义，巡抚陆钟琦出大堂坐镇，想向革命军晓以“大义”，那知起义的军人不懂这种“大义”，开枪向他射击，陆光熙以身护其父，父子同时死难。清廷予光熙谥文节。

第九名副榜（“副榜”也可称“备取”，谑者每称“副榜”为半个举人，但中副榜的举人，已是正途出身的了）罗惇曧，广东省顺德县优贡，年三十二岁。罗，字炎东，号瘿公，为清末民初大名士，以诗名于世。晚年极力提倡京戏，许多名艺人如梅兰芳，程砚秋，贾碧云等都是经他提携而有所成的。一九二四年九月，死于北京。

江西省的第七名举人黄为基，德化县附生，年二十岁，第二年成甲辰进士。黄，字远庸，又号远生，为清末民初的著名新闻记者。他在北京给上海的报馆写通信，能把当日的政争、政潮等内幕及趋向分析得很清楚，而所言者并不如今日香港那些新闻说明专家的乱嚼舌头，所以他的文章一出，国人争读，袁世凯想罗致为御用，他到美国避开，但不久被刺身死，据传是华侨误会他是袁党，才把他杀害的。他的遗著由林宰平编成，在商务印书馆出版，名《远生遗著》。

浙江省的第十九名举人章嵚，仁和县附生，年二十三岁。章氏致力史学，历任各大学教授多年，著有《中国通史》（商务印书馆《大学丛书》本）等书。

第一百零三名李思浩，慈溪县优廪生，年二十二岁。李，字赞侯，翌年成甲辰科进士，肄业京师大学堂。历任中国银行总裁，财政总长，冀察经济委员会主席。抗日战争时，久居香港。

浙江这一科的副榜第十二名是诗人诸宗元，山阴县监生，年二十九岁。诸，字贞长，以诗名。历任浙江省电政监督，马叙伦先生掌教育部时，因为诸宗元是他的老朋友，邀他入部当秘书。不久后，马氏辞职，刘大白继任，以诸氏是诗人，不懂公牍，对他很不客气，诸宗元不安于位，未几即辞去。

副榜第十六名是徐锡麟，山阴县附生，年三十一岁。徐烈士的事迹知道的人很多，这里不必再说了。

福建省第六十五名举人梁鸿志，长乐县附生，年二十岁。梁，字众异，京师大学毕业，以诗名，附段祺瑞为安福系要角。抗日战争期间，他组织伪府，后来以汉奸罪伏法。梁鸿志的诗写得相当好，有《爰居阁诗集》行世。

湖北省第十一名举人饶汉祥，广济县增生，年十九岁。饶氏久任黎元洪秘书，喜欢用骈体文，为黎元洪作痛哭陈词的通电。人以其文铿锵可诵，便以为他的文字了不得，其实他的文字有许多不妥之处，用典更用得牛头不对马嘴，只不过是个喜掉书袋的小儒而已。曾一度出任湖北民政长，被反对派攻击，不久即狼狈而去。

第三十四名汤芗铭，蕲水县附生，年十七岁。汤芗铭字住心，又常署铸新。抗战胜利后，以汤住心之名在民社党活动，为要角之一。历任海军次长，湖南督军，附袁世凯称帝，受封一等侯，现仍健存。

第四十四名石瑛，兴国州附生，年二十四岁。石氏中举之后到法国习海军。二次革命失败，复往伦敦大学专攻冶金学。历任北京大学教授，武汉大学校长，湖北、浙江建设厅厅长，南京市市长，铨叙部部长等职。

湖南省第四十二名举人袁思亮，湘潭县附生，年二十四岁。袁，字伯夔，袁树勋之子。前清时代的农工商部郎中，入民国，历任国务院秘书，印铸局局长。

河南省第六十九名举人秉志，正蓝旗满洲附生，年十八岁，民国成立，占籍开封。秉志，字农山，毕业京师大学堂后，留学美国康乃尔大学，攻生物学，得博士学位。历任东南大学教授，静生生物研究所所长，著作甚富，为我国著名科学家，一九五四年任第一届全国人民代表大会代表，一九五五年五月，任中国科学院学部委员。

秉志的样子长得很有趣，颇像英国著名舞台演员乔治·亚里斯（其后在美国为电影明星，今已逝世）。一九三五年二月，我从北平到南京，恰巧和秉志、严济慈同坐平沪通车，又同一房间。这个老头子整天都拿着一部扫叶山房石印的《汪尧峰文集》在阅读。我见他的面貌活像乔治·亚里斯，便不断的偷看他（因为我最喜欢亚里斯的舞台剧，他的表演已臻出神入化之境，非一般美国名伶只会胡闹可比）。那时候我的行李中带有很多故宫出版的书画集，他和严济慈都向我借去消遣，我和这两位科学家相识在此时，一九三八年后，已不常见面了。可惜我当日不知道秉志是末科举人，我的哥哥是从广东到开封应顺天乡试的，在开封时也许跟他“会同年”过。

山西省第三名举人贾景德，沁水县优贡，年二十四岁。贾，字煜如，第二年成甲辰科进士。历任山西省都督府秘书长，济南道尹，正太铁路局长，山西省政府秘书长。前几年阎锡山辞去国民党的行政院院长后，他也跟着辞去政院秘书长。年前台湾举行高等考试，贾景德为“典试委员长”，在闱中度中秋，张默君作诗，题为“四十年辛卯台湾再典试全国高普考中秋对月放歌奉简煜老暨同闱诸公粲教”。贾景德题为：“奉和张默君先生辛卯中秋典试闱中对月放歌原韵”。诗云：

[illegible]庐诗人高巉岏，硬语往往横空盘。心怜多士浴汗苦，梦绕积雪浮云端。廿载琼楼秉玉尺，支手瀛峤回狂澜。永壶皓魄朗照耀，缟衣仙袂凌高寒。文章摘发经训秘，学术

纲纪天人观。玄鹤中宵锻羽翮，孤鸾独舞摧心肝。女宗衡校世罕觏，谪萱辩护心所安（君夫妇编定萱谪，为翁孺安辩冤）。弘扬三德拨乱世，濡染大笔临骚坛。鲰生已老兴不浅，短发既白颜空丹。金门射策岁云徂，大学勒石名同刊（北平国子监内立有历科进士题名碑）。且抛珊网在巨壑，愿得骏侣投诸艰。凭君慧眼暗中索，共此使命先期完。（张默君原作不录）

一唱一和，颇有重温昔日科举时代秋闱的旧梦之意。贾氏本是举人进士，领略过科场的甘苦。封建时代的进士翰林，常以不得衡文为终身憾事（如李鸿章是）。如果清朝不倒，贾氏也许有机会做做乡会试的同考官，甚且可以做做乡试主考官的，但他中了进士后就废科举了，他当然没有这个机会。哪知四十四年后的今天，他居然能在台湾主持考试，在试场做起“中秋”“秋闱”的诗来。回想四十年前的秋闱，自己正在贡院中局处陋室摇头摆脑吟哦之际，怎会知道四十年后，自己也会流亡到孤岛上“衡文取士”呢？所以做做诗来重温旧梦，亦文人一“幸事”也。

在科举时代确实没有女主考、女同考官，但在今日，有个女试官并不见得有什么奇怪可异之处，贾氏的诗有《女宗衡校世罕觏》和什么《文章》、《天人观》等，似乎与潮流不大合耳。

四川省的第一名（解元）举人蒲殿俊，广安州拔贡生，注选州判，年二十七岁。蒲字伯英，民国成立后，伯英之名大显，殿俊反少人知道。历任四川都督，众议院议员，内务部次长，伯英在民国初年是属于研究系的，他创办北京晨报，为新文化运动一支生力军。他生平研究戏剧，提倡甚力，陈大悲到北京搞话剧，全靠他大力支持的。他又为民众戏剧社主干之一，与陈大悲合办人艺戏剧专门学校，自任校长。他培植出来的学生，如徐公美、左明、吴瑞燕、王泊生、万籁天等，在话剧上都有大贡献的。他的创作剧本有：《道义之交》、《阔人的孝道》等（收入晨报丛书），皆风行于时。一九三五年逝世。

第六十七名顾鳌，广安州廪贡生，湖北省经历。年二十四岁。顾字巨六，留学日本，清末任京师四城巡警总厅佥事。那时候肃亲王善耆做巡警部大臣，平生最重用留学生，所以他一归国就给善耆罗致了。汪精卫行刺摄政王一案，顾曾从中尽力，善耆也知道对党人不能持之过急，所以力主从宽，只予终身监禁。民国成立后，历任约法会议秘书长，政事堂法制局局长，为袁世凯爪牙之一。世凯帝制时，薛大可大为卖力，时人鄙之，因取二人之名“顾鳌薛大可”以对金瓶梅之“潘驴邓小闲，”一时传诵都下，皆以为天生妙对云。（薛大可近年居台湾）

广东省的举人，第十名是唐恩溥，新会县增生，年二十三岁。唐先生字天如，曾任清史馆分纂，吴佩孚在洛阳开府时，聘他做秘书处处长，深为吴氏器重。（唐先生日前对我说，他每逢亲自送机要文稿给吴子玉判行，吴氏未尝不立而受之。有时遇到吴氏没有留意到他进去，他必定入门后，轻轻咳嗽一下，让吴氏知道，然后进门，吴氏也立刻站起来迎接。）蒋百里入吴氏幕府，就是唐先生推荐的。

一九二四年，吴子玉失败，遁入四川，唐先生倦于宦海生涯，辞职南下，隐居香港，一直到现在。唐先生在一九五六年已七十七岁了，以古文名于时。陈叔通的古文久已名闻海内，但他老先生遇到重要的作品，总是远寄来香港，很客气的请唐先生批评，还请他大加斧削。前几年陈先生所作的夏孙桐墓志铭，原稿寄给唐先生请指正，唐先生也不客气，开头一段给他删改了好几处。陈先生来信称谢，还说改得很好呢。

唐先生不只精古文，还精医学，如果不是有交情的朋友，他不肯轻易给人处方的。他虽然年老，但还担任香港红万字会的工作。可惜自前年起，变眼视物不清，久已谢绝文字应酬了。

第五十九名陈焕章，高要县廪生，年二十一岁，第二年中甲辰科进士。陈，字重远，历任总统府顾问，国务总理顾问，孔教会会长。他中进士后，得不到翰林，人们很为他可惜，其实这么一来，反促成他后来的一番事业，比做一个昂然自大的翰林公好得多了。

光绪末年，有不少举人进士出洋留学，进士馆便把陈焕章送去美国，入哥伦比亚大学，以“孔门经济学原理”论文，得博士学位。他虽然是康有为的弟子，也曾在美国镀过金，但在学术上没有什么成就，只是提倡孔教，力向政府请求定孔教为国教，他的头脑可见一斑。当时的国民党没有接纳他的请求，他气起来再度出国，向欧洲宣扬孔子学说，但反应甚微，不久就郁郁而死。

广西省的举人，第四名是张其锽，临桂县监生，年二十五岁。张，字子武，第二年中甲辰科进士。历任广西省省长，吴佩孚开府洛阳，任他为秘书长。子武自负他的易学，推算自己将死于非命。吴佩孚失败，他跟随入四川，半途为武装人民所杀。

云南省的举人，第一名（解元）周钟岳，剑川州廪生，年二十六岁。钟岳字惺甫，中举人后，历任云南教育司司长，一九二九年任省府委员。抗日战争时期任内政部长，考试院副院长。现任人民政协委员。

以上只就我所知的举出二十多人，但这一科的全部举人中，当有不少对国家社会有大贡献的，可惜我的见闻有限，所知不多，读者如能举以相告，或正其错误，当感激不浅。

写完后，记得有一事和这科的举人有关而且又很有趣的。清朝各省的乡试正副主考，照列是先放云南贵州，接着就放其他边省，最后才放顺天的。癸卯末科乡试，贵州省正考官翰林院编修李哲“明”，副考官御史刘彭“年”。云南省正考官翰林院编修张“吉”星，副考官翰林院编修吴“庆”坻。广东省正考官翰林院侍讲达“寿”，副考官翰林院编修“景”方昶。广西省正考官御史钱“能”训，副考官翰林院修撰骆“成”骧。这八个正副考官的姓名中，分嵌有：“明年吉庆，寿景能成”八个字，以预祝明年（甲辰）西太后七旬万寿，并向她巴结一番。因为她的六旬万寿盛典已筹备完成，恰遇中日之战败绩，临时取消。十年后，又逢七旬万寿盛典，所以要祝“寿景能成”也。这班执政王大臣不止善颂善祷，也真会巴结！

“凤凰总理”熊希龄

一九五三年，现任重庆大学教授，前清华大学教授吴宓结婚了。听说新夫人是四川籍，学法律出身的，今在法院任事。因为他结婚，我才想起二十年前他的爱人毛彦文和熊希龄结婚的一件事。熊死到今已十五年，毛今年也五十三岁了，这二十年的变迁多大呀！

熊希龄确是一个值得介绍的人物。他参加戊戌维新运动，以致革职永不叙用，后来起复，做到京卿，入民国后又做了五个月国务总理。此后以名流之身，系一时“清望”，晚年乃与“娇小玲珑”的毛彦文结婚，传为一时艳事，结果死在香港，毛彦文并不因他一死而与吴宓结婚。

二十年前（1935）阴历二月，熊希龄和毛彦文结婚。

熊年六十六，毛年三十三。熊须长，毛彦文要求把长须割去才答应婚事，熊为了博得爱人一笑，忍痛把蓄了二十多年的须剃去了。婚事既定，熊的一位老朋友对他说：“你今年已经六十六岁了，还要结婚，何必多此一举呢？”熊听了后微笑道：“就是要此一举呀！”可见他为人的风趣一斑。结婚之夕，熊希龄为定情曲曰：“世事嗟回首，觉年年饱经忧患，病容消瘦。我欲寻求新生命，惟有精神奋斗。渐运转春回枯柳。楼外江山如此好，有针神细把鸳鸯绣。黄歇浦，共携手。　　求凰乐谱新声奏，敢夸云老莱北郭，隐耕箕帚。教育生涯同偕老，幼及人之幼。更不止家庭浓厚。五百婴儿勤爱护，念众摇篮，在在需慈母。天作合，得佳偶。”

两人结婚之后，在蜜月中希龄自画墨荷一帧，题曰《莲湖俪影图》，题词其上曰：“绿衣摇曳碧波中，不受些儿尘垢。玉立亭亭飘白羽，同占人间未有。两小无猜，双飞不倦，好是忘年友。粉靥铅腮，天然生就佳偶。偶觉万种柔情，一般纯洁，清福容消受。软语娇颦沉酒里，甜蜜光阴何骤。纵与长期，年年如此，也觉时非久。一生花下，朝朝暮暮相守！”右词为乙亥二月九日蜜月纪念，题写此图以赠彦，今并录之，为慈范堂补壁也。乙亥立秋前一日，凤皇熊希龄记。

词做得并不好，不过他并非词人，姑且勿论，但在新婚中而有“也觉时非久”之语，未免不祥，果然七年后，熊凤凰就死在海外了。

熊希龄是湖南凤凰厅人，字秉三。他的父亲是一个总兵官，以武人而养下一聪敏的孩子，在当时传为奇事。常熟朱其懿做凤凰同知时，觉得熊希龄很有才学，将来必成大器，便把妹子其慧许配给他。希龄年稍长，到长沙求学，多与才智之士往还，因此名较著。甲午年中进士，入翰林。那时候，中日正在交战，乙未议和，希龄屡上书政府请停止和议，不为采纳，他就不待散馆（所谓“散馆”，即翰林在院读书三年，经散馆试后，分别授以编修、检讨之职，才算是整个不折不扣的翰林。如不经散馆，没有授职，好像入了大学，没有毕业，拿不到学位一般，但大学生的资格仍是有的），回到湖南。戊戌年，湖南巡抚陈宝箴、学使徐仁铸、臬使黄遵宪推行新政，创立时务学堂，熊希龄为当时的新人物，极力加以赞助，甚为乡前辈王益吾等守旧之士所恶。皮鹿门在时务学堂讲学，希龄亲为摇铃，召集听众，轻薄者流为撰一联笑之曰：“鹿皮讲学；熊掌摇铃。”同时，陈宝箴对熊也很器重，妒之者又嘲以联云：“四足不停，到底有何能干？一耳偏听，晓得什么东西！”这两联是传诵一时的，但与事实不符（所以舆论有时也不可靠的）。

革职之后，希龄不会就此甘心雌伏的，恰好端方、赵尔巽两人先后做湖南巡抚，希龄便奔走其门，且事以师礼。二人上奏清廷，说熊希龄是当今人才，清廷就授以道员，派到江南差遣，后来还晋四品卿衔。王湘绮是希龄的前辈，他在光绪廿四年戊戌五月廿六日日记云："熊吉士方攻王祭酒，陈抚父子助熊，三山长被逐矣。"熊吉士，希龄也，因为他是没有散馆的翰林，仍称庶吉士，王祭酒是王先谦，陈抚父子是陈宝箴陈三立。到宣统二年十二月十日日记云："熊秉三来，肥白稳重，知非祭酒所能杀也。复职，且京卿矣。"可见他在官场中这是一帆风顺，这是他随端方到欧美考查宪政后的事了。宣统元年，希龄投身贝子载泽门下，走上了贵亲的门路。载泽兼任度支部，欲集中权力，设各省财政监理官，以希龄为东三省财政监理官，这是他在前清最得意之时。因为他是载泽的党羽，而湖广总督瑞瀓又与载泽是亲戚，瑞瀓就荐他做湖北交涉使，未赴任，改授奉天盐运使。这一缺是很肥的，希龄虽然做了不久，但也腰缠十万了。

民国成立，希龄到北京和梁启超等人组织进步党，希望插足政界。果然，他给袁世凯看中了，授命他组阁，于是名著一时的所谓"名流内阁"便告产生。

希龄并非袁世凯的嫡系人物，袁氏何以看中了他，找他出来组阁呢？这其中是有一原因的。二次革命失败之后，反袁的民党已没有力量了，从此可以高枕无忧。世凯做了总统，本是欲假共和之名而行独裁之实的，大敌虽然去了，但“民主”还做得未到家，不可马上就厉行独裁，总得请些所谓“社会贤达”来组阁，给老百姓看看他是怎样开明的。于是他便看中了比较温和的进步党。进步党的前身是保皇党，如果他们出来组阁，对于收拾人心，大有用处，而且熊希龄又听话，假使他稍有倔强，便可以拿着他在热河都统任内的盗宝案做把柄，不愁他不就范的。（希龄于民国元年十二月任热河都统，去职时，行宫失宝物一批，人皆谓其携走，真相如何，至今未明。）陈藻青（赣一，江西人，今居台湾）的《新语林》云：“熊秉三解热河都统，入都觐见。项城曰：‘决以君领袖内阁。各部长吾意中亦复有人，君愿与之共治国事否？’熊对曰：‘若辈才固佳，乃第二流角色耳。’袁曰：‘第一流为谁？’熊曰：‘汪大燮、张謇、梁启超等是。’阁成，袁笑曰：‘此第一流内阁！’”

希龄是民国二年七月三十一日奉命组阁的，九月十一日组成，请看他的第一流内阁吧。外交总长孙宝琦，内务总长朱启钤，司法总长梁启超，教育总长汪大燮，陆军总长段祺瑞，海军总长刘冠雄，工商总长张謇，交通总长周自齐，财政总长由熊希龄自兼，农林总长由张謇兼任。

这无怪老袁笑曰“此第一流内阁”了！段祺瑞、周自齐、孙宝琦算得什么东西！（熊内阁亦称“凤凰内阁”，这批阁员只死存朱启钤一人，今年已八十多岁，现在北京文史馆任馆员，政协委员。）本来教育总长一缺，熊氏要请他的同乡杨度承乏的，杨度以教育为闲曹，曾说过传诵一时的一句话“我帮忙不帮闲！”这是熊氏组阁时一小插曲。

熊希龄在这个时候算是最得意的了，以翰林而拜相(民国初年，那班腐化官僚，皆以国务总理准前清的大学士)，可谓书生得意之秋了。然而好景不常，他在这半年内做不出什么来，到民国三年二月十二日辞职，内阁改组，由外长孙宝琦兼代。希龄下台后，闲居天津北京，到袁世凯死后，只做些煤油督办，账务督办等闲职。后来又致力于慈善事业，在北京办香山慈幼院，晚年又赚了个慈善家的头衔。

在前清末年，希龄是靠了贝子载泽起家的，所以他到什么地方做官，都倚仗载泽之势，视督抚如无物。民国成立，载泽失势，二十年间，把刮到的民脂民膏花得七七八八了。一九三一年，载泽病死北京，他的管家以载泽生前欠他巨资为借口，不肯拿一个钱出来，几乎为以无殓，其女拟卖身葬父。希龄闻知，才亲自出马，清理载泽的遗产，并组织“泽公遗族维持会”，纷请从前受过载泽知遇的人垫款还债，待将产业清理后，如有余则偿还，不受者，则拨入载泽遗族做生活费。参加此会者，希龄外，还有杨士骢，杨寿枏，张镇芳，荣厚等十余人。这又是希龄的“慈善家”姿态，也许就是报恩了。

希龄前妻朱氏，甚开通，善交际，希龄以从小就受知于朱其懿，所以对朱氏夫人甚为尊敬，这两件事，人们都说他不忘本。

辜鸿铭趣事

近日台湾某书贾偷印辜鸿铭的遗作《张文襄幕府纪闻》，改名为《辜鸿铭的笔记》，在香港以港币一元出售，赚了不少钱，于是谈辜鸿铭者又大有其人，到底辜鸿铭是怎样有趣的人，我也想把我所知的写些出来。《清史稿》是官书，它的辜鸿铭传是这样说法的："辜汤生，字鸿铭，同安人。幼学于英国，为博士（伯雨案："为博士"三字，不通），遍游德法意奥诸邦，通其政艺。年三十，始返而求中国学术，穷四子五经之奥，兼涉群籍。爽然曰：'道在是矣！'乃译四子书，述春秋大义及礼制诸书。西人见之，始叹中国学理之精，争相传译。庚子拳乱，联军北犯，汤生以英文草《尊王篇》，申大义，列强知中华以礼教立国，终不可侮，和议乃就。（和议成立，乃系‘列强’知我以礼义立国，真妙论也！‘史笔’如此，叹观止矣！）张之洞周馥皆奇其才，历委办议约濬浦等事。旋为外务部员外郎，擢左丞……汤生好辩，善骂世，国变后，悲愤尤甚。穷无所之，日人聘讲东方文化。留东数年归，卒，年七十有二。”

史稿这篇传，是出于金息侯（梁）之手的。金梁本是复辟派的健将，清亡之后，在在皆与民国为敌，所以才写出这样的妙文。

民国初年，他受北京大学之聘，讲英国文学，有些学生不是文学系的，也走去旁听他的课。友人傅坚白君，在北大前后七年，他对于辜氏的轶事闻见甚多，从前他曾对我说过，我认为值得写出来的。

辜鸿铭在北大教英文诗，用的是牛津大学出版部那本《世界古典文学丛书》的 Golden Treasure，讲书之时，口讲手指，吐沫横飞。对于胡适之那种“国学”根底，一有机会，便加以讽嘲。有一次上课，他叫某学生答复一问题，某生坐着答（当时新文化运动，北京大学学生主张师生平等，答老师的问，不必站起来），辜鸿铭一定要他站起身答，某生不肯。这次真把辜老头子气煞了，马上走出课堂，不再踏入北大的校门了。

人家说他精通英法德拉丁希腊等文字，其实他对于英文是精通的，拉丁和德文都很好，其余只略懂而已。因为他在爱丁堡大学毕业，起码就要把拉丁或希腊文弄好的。第三国语文，他也得学通一种，所以凡在英国大学毕业的学生，古代及现代的语文都要精通一两种的。他既精通英德拉丁文，因此就有人说他见到英国人故意和他说德文，碰到德国人，又故意对他说拉丁文。有一次，他到东城一家相熟的浴堂洗澡，有两个教会的大学生见这个老头子穿了一件旧长袍，拖了长长的辫子，老气横秋的脱衣服，他们就用英语对他嘲弄了一番。辜老头一点都不生气，待他们尽兴了，跑入浴室后，他向茶房拿了一张纸头，用拉丁文写了一大堆字，然后又用中文写道："你们如不懂这些拉丁字，拿去北京大学请教辜鸿铭教授！"他一直等那两人洗完澡出来穿衣服，便吩咐茶房拿给他们，他们接过一看，才知道是得罪了辜先生，一脸尴尬相，连忙拔脚飞跑了。

从前中国有些浅薄的"士大夫"一见了外国人就自自然然的生了一种自卑感，外国人放个屁都香的。但辜鸿铭绝无此种心理，他见了外国人不止不和他们客气，而且还轻视之。当时的达官贵人是最崇拜外国人巴结外国人的，他们见到辜鸿铭能轻视外国人，便对他另眼相看，怕他向他们的"太上皇"讲他们的坏话。于是，有趣的事就来了。

袁世凯搞帝制时，辜鸿铭在北大上课，简直不是讲书，只是骂袁世凯，骂国民党人（当时所谓民党），骂议员政客，从上课一直骂到下课。后来袁世凯死了，北洋政府下令全国停止娱乐三天，辜鸿铭听到了这个消息，怒不可遏，又大骂道："袁世凯是什么东西，叛背国家的人，也值得如此吗？"他马上定了一班戏在家里演唱，还请了六七十个客人来行乐。当值的警察听到他的大门里锣鼓喧天，便入门干涉。辜鸿铭大声骂道："袁世凯死了，与我何干？他是人民的公仆，那见有仆人死了主人反而不能作乐的？"警察只得好声好气对他说："辜先生，袁大总统死了，只停止娱乐三天，您老人家何不等待三天后才请客呢？"这么一说，辜老头更加生气了。他说："袁世凯死，我却活着呢！今天是我生日，我不能不庆祝的！"警察见客厅内挤满了三四十个外国人，知道辜老头是不好惹的，只得退出去，一五一十，报告给警察总监。吴炳湘一听是辜老头的把戏，吓得伸舌头对下属说："这个人不好惹！京师外国使馆林立，他的外国朋友又多，干涉起来，一定闹出笑话，说不定外国人还会笑我们呢，罢休，罢休！"由得辜老头在家里请客唱戏闹了三日三夜。

金梁说辜鸿铭喜作狭斜游，在北大教书时，已近暮年，仍乐此不疲。有一次，他约金梁游公园，遇所识妓女，强拉之共饮，金梁欲避去，辜氏不肯，一定要他陪着。又说，他到八大胡同过夜之后，一定要向陪宿的妓女索取手帕一条以留纪念。这条手帕越是脏的他越欢喜，他说这样才是真正的美人香泽。如妓女不肯给他，他也必千方百计偷到手为止。到他死去之日，有人开了他的书箱，里面女人用的手帕有五六十条。他又喜欢嗅女人的小脚，某学生知道他这两件色情趣事，特地写了一张横额“偷香逐臭之室”送给他，他也一笑受之。

辜鸿铭在一九二八年死于北京椿树胡同私邸，他的太太名吉田贞子，是日本大阪人，生有一女。他虽然娶的是日本女子，但他不屑学日本。

徐绍桢与小毛子

辛亥革命南京光复的一段历史，张勋的宠妾小毛子和徐绍桢有一个很有趣的故事。

张勋在南京称雄时，以重价买钓鱼巷名妓小毛子为妾，宠冠专房，非她在左右，张大辫有食不甘味之概。

武昌起义时，徐绍桢在南京任新军第九镇统制，是江南一支劲旅，帐下健儿有营长柏文蔚、冷遹；排长叶开鑫；什长徐源泉、方振武；号兵孙殿英，士兵张宗昌等人。

绍桢字固卿，广东人，他的曾祖本是浙江绍兴人，因为在广州做官，绍桢占籍番禺，中光绪二十年甲午科举人。少年时候喜谈经济，有声于时。南方编练新军，绍桢被派往日本考察，归国后，为两江总督李兴锐所重，委他做两江兵备处总办，负责训练新军，遂为第九镇统制。绍桢为人开明，军事学识甚富，初时还想尽忠于清室，当武昌起义的消息传到石头城之时，他还存有观望之心，他在八月廿一日还亲到各标营训话，勉励他的部下忠君爱国。但新兵各标营都有民族思想，没有听他的鬼话。到民军在武昌略有小胜，绍桢不能无动于心。九月初四日他的部下劝他乘机举事，不可拘守臣节，他才决心起义，宣布于九月初六日出发，驻兵秣陵关。

新军起义，张勋和江督张人骏，将军铁良皆败走。某一夜，徐绍桢的部下知道小毛子匿居下关，准备化装为难民过江逃往浦口找张勋，便把她捕获了。各将领都主张把她在城内公开展览，以辱满清的爪牙。因为小毛子在南京的艳事流传甚多，人民对她都怀有好奇心理，这样对于士气民气都大有裨补的。但徐绍桢不肯这样做，吩咐把她好好地款待，以便将来交还张大辫。

小毛子被捕的消息传到上海后，据说陈其美曾打电报给徐绍桢，请把小毛子送往上海张园陈列，每人收入场券五角，供人参观，以上海人之好奇，十万元不难募集，则军费可无忧云云。绍桢也不以为然，还是打算派人把她送过浦口。

这时候津浦路南段局长是陶逊，他知道了便自告奋勇，愿任送美专使。陶逊为什么这样高兴干此风流差使呢？原来张大辫败退时，把路局的火车卡全部带走了，陶逊做了局长空有其名，不能办事。他以为把小毛子给还张勋，他一高兴，便可乘横向他索回一部分车卡了。

自小毛子失踪后，张勋寝食不安，听到陶逊把她送回来，欢喜到了不得，马上传令排队迎接，大开筵席，待陶逊为上宾。酒间，张大辫口口声声称赞徐将军罪人不孥之盛德。陶逊见主人高兴，便乘机请他交还火车卡以利商旅。他拍着胸脯说："老兄，请你放心，这点点小事如果还办不到我还是人吗？"第二天，他立即下令把车卡八十辆，火车头二十五辆交陶逊带回南京。这批货物在当时价值三十万元以上，小毛子的身价亦可谓高矣！

后来张勋在天津又纳名伶王克琴为妾，王工媚术，尽夺小毛子之宠，小毛子遂打入冷宫郁郁以终。民国六年张勋复辟失败，逃入荷兰使馆，王克琴乘机席卷而逃，时人乃为联嘲张云："往事溯从头，深入不毛，子夜凄凉常独宿；大功成复辟，我战则克，琴心挑动又私奔。"把小毛子王克琴之名都嵌入联中，曾传递大江南北。（关于小毛子被民军捕获一事，端纳的回忆录也有详说，但错误之处不少。）

近人费行简的《当代名人小传》对徐绍桢的写法，与人不同。他说："及勋败走，临时政府成立，授绍桢为卫总督，而戍军繁多，初不尽承总督节制，有同闲曹。初以功高，意在长陆军，至是不能无怨望，渐疏民党。然袁世凯亦以其反覆好猎虚誉，远弗与亲，日益落拓，而热中不能高隐……当绍桢居京师日，人有言其贫困于世凯者，世凯曰：'绍兴人险诈，巨可信耶？'然其当官治军，操行甚洁，不取非义，非北洋派诸人所及，近复附南，颇讥诋段祺瑞。"

费君写此书时，是民国七年，绍桢正从中山先生于广州，所以说他"附南"。当民国正式成立，袁世凯请他出任参谋总长，不就，一度为蒙古专使，后来即隐居上海。中山先生在广州就任大总统，坚邀他南下参加，先后任他为建设部长、内政部长、广东省长、总统府参军长、广东卫戍司令等职，极为中山先生器重，称固老而不名。中山先生逝世后，他认为那班人不足有为，复归上海闭门读书。后来国民党政府在南京成立，给他一名空头委员敷衍面子。一九三七年九月死于上海，年七十六岁。

徐绍桢的藏书是很有名的。广东大藏书家徐信符《广东藏书记略》一文记其事云："余族兄固卿绍桢，承其先人子远公通介堂藏书，所藏经籍本富。筮仕后，经历两江闽浙，广为搜书，故学寿堂藏书，珍本特多。自宣统辛亥革命，江南寓宅为张勋抄没，图籍荡然。民国以后，复为积聚，有《学寿堂题跋》，于版本研究至深。晚岁环境困迫，历经忧患，珍本无存矣。”

信符写此文时，绍桢逝世已一年多了。他的《学寿堂日记》十二卷，出版已久，排日所记，都是读书心得及经籍精义，与读书札记同。一九四三年我在广州旧书店买到一部，本是非卖品，所以很不容易见到。

“黑旋风”刘成禺

有“黑旋风”之称的刘成禺，已于去年在武昌逝世了。成禺先生是武昌人，但是出生在广州，所以名禺生。他早年肄业两湖书院，是梁鼎芬的学生。不过他少年时就醉心革命，后来到日本求学，加入孙中山先生的同盟会，凡关于东京与武昌革命事业的联络，都由成禺先生代为奔走。一九零四年同盟会在美国开办大同报，派他去主持。他在海外极力向华侨宣传摧毁满清，光复汉族之必要，甚为中山先生所重。辛亥革命成功，他做的是参议院议员，大元帅府高等顾问，大总统府宣传局主任，大本营参议，国民党政府的监察委员。

成禺先生本是同盟会的耆宿，最为中山先生器重的，中山先生在世一日，他还可以发舒，一到国民党定都南京后，他便给人打入冷宫，做起最无聊的监察委员了。

谁都知道，国民党当日的五院，除了行政院之外，其他四院都是装门面的衙署，骗骗老百姓的。而这四院之中，监察院更是最令官僚瞧不起的大衙门。监察委员并非没有謇謇谔谔之士，他们虽敢于弹劾，但弹劾之后不能执行，这个监察院便等于虚设，这些委员便等于花瓶，无怪给人瞧不起了。

成禺先生是一个有风骨的人，见到那些自称中山先生忠实信徒的政客在搞欺骗人民的把戏，他就老实不客气的骂，口头骂之不已，还著之于诗篇。在朝的人见他不肯向权贵低头，好，就把他安置在“养老院”，每月给他几百块薪水钱，由他去自生自灭。他也诈聋诈痴，等到一有机会，就使酒骂坐，旁若无人。那些政客一听到刘麻哥到（他的脸皮略麻，相熟的人，都这样叫他，他不以为忤）就吓得面无人色，不敢发一言了。这就是他的“黑旋风”精神的表现。在民国初年的国会如此，在民国廿四、廿五年的南京也如此。因此，他便为金陵王朝所恶，很多同盟会元老都做了大官，他却是倒霉。

一九四七年十月，成禺先生到广州就两广监察使之职。就职之时，他曾说过他一定要打老虎为人民除害。但是，他这种话，也不过是官话罢了。那时候宋子文正做广东省主席，于右任都不在他眼内，何况一个小小的监察使？我当时听到刘先生说打老虎，我就断定他不能发挥“黑旋风”杀三虎的威力的。果然不出我所料，他开出的支票不能兑现，不久后，他便卸职去了。

禺生先生生于前清光绪二年（1876），死于一九五三年，七十七岁。他的父、祖两代都在广东做官，他的父亲雨臣先生，名兆霖，于咸丰同治年间，曾任广州、潮州的知县。禺生先生生在广州，所以和广州、潮州人的感情特别好（正如冒鹤亭先生一样，他生在广州，名广生，他的父、祖也在广东做官的），我在二十年前认识他，我们之间相差三十多岁，他因为我是潮州人而生长在广州的，所以也不嫌我是个一无所知的青年，做起忘年之交来。

近人沃丘仲子的《当代名人小传》记刘成禺云：“成禺亦鄂人，初为国会议员，直情快论，众拟以黑旋风。尝谓革命以还，党派分歧，各争私利，至国事日非，咎皆坐于鄂人之倡义，已亦鄂籍，第知引愧。时在议场诸人，凡好逞臆气不顾大局者，闻之皆忸怩……成禺文学较长，其讥洪宪诸诗，世皆传诵。”

所谓讥洪宪诗，即三十年前的《洪宪记事诗》。孙中山先生给它写了一篇序文印行的。诗久已绝版，一九三五年，成禺先生在南京做冷官，重新把诗改写过，加入新作及附注，改名《洪宪纪事诗本事注》，听说后来在重庆出版。

刘先生的《世载堂诗集》，中多指斥时政之作。他和腾冲李根源（今在北京，任全国政治协商会议特邀代表）同是章太炎的学生。李根源是麻子，人们叫他做李麻子，刘成禺在民国二十三年，因为章太炎生日，他们同去苏州锦帆路章寓祝寿。太炎一时高兴，叫他们二人陪他拍一张照片。太炎说："今天是我的高兴日子，两个麻子来和我照个相留为纪念。"后说自己坐在正中，李麻子马上站在左边，留右面给刘麻哥。刘麻哥哪肯让人，要夺李麻子之位。太炎问是什么事，刘麻哥说："我比他大，应该站在先生的左边。"太炎笑曰："亦有说乎？"刘麻哥说："怎么没有？人们叫他做麻子，叫我做麻哥，不是我大过他吗？"太炎亦为之大笑。后来李麻子有一首诗赠刘麻哥曰："我是腾冲李麻子，君为江夏刘麻哥。回首吴门十年事，太炎不见奈之何！"

刘禺生先生在重庆时，有题李麻子《荷戈集》一诗云："锦帆南望泣秋坟，又话巴山旧雨痕。回首纵横天下士，沤麻牵犬出东门。"这是他酬李根源兼悼太炎之作。

武汉解放后，禺生先生任职中南，为乡梓文化建设工作。他死后六个月，上海的朋友才写信通知我，还说到他的《世载堂杂忆》正在整理中，不久或可出版。《世载堂杂忆》是一九四六年七八月间刘先生为上海新闻报副刊《园林》写的笔记，每天登二三百字，一直登了三四年才停止。这部笔记包含很多清末民初掌故，为可贵的史料，有很多人为了要读它，特地定阅新闻报的。

刘麻哥往矣，我写此文时，不时在脑海中浮出一个面麻微胖的影子。我自一九三七年以后，就没有和他见面的机会，现在他死去了，此后会晤无期，言笑永绝，殊可惜也！

精通拳术的诗人杨昀谷

我国近代的文人，有好些个对于武术是很有功夫的。照我所知，林琴南善舞剑，魏铁珊精内功，而内功最深的是我现在要谈到的诗人杨昀谷。

杨昀谷的诗名很大，但他却扮成一个驼背翁的样子，走起路来，十足像风吹倒的文人。他是江西新建人（新建近代出两大诗人，一个是杨，另一个是夏敬观，夏氏今仍健存），名叫增荦，光绪廿四年戊戌科进士，官刑部主事，以候补知府分发四川。将起行时，北京文人赋诗赠别者不下百数十人，赵尧生所写的四川《竹枝词》六十首，最为擅场，凡留心我国诗坛的人大多知道，这里不必再说。但昀谷却没有入四川，这是他一生引为憾事的。因为张鸣岐做两广总督，把他死拉到广州做幕友了。

辛亥三月廿九日黄花冈一役，爱国烈士围攻总督衙门，清兵戒严，关闭城门，断绝行人来往。昀谷忽然像没事一般走到唐天如先生的寓所谈天。唐先生觉得很奇怪，外面正在乱糟糟，他为什么能够跑出来。就问他道："昀谷，你怎能够出来的?"他说："我从墙头跳下来的。"唐先生不相信，又问道："总督衙门的围墙少说也有二丈多高，你怎能跳得出来，你不是吹牛吗?"他这时才觉得自己失言，马上掩饰道："我不是跳出来的，墙边有一把扶梯，我爬到墙头，就跳下来了。"

他这样说法，唐先生还认为不满意，正色对他说："昀谷，我们也算老朋友了，你为什么还对我说假话?"诗人没法，才对他说："我一跳跳上墙头，又轻轻地一跳跳到路上，走到这里来喝茶。"

这时候，唐先生才知道他有这种惊人绝技，死追问他从何处学来。他说："学到这种功夫有什么用，整天装成病人的样子，走路也不敢挺起胸膛。"后来给唐先生追得紧，他就把早年时候怎样练功夫说出来。

昀谷在家乡读书时，他的伯父请了一个著名的拳脚师傅教孩子们练功夫，在行"毕业"礼时，师傅也照例表演一下拳脚。正在打得天花乱坠之际，忽然有人冷笑一声，师傅举头一望，人丛中有一个口衔干烟筒的老者在微笑。师傅当然不高兴，要跟他比武。老者不肯，自谦不懂武术。师傅说："你既然不懂，为什么冷笑？敢冷笑，就是内行人，非比一下不可。"

老者给他这一说，只得出来献丑，让师傅进攻。师傅恨不得一碗水把他吞下去，展开架步，一跳上前攻他的心窝。老者轻轻把他一拉，师傅倒退三丈余，头颅嵌入祠堂正门那座屏风里。观众拍掌叫好，师傅羞愧满面，但又不能把头抽出来，只得叫木工锯开木板，才把他的头拉出来，师傅没脸再和主人相见，马上走了。

昀谷见到自己的叔伯有这种本领，忽然兴了学习之心，连忙跑上老者跟前跪下去，叫老伯收他做徒弟。老者把他端详了一会，才伸手把他全身摩遍，然后对他说："你是可以学习的，不过我不能教你，我带你去见我的老师，他老人家才有资格收你做徒弟。"

老者把他带入深山见他的老师。他的老师是一个七十多岁的老和尚。和尚也把他全身摩遍，肯收留他了。从此他就跟着老和尚修炼，学内功，学佛乘，学了五年，他十八岁了。师傅对他说道："你的功夫已经学成了，但你是功名中人，不宜在深山修真，你将来要做官的，你还是回家去下苦功念书吧。"

下山之后，他在家里潜心学问，后来考中举人，又中了进士，在北京做起小京官。在北京居住时，他生怕人去麻烦他，总是不把住址告诉人。后来索性搬到野寺居住，每两个月，又换一处地方，所以很少人知道他的行踪。有一次他住在极乐寺，这是北京著名的古刹之一，住客多是达官贵人偶然去"偷闲"一下的。那一晚有十几名强盗去打劫极乐寺，他们误会诗人也是富贵中人，进门时先把他用绳子缚住手脚，他等强盗把他缚紧了后，一耸身双手已经抓住屋梁，索子寸寸断下，群盗才知道这回向太岁头上动土了，马上狂奔走出寺门。

他对唐先生说完了他学师的经过之后，唐先生要他当面一试，首先他不肯，后来再三请求，他才叫人去搬了七八块砖头，叠起来放在茶几底下，高约二尺余。诗人用手掌轻轻一拍几上，最下的那块砖裂作八九段，但其他各砖丝毫没有裂痕，唐先生见了为之咋舌。

诗人在北京时，他的师傅忽然到北京找他，住了不久，五台山有一僧人知道他的师傅来了，便跑到北京，要跟他的师傅一较身手。他的师傅说："你我都是出家人，又都是八十开外的人了，你赢了我，或我赢了你，又有什么好处呢。"五台山僧人不肯，一定要比武。后来他们协议，不比武，坐禅赛内功。他们盘膝而坐，相离约六七尺，各握绳之一端。坐到八小时后，五台山僧人仆地死了。原来他的师傅的内功深，力透绳子，好像电流一般通到五台山僧人身上，把他杀死的，据他的老师说，这是劫数，他没法避免。这件事也是他对唐先生亲口说的。

民国成立后，昀谷以遗老自居，但他却不赞成复辟党人，他的同乡张勋，在民国初年拥兵自大，屡次请他去做“王者之师”，他都婉却了。后来张勋复辟失败，避居荷兰公使馆，诗人便去见他，善言安慰，劝他以后别干这种无聊之事。张大辫听他这一番话之后，也息了此心。

段祺瑞做临时执政时，对他极为优礼，时时请他入府中谈禅，他也像云中鹤一般不时出入执政府，但老段知道他淡于宦情，始终不敢勉强他出来做官，只是每月送他一千块钱以为养老，他也极力推辞不受。段祺瑞没法，只得吩咐他的心腹人物梁众异、王揖唐之流，亲自去存问他，和他作作诗，偶然觑着他日用不给，静静地拿点钱给他的仆人。

北洋军阀蔡成勋、陈光远等人在江西主政时，派了很多人到北京礼聘他回去为桑梓服务，他一概置之不理，也不回故乡去望望妻儿。晚年亲自操作（跟他十余年的老仆死了），不食肉，出门也不坐车，伛偻而行，人不知为精于内功诗名满天下之杨增荦也。一九四〇年以七十四高龄死于天津，越二年，王揖唐为之印行诗集。

精通技击的诗人魏铁珊

近代诗人擅武术者，除杨增荦外，还有魏铁珊。铁珊初名龙常，后改名絨，字纽之，晚号匏公。他的父亲在太平天国期间游幕广西，他大概也是在广西长大的。光绪十一年乙酉（1885）铁珊中了举人，没有考上进士，因此绝意科举，以游幕为活。

铁珊长于武术，这是多数人所知的事。据说他精通易筋经和壁虎功，在广西时，很多无赖少年都以为他是读书人，对他肆意欺侮，他不与计较。有一次他被迫应战，但他还是不肯出手伤人，施展壁虎功，以背缘墙上屋顶走避了。那班无赖子才大吃一惊，从此再不敢望他一眼了。铁珊在广东居留过一个时期，和陈昭常、江孔殷及先叔父蕴琴先生都是好朋友。现在香港的唐天如先生与铁珊最熟。唐先生说铁珊专内功，在广州时，唐先生强他表演一下。铁珊只好答应，要了一筒拜神用的香，点着了后，遍插地面，把门关上了。铁珊伸出右手食指，指着那些香转一个身，几十支香都熄灭了。

铁珊的轶事为世人盛传者，无过于他打外国水兵一事了。一九三一年十二月十日，香港《中和报》副刊，有署名貔貅者，发表了一篇铁珊的轶事。据说有一年他从长江入天津，乘的是一艘外国船。入津沽后，正泊码头，忽见一艘外国兵舰的水兵把一个中国工人打到体无完肤，打完后，还把工人掷在海里，岸上围观的人，没一个敢去援救。铁珊一见大怒，跳上外国兵船，把行凶那个水兵打了一顿，然后断其头。那班外国水兵见了就开枪打他，他跳入海中逃走了。外国公使馆行文官厅拿“凶手”，官厅只是敷衍，把他放了，他就避匿在南市妓馆。后来那个妓女知道他是打水兵的英雄，便送他一点钱，他才走回广东（此文作者真名胡靖，系前清孝廉，广东顺德人）。不过照我所知，铁珊没有把外国水兵打死，只是把行凶的人痛打一顿罢了。此事发生在上海，并非天津。光绪十二年铁珊到上海，准备入京会试。他在黄浦江见几个外国水兵围打码头工人，铁珊义愤填胸，走上前一拳便把几个外国人打倒地上。但外国人多，团团把铁珊围住。他觉得如果把那些外兵全部打死，说不定国家会吃亏的，不如走罢。忽见江边有一船正开行，相离有五六丈，他纵身一跃便跳到船上，到天津去了。这些都是世传铁珊的轶事，也许有点夸大之处，但在当日国势陵夷之时，以一弱质书生而敢对抗残暴的外国兽兵，即使是有点夸大，也是为一般人所乐闻的。

一九二七年十月铁珊死于天津，湘乡陈毅给他作的墓志铭（开化胡嗣瑗书丹，汉军李孺篆盖，题曰：“清故通议大夫私谥贞介魏君墓志铭”）有云：

君讳戫，字铁珊，匏公其晚号，山阴魏氏。祖熊占，父德潜（伯雨案：字润亭）。君英才踔绝，举光绪乙酉科，颇以功名自诡。试礼官不第，援例为候选知府，加三品衔。佗傺无俚，以学书遣日，夙诵阮氏南北派之说，因疑帖近妍美。得张猛龙碑模仿之。寻又参以瘗鹤铭，由是规汉隶，进而研心秦篆周籀之法，而风骨遒峻，乃适如其人。乱后无所资，恃鬻书自给，微此即一分不苟取也。少能诗，工倚声。晚好班范书，密雠细笺，裁可辨而增勘无辍。以岁丁卯九月丁丑，年六十八卒于天津。乡里之人高其风，为卜厝于其义园之西南山小王村王山丙向。配陈氏淑人，妾黄氏、吴氏，子元晋、元衡。始君父治刑名，君自幼从客桂林……

读此可见铁珊的行谊一斑。陈毅本是遗老，他在墓志铭中说铁珊是忠于天津张园中那个“宣统皇帝”的，这也许是事实。墓志铭中没有说到铁珊自知死期一事，现在详述于此。一九二七年正月初五日，铁珊在外大醉归家，自撰碑文，写在黄纸上。碑文颇为奇特，文云：“其国无清，其人无名。其生庚申，其死丙丁。其籍山阴，其葬天津。后世子孙，曷视此茔。”是年阴历九月十五日，无疾而逝。他的家人亲友查一下历书，则十五日恰是丁丑日。

讲到铁珊的学问，自然以声律为第一。他对于胡琴、琵琶、筝、笛、以至昆、徽、弋、黄诸歌曲，无不精通。名艺人如余叔岩、梅兰芳、程砚秋等都不时请他指导。他的书法，写魏碑是一时之俊，又能以龙藏寺体，写二分许之小楷，笔笔精神饱满，无懈可击。

铁珊死后八年，一九三五年秋，他的诗词才在梧州出版，和他的太太陈肖兰（贵县陈鹿笙方伯璚之女）的诗合刻，名曰《魏铁珊陈肖兰遗集合刊》，集中词后附诗十数首，他的太太的诗较多。

先叔父蕴琴（学濂）先生和铁珊颇有交情，在一九二五年，曾把先祖楚香先生的家传寄去天津请铁珊书写，写成交给北京琉璃厂陈云亭刻字店刻石，打算立石于澄海县城的祠堂中。石久已刻成，不知怎的没有运回广东。一九二七年，先叔父在汕头逝世，家人完全不知道有这件事。到一九三三年，一个在天津做生意的本家高友桐入京，偶然在陈云亭处见到这些刻石，问起来才知道刻工还没有全付，但一部分已为张之洞之孙先支付了。友桐便写信到汕头告知伯昂侄，才汇了几百元去北京赎回，寄归时有一块断了。

附吴道镕撰文，魏铁珊书《高楚香君家传》

真定高氏，自五代后周秦王行周，以武功显，子怀德入宋，尚燕国长公主，封渤海郡王，徙汴梁，为宋世臣。其后人从南渡，复徙临安。祥兴末，有讳华山者，扈从崖山。宋亡，抗节隐广南潮州之玉窖乡。明嘉靖中，析潮州海阳、揭阳、饶平三县地置澄海，遂为今澄海高氏之始迁祖。自始迁以前，失其世次，其后历传至日熙赠君，生二子，次曰曜和，蚤卒，而君居长。君讳廷楷，字宗实，号楚香。少力农，惇敏有远志。道咸间，英人在新安濒海辟地曰香港，君历海道循达广州，游其地数月，复航南洋，游于暹罗。有巨商某，伟其才，延司市舶事。暹地多稼，盛产米，而吾粤民食，岁仰给邻境。邻境或岁荒不时至，往往坐困。君筹思久之，慨然曰："酌盈济虚，此大业也，吾姑发其端可乎?"乃谋设肆香港，运暹米集中其地，转鬻内地米商，协济民食，又以暹人簸春墨守旧法，而帆船运载恃风而行，程期难定。爰仿泰西横器砻法。复与英商吩沙谋以轮舶易帆船。转输既便，业以大赢，迄今七十年余，业此者踵接。曼谷都城，廪突相望，南洋航道，运艘如织。吾粤民食，遂倚南洋一隅为命脉，惟君实倡导之。君尝论为商之要曰："见小而忽大者惑；趋利而失守者蹶。"故其操术耻垄断，审弃取，既决，利市三倍，不以易其素。时暹多秕政，其酋雅重君，尝以赌税鸦片税强君任其事，论者谓可获厚利。君峻辞，卒去暹归港守故业，盖夙所持论然也。商于港者分三帮，曰闽、曰广、曰潮，潮之商于港者亦分三帮，曰潮惠、曰丰普揭、曰海澄饶，遇事集议，率商界中巨子，咸视君意取进止。有大建置，得君一诺，无不立举。其在港筹建东华医院，在省会筹建八邑会馆，造端宏大，皆君提挈集群力成之，然劳谦有终，不自多也。其居乡尤恂恂自下，褊衷者惎君得众，或非意相干，恒曲意优容之，终不以力所能者盖人，久之其人亦自愧服。其他恤亲故，交游多长者，行以非大节所在，不殚述。卒年六十三。先是君性好施，遇赈案辄报效，叠邀叙奖。最后以山西赈捐案得奖即用知府，赏戴花翔，三代皆赠如君官，妣皆赠恭人。初娶蔡氏，继娶金氏，皆封恭人。子九，振纲、学濂皆候补道；学能光绪戊子（1888）科举人，八旗官学教习；学潜、学修皆附贡生；学贤候选同知。孙二十一人，秉贞癸卯（1903）科举人。曾、元孙凡二十四人。前史官吴道镕（案：吴道镕广东番禺县人，原名国镇，字玉臣，号用晦，光绪六年庚辰科翰林。晚年隐居香港，二十年前才逝世的）曰：余光绪辛巳（1881）主潮州韩山讲席，道出香港，得识君，逾年而君卒，间闻潮人士谈君遗事，称其游暹时，老父在堂，蔡夫人力孝养，持家政井井如健男，卒以成君远志。金夫人故暹女，谙商术，能助君筹策，而娴守中国礼教，亦奇女子也。忽忽四十年，重作港游，学濂、学潜、秉元出君行状求作家传，读所叙述，无溢词，犹见君笃厚之遗。观君之型于家，贻于后人，其素行可概见已。

乙丑三月

山阴魏臧书

北京陈云亭勒石。

伯雨谨案：先祖楚香先生没于光绪八年十二月廿四日，到光绪廿六年，先父舜琴先生敬撰《高资政公阡表》，寄去北京请夏同龢书写刻石。未及写而遇义和团事变，夏同龢回故乡办团练，直到光绪廿七年重回北京才写了寄到香港。先父欢喜异常，复于阡表之末撰文说明其事。碑刻成之后，立于暹罗祠堂。一九二五年我家在暹罗商业失败，祠堂也变卖了偿清债务，那六块高四尺的丰碑因为太大，迟迟未运归故乡。澄海县城的祠堂地址久已卜定，来后因各房无暇顾及，始终未有建造，所以魏铁珊写好先祖家传运到汕头，也没有运回故乡，于今已二十二年矣，现在不知还存在否。

溥仪与庄士敦

我每逢车经香港湾仔的庄士敦道，对于以前做过香港总督的那个庄士敦（庄士敦道之命名就是纪念他的）并不会联想到，但是对另一个有趣的庄士敦，一想到了便微微一笑。

这个庄士敦是谁呢？说起来“此马来头大”，他是英国的爵士，而做到“帝师”，又是所谓“中国通”的。庄士敦的全衔应称为芮因奴·菲林明·庄士敦爵士（Sir Reginal Fleming Johnston）。他怎会当起小朝廷中的“师傅”呢，说起来，其中有一段颇为有趣的历史的。

溥仪坐在故宫关门称孤道寡的时候，认为自己不懂得英文，不能和外国人交谈，那是多么不够面子的事，何况他还有心想到外洋留学呢。在一九一八年他正当十三岁的时候，就想学英文了。他的“师傅”梁鼎芬、陈宝琛、朱益藩三人都认为“圣学”未成，不必学洋鬼子的语言文字。以“皇帝”之尊，接见外宾而操洋鬼子话，丢尽中国“皇帝”之脸，所以他们就极力反对，反对得最烈的是梁鼎芬。他知道溥仪为人虚浮，以与外人交际为荣，他要学英文只是想会讲流利的英语，出出风头而已，并非存心研究学问的。因此梁鼎芬就几次“犯颜进谏”。溥仪见他们反对得有理，就暂时息了此心。不久后，梁鼎芬死了，溥仪见那个反对得最凶的“师傅”逝世，便又旧事重提，遂于一九一九年由他的旧臣，现任中华民国总统的徐世昌介绍庄士敦去做他的英文教师，并且隆其体制，待遇与毓庆宫诸“帝师”相同。这也是破坏“祖制”之一端，那班“师傅”是很不高兴的。因为有清二百余年，只有教汉文的师傅待遇隆崇，就是教“国书”（即满洲文）的师傅也不及。汉文师傅与皇帝并坐讲学，满洲师傅就要跪而进讲了。此例始于顺治入关时，足见满洲统治者笼络汉族士大夫之心。现在一个教英文的外国人，竟与诸帝师待遇相同，不止是有违“祖制”，而且对那班“师傅”也有点侮辱的。陈宝琛为此事力争，溥仪认为庄士敦是外国人，他们是“天之骄子”，怎好怠慢，还有，溥仪以为庄士敦是英国人，将来有什么事，通过这个“过气”的英国官员，可以跟英国拉交情，自己多少都有点外援的。他便一意孤行，把聘书发出了。他们上课的地方就在故宫里面的养性斋，溥仪因为学英文，便把此斋重新布置一番，摆些英文书籍和一些西式家具。

溥仪的中文很差，满文更是不成，但他学英文的成绩很好，他能读，能说，能写，写的书法也很清秀。到一九二二年他“大婚”时，他招待外宾，居然也用英文致辞，有很多人羡慕他会讲英语，出尽风头，但他的师傅们却认为他有辱国体。这个时期，溥仪醉心欧化，自己起了一个外国名叫亨利，又给他的“皇后”起了个伊丽莎伯之名，夫唱妇随，日在深宫读英文，致足乐也。

庄士敦做了“师傅”不久，溥仪又隆其体制，居然“赐”给他“头品顶戴”。庄士敦高兴到了不得，从此事事都摹仿前清派头。有一年，贝勒载涛（光绪帝之胞弟，现在北京人民政府任职，又为人民代表）生日，庄士敦亲自跑去恭贺，所用的名刺是旧式的红单帖，正面写着庄士敦三个大字。背面又用木戳印着两行“专诚拜谒，不作别用”的小字。这还不算奇，最可笑的是他的服装了，看见他的人，无不捧腹大笑。他的脚上穿了一对洋皮鞋，身穿洋服裤，上身又穿着一件蓝袍长褂，头戴红顶帽，胸悬朝珠，颈上仍围了一条白色的硬领，成“清”英合璧的怪形状。

这使人想到清末福开森获赏二品顶戴，常把红顶佩挂胸前，有如宝石的奇事。（按：福开森是美国人，久居中华，掠去宝物不少，一九四五年在美国逝世。）

在溥仪左右的一班遗老，和庄士敦是不大合得来的。但庄士敦出入“宫禁”久了，对于溥仪是同情的，恨不得他早日能复辟，做起满洲帝国的“天子”，所以他很和复辟党来往。一九二四年溥仪被逐出宫，一九二五年七月三十一日，办理清室善后委员会，在养心殿发见许多与复辟有关的重要文件，有康有为请庄士敦代奏游说经过函件，日期是甲子年（1924）正月十二日。康有为称庄士敦的中国名为志道。又有一封是康有为的学生徐良（字善伯，广东东莞人，徐勤之子，汪精卫在南京组伪府时，任之为驻日大使，一九四九年平津解放，释出狱后，被解放军枪毙，人心称快）致庄士敦请代奏康有为行踪函。现在把原函录出，以存这一段史料。

“师傅钧鉴：津沪上书，想均已登记室。良自送南海先生赴青岛后，即旋香港，拟入桂省，将中国大局情形，告之林督，并一察其内幕，倘有机会，当力劝之出兵讨孙。孙文一日不去，则中国永无宁日，而世界亦因之多事矣。前闻宫中大火，驰念无极。适温毅夫先生入京膺南书房行走，经即托其代请皇上圣安。此次损失若干，起火之由，此间言人人殊，公暇望示详情，俾告诸同志为感。南海先生六月中旬乃能抵沪，良游桂一月后可返，大约六月杪至七月初到沪。日本之行，刻未能定也。温毅夫先生此次入都，甚得此间商界盛誉，即何晓生亦优礼有加，人心趋向，于斯可见。诸节乞代奏皇上。专此敬请崇安。徐良谨肃。五月三十日”（外附一名片“徐良善伯”，信纸用上海九华堂宝记制笺）

徐良此信可以看出这班复辟党人是怎样仇视孙中山先生所领导的革命运动，他还自认亲入广西，游说军阀出兵讨孙，以为复辟之助。甚至一个小小的“南书房行走”的伪员温肃（字毅夫，广东顺德人，一九三九年逝世）入京“供职”，竟然也会得到香港商界的盛誉。（照我所知，香港有几个自称遗老的商人，如乾泰隆行的陈子丹，裕德成行的陈殿臣都曾设宴为温肃饯行。他们在前清并未出仕，陈子丹只不过秀才，陈殿臣则举人而已。他们对溥仪是具有好感的，溥仪“大婚”时，他们都各助大婚费用一万元。以二人而代表香港商界，未免笑话！）甚至何东对温肃“优礼有加”，便“人心趋向，于斯可见”，这简直是梦呓！徐良此信虽没有充份证据可以证明庄士敦和他们是同谋，但在养心殿发见的文件中，还有金梁的条陈，中有“借外交以定内乱”等语。办理清室善后委员会于一九二五年八月十七日函外交部请照会英国公使，勒令庄士敦出境。（三十年前，中国的无能政府，竟然无权驱逐一个外国人出境，多不像样！）函云：

迳启者：本会于本年七月三十一日，点查养心殿时，发见有去年春夏间清室密谋复辟文件，由组长吴承仕提出，本会同仁认为有图谋复辟确据者。有"内务府大臣"金梁（案：梁字息侯，今尚存）四次条陈，及康有为请庄士敦代奏游说经过函等共五件。事关内乱，业送法庭检察。惟庄士敦系属外人，据康有为致彼之函，有特可注意之数点：（一）玉云："各事已累令善伯面告。"则康之游说，每事必有报告与庄。康、庄间之接洽，不止一次。（二）又云："望以所历代奏先慰圣怀。"则康之游说，溥仪固知情，而为之传递消息者，庄也。（三）函本与庄，而发见乃在溥仪之养心殿，知庄已尽传递之义务矣。（四）此函之发见与金梁各折同在一匣，则溥仪亦认此为密谋复辟要件，故同置一处也。（五）金梁条陈力言联结外人之必要，有"借外交以定内乱"等语。今庄竟以外人参与清室复辟密谋，挑拨我政潮，扰乱我治安，照国际惯例，应即驱逐出境。兹特将原函抄送贵部查照，应否照会该国公使勒令庄士敦出境，希酌核办理……此致外交部。中华民国十四年八月十七日。

结果，庄士敦还是安居在中国，依然做他的"师傅"。

不久后，他的“师傅”职务解除了，一九二七至一九三〇年，英国政府委他做威海卫行政专员。庄士敦就任之前，先于一九二六年回英国一次，溥仪在天津的“行在”，设宴为他饯行，二人在平和楼内合拍一像，溥仪亲笔题字其上云：“二十一岁在平和楼饯别庄士敦先生赴英。”

一九三一年庄士敦回国，即在伦敦东方语言学校为远东语言文化部主任，一九三八年三月六日逝世，年六十四岁。他的有关中国的著作是：《中国戏剧》、《孔子与新中国》、《紫禁城的黄昏》等书。他出生于苏格兰，受教育于爱丁堡及牛津大学，一八九八年到香港做公务员，一九〇〇至一九〇二年任港督的私人秘书，一九一七至一八年任威海卫地方行政长官。

曾纪芬暨其子聂云台

一九五四年三月四日，香港一家销路颇广的晚报，登了一篇“‘国家祥端’聂老太太”。作者周为信先生，他写那篇文章时，真是想到了就写，完全不顾事实。所谓聂老太太，就是曾国藩的季女，上海著名工业家聂云台的母亲。她名叫曾纪芬，死于一九四二年。周先生说她直活到一九四六年，享寿九十多岁才死，这是不确的。他又说西太后在她九岁那一年，把她接入宫里抚养，一直到她二十一岁时曾国藩才奏准太后，把她接出来，嫁给名翰林聂缉椝。又说她出嫁时，西太后及王公大臣送给她的礼物很多，还说她在宫中时，西太后请了教师教她中、英、法文字，所以她不止诗词歌赋都很好，而且精通外文云云。周先生这些话都靠不住的。曾纪芬死到现在不过十几年，又是上海的著名人物，只要稍为“慎重”一下，决不会错到这样有趣的！

曾纪芬生于咸丰二年（1852）三月三十日。那时候曾国藩在北京做礼部侍郎，他们住在贾家胡同。是年六月，国藩奉派为江西乡试考官，出京后得到太夫人江氏的死耗，遂托妻舅把家眷带回湖南奔丧。从此时起，曾纪芬就离开北京，一直到民国廿二年（1933）春，才到北京游玩。周先生说她九岁入宫云云，简直是无中生有。她八十岁那一年（1931），自订有年谱，名叫《崇德老人八十自订年谱》，由子婿瞿宣颖（清末军机大臣瞿子玖之子）执笔所写的。死后，宣颖又为之编《崇德老人纪念册》，附年谱，宣颖有后记云：“老人以咸丰二年出京，八十年中，足迹未履京华……遂约戚串俞、曾两家同行。北方亲故，多年不见，欢然相聚，寓瞿宅经月……”此可证也。她不止没有“福气”和西太后相处十余年之久，所谓赏赐也，教中、英、法文字也等等都是周先生捏造的。

曾纪芬在二岁以至廿四岁出嫁（周先生说她二十一岁出嫁不确，她在光绪元年九月结婚的），那二十多年中，随着父母旅居安庆、南京等地。国藩死于同治十一年（1872），她那时二十一岁，周先生说国藩平太平天国后，太后欲笼络功臣，故把她接入宫中抚养，“视同谊女，恩宠之隆，莫与比伦”云云，真是不知有何根据。

关于曾纪芬出嫁，她的年谱光绪元年一条之下自述云：

余之奁资，有靖毅公所遗之千两，及文正公薨，诸女亦各得千两。欧阳太夫人薨，又各分八百两，益以子金，粗足三千，媵遗之丰，过于诸姊，已愧于文正之训诫矣。

这可见她的嫁妆并不十分丰富的。曾国藩规定嫁女奁资不得过二百金，她出嫁时得二千二百两，所以自说有愧家训。她的夫家本非富裕，婚后她和丈夫还要走左宗棠的门路，聂缉槼才当了上海制造局会办，那还是左氏看曾国藩的薄面才给他这个美缺的。

她追述重游南京，入两江总督衙门与左氏见面一事甚有趣。光绪八年一条，下记云：

文襄（左宗棠也）督两江之日，待中丞公（伯雨案：缉槼字仲方，后官至江苏巡抚，故称中丞公）不啻子侄，亦时垂询及余，欲余往谒。余于先年多曾一度至其行辕在大堂下舆，越重院数重，始至内室。文襄适又公出。余自壬申奉文正丧出署，别此地正十年，抚今追昔，百感交集。故其后文襄虽屡次询及，余终不愿往。继而文襄知余意，乃令特开中门，肩舆直至三堂。下舆相见，礼毕，文襄谓余曰：“文正是壬申生耶？”余曰：“辛未也。”文襄曰：“然则长吾一岁，宜以叔父视吾矣。”因令余周视署中，重寻十年前卧起之室，余敬诺之。嗣后忠襄公（国荃也）至宁，文襄语及之曰：“满小姐已认吾家为其外家矣。”湘俗谓小者曰满，故以称余也。

她和左氏的一段对话甚有趣，左氏并非不知自己小国藩一岁，却故意问她，以便说出他把她当侄女看待罢了。

聂其杰字云台，是她的第三子，生于光绪六年(1880)，他是中国一个著名的工业家，一九五三年十二月才在上海逝世的。年谱中述及聂家经营工业经过，其光绪三十四年一条下注云：

初，中丞公在沪道任内亏空十万，皆系因帐房徐某吞蚀所致。爰由内帐房汤癸生君经手陆续追出各种股票，其中以汇丰银行及开平煤矿为大宗。此外则轮船一只名飞鲸及码头，亟以变卖，抵偿公款。有纺织新局者，因已数年不分股息，其股票五万四千两，竟一钱不值。汤君拟邀余家合办，中丞公当以居官不便自营商业谢却之。汤君乃自行租办，邀其杰为之经理，易名复泰。一年后即盈余十万。未几汤君逝世，其族人汤君蛰仙乃来访其杰，谓汤君故后，孤寡不能胜此重任，必欲我家合办，并为经理其事，怂恿不已，继以长跪。遂定以汤氏担任四成，余家六成，而其杰为总理。复泰租约本为六年，继改为四年，至光绪三十四年期满，旧股东无力偿还，遂议决将厂拍卖，余家出价三十二万五千两购买，改名恒丰，皆其杰其炜两儿请于中丞公而行之也。然余家实无此巨资，徒以有日后发展希望，不忍弃去，乃设法借款以购焉……中丞公解组后，宦囊本属无多，加以购厂举债，负担殊重。幸纱厂连年均有起色，差不负当日之经营……又民国十年，其杰兴办大中华纱厂失利颇受影响。至本厂因迭次扩充，迭借外债，至今未能偿还清楚，此余家近二十年况概也。

一九一八年，曾纪芬把家产分给子孙，又把上海培开尔路地皮捐给工部局，开办聂中丞公学。一九二〇年，其杰被举为总商会会长。到一九二六年，辽阳路新屋落成，迁入居住，自此每星期开家庭会议一次，由其杰主讲，印成周刊，外间亦有流通者。

其杰及其母本来是信基督教的，一九一七年，他的太太萧夫人死后，他悼亡情深，不复续弦，同时因为对人生有了特别的感触，心灵上开始转变，从此潜心研究佛学。一九二四年，他在如幻大师处受三皈依。因为老母在堂，不便出家。他六十岁后除研究佛学外，还精研医学，著有《温热标准捷效》、《伤寒解毒疗法》等书。六十六岁时，因骨痨症割去一腿，以后就深居精修，功夫日深。去年十二月十二日逝世，年七十四岁。他的自挽联云：“做了几十年的怪物，见解不与人同，于今放下诸缘，一心归依净土；哀哉无量数有情，痴迷皆曰予知，何时彻底觉悟，三界齐现清凉。”

聂云台死后七个月，上海的朋友才通知我，并写了他的自挽联寄来。他在我国工业界的地位，只次于张季直，在民族工业中，他是尽过一点力的。

张伯驹与陆机《平复帖》

张伯驹是我国现代一个中年的文人，如果用什么家的称号去尊称他，他的“家”实在太多了，数起来，有好几个。现在让我来数一数。他是银行家（北京盐业银行的经理)、收藏家、书画鉴别专家、词家、票友专家、书画家。数起来已是六家了。

他是河南项城人，今年刚好是六十岁。他的父亲张镇芳是袁世凯的亲戚，做过河南督军，为袁世凯的心腹。张伯驹家里很富有，一向过的是优裕的生活。他虽然出身纨绔，但没有一点俗气。他的嗜好，无一不雅，无一不与文艺美术有关。说起来他是一个了不起的人。

他是北方著名的票友大王，精于音律。自魏铁珊死后，他就是此中的翘楚了，著名的京戏艺员如梅兰芳、马连良、余叔岩、程砚秋等人，没有一个不去请教过他的。

说到他收藏的古代书画，那真是了不得！他收藏书画已有四十多年的历史，一件美术品到他手上，只要他展开法眼，便可以鉴定它的真假，所以他的收藏品在北方是很有名的。从前日本的古董家来中国搜罗书画，如果书画里有北方张伯驹，南方庞莱臣的收藏印，他们都很乐意花多一两倍价钱去收买的。

现在让我来谈谈他收藏的书画精品。先说他收藏晋朝、隋朝的一书一画罢。晋朝的大文豪陆机所写的一封信，叫做《平复帖》(因为信的开首有“平复”二字，因此收藏家以“平复”命名)。

《平复帖》千多年来都经过著名的收藏家珍藏，到清朝初年，为梁清标所得，刻入《秋碧堂帖》，为一帖中的压卷。后来到了乾隆朝，这个喜欢美术的乾隆皇帝极力搜罗书画，梁氏后人便把《平复帖》进贡给十全老人。乾隆帝大喜，因刻为三希堂法帖，以《平复帖》列为首卷。因为陆机是西晋的人，王珣所写的字还列其次（他是东晋人)。嘉庆年间，成亲王的母亲把陆机这幅真迹赐给他。现在我们所见成亲王写的字，常盖有“诒晋斋”一印，就是因为他的母亲以晋人笔迹赐给他，所以起了一个这样的书斋名，以作纪念。后来此帖不知怎的又流入内府，到咸丰帝即位之后，就把《平复帖》和唐朝韩干写的马——《照夜白》，赐给御弟恭亲王奕䜣。奕䜣死后，这两件国宝仍藏在地安门外三座桥的恭王府。现代名画家溥心畬（现居日本）是奕䜣的次孙，早在二十年前，便以《平复帖》、《照夜白》押在北京某银行，押了多少钱我不大清楚。我认识溥先生时，已经不能看见这两件国宝了。一九三五年黄河水灾，北京文化界开会筹款赈济，在中山公园举行书画展览会，由溥先生商之银行，借此二物出来陈列，看一看要买票一元。我就在这个时候有机会看到。《平复帖》是用秃笔写的，纯是枯锋，的的确确是晋人的法度，不像王珣的那幅真迹，是米南宫摹的。

抗日战争期间，大约是一九三九年罢，此二物的抵押期限已届，如果不备款赎取，势必为日本人所有。张大千听到这个消息，很是着急，就商之于他的同乡傅增湘，请傅先生转告张伯驹。于是张伯驹以二万元买下《平复帖》，另以三千元酬谢某君，以为介绍之劳。这件事是一九四〇年张大千在香港利园山上的袖海堂（主人是已故书法家简琴石）对我说的。《照夜白》已经给日本人买去，后来转卖给英国的波斯富爵士，现藏波斯富中国美术基金委员会。这就是《平复帖》的一段历史。

至于隋朝展子虔的山水《游春图》，是海内的孤本，现在已卖给北京故宫博物院的绘画馆，去年曾公开陈列的。

此外张伯驹还藏有唐诗人杜牧之手写的长诗，此诗是他赠给名妓张好好的。又有宋徽宗写的山水《雪江归棹图》，宋朝大书家蔡襄自写诗册，黄山谷的《诸上座帖》等等，都是海内名迹。

张伯驹的太太潘慧素女士，能写巨幅山水，落手都是写六七尺以至一丈的。他们现在都在人民政府服务，每月得到相当的薪水，一九五四年二月，他们到杭州游玩，转入湖南衡山去实地写生。

伯驹善填词，现在我钞他题《稊园主人梅花香里两诗人图》卷的一阕鹧鸪天如下：

和靖门前月老祠，飞来青鸟系红丝。天生嘉偶神仙侣，早有梅花暗里知。　　肩比并，步参差，文江才调玉台姿（明李梅公与远山夫人有《文江唱和集》），月明林下双双影，画向空山雪满时。

稊园主人是交通界前辈南海关赓麟，今年七十七岁，现居北京。

满清帝后演戏记趣

清朝的皇帝，几乎个个都喜欢看戏的。到了末年，慈禧太后更不惜违反“祖制”，招外间的名伶入宫演戏，以致人言啧啧，她老实不客气的一概不理。至于那个可怜的光绪帝也会恋起伶人秦稚芬，甚至也会哼起皮簧起来，据北京熟于清宫故事的某君说，有一年祭天坛，光绪帝在轿子里低声唱《武家坡》，生旦对答，声调抑扬，随行轿旁的侍卫都听得很真切，可见末代的帝后对于戏剧是怎样的爱好。

北京故宫现在还有好几个戏台，一在宁寿宫倦勤斋前；一在重华宫漱芳斋前。前者在东，后者在西，自故宫博物院成立后，都开放给人游览。

宁寿宫地方很大，是乾隆帝晚年特地建来预备归政后居住的。倦勤斋在贞顺门之西，这个戏台也是乾隆年间所筑，其规制甚小，仅可以容纳少数伶人上演。

漱芳斋在重华宫之东，戏台在斋前。乾隆帝为皇子时，住在重华宫，晚年常在此处召集词臣演戏酬唱，戏台前有他所写的“风雅存之”的匾额，由此看来人们传说乾隆帝曾在此台粉墨登场，似乎可信。这个戏台规模也很小，拿近代的戏台来比较，真如小巫见大巫了。

到光绪年间，中国在妖后拉那氏统治之下，国势日衰，但她却日事游乐，不时在宫苑演戏。遇到她的什么五十、六十、七十等“万寿”，更是铺张扬厉，热闹非常。她的生日是十月初十，从初五日起就演戏设宴了。据光绪十年（是年有中法之战）十月初六日以后，《翁同龢日记》迭有记载。初九日云：“辰正二刻入座，申初二刻退，戏十出，长三十刻一分……自初五日起，长春宫日日演剧，近支王公内府诸臣皆与，医者薛福辰、汪守正来祝，特命赐膳赐观长春宫之剧也，即宁寿宫赏戏而中官擫笛，近侍登场，亦罕事也。此数日长春宫戏，八点钟方散。”（按：薛、汪二医，曾于光绪八年医好慈禧的大病，甚得她的宠遇，特破格奖叙。薛补授通永道，汪任天津知府，以外官而又非大臣，得入宫观剧，亦荣遇也。）

初十日记云：“坐帐房，吃官饭，巳初三刻入座，戏七出，申初三刻退，凡廿六刻。有小伶长福者，长春宫近侍也，极儇巧，记之，此辈少为贵也。满洲命妇多报病，惟福锟、崧申、巴克坦布之妻入内，闻终日侍立，进膳时在旁伺候一切。”

十一日记云：“戏十二出，共长三十一刻五分，两次到小寓，又食于懋勤殿，再以四金酬之，其实不堪下箸也。……”

这是慈禧五十万寿演戏的情形。六十万寿因在中日战争期间，宫里没有怎样大铺张，但在颐和园也有演戏。

关于在颐和园演戏，坊间流行的笔记偶然也有叙述，但我想钞一段外人不常见的记载。清末直隶总督陈夔龙，于一九二四年著有《梦蕉亭杂记》，是木刻本，印成以赠亲友，我也得到一部，其记颐和园观剧一段很有趣。兹节录如左：

予以外吏，两次入京陛见，均值庆辰，恭逢巨典，耳聆仙乐，不可谓非荣幸。癸卯（1903）六月，以汴抚入京，适值德宗景皇帝万寿，在颐和园随班行朝贺礼。先期传令入坐听戏。上驻跸颐和园，即于园中德和园排演。台凡三层，楼北向，规制闳崇。两宫正殿坐南向，东西各楹诸王公大臣以次坐。凡近支王、贝勒、贝子、公，满汉一品大臣暨内庭行走者均预；在外将军、督抚、提镇适在京者亦预。其京中一品之各旗都统，及三品满汉侍郎，均不得列入。东第一间近支王公，次军机大臣、大学士、各部尚书，都察院左都御史等；西第一间御前大臣、次内务府大臣、南书房、上书房，翰林。将军、督抚、提镇之在京者居于西末一间，此其大较也。计获观盛典者五十余人，由内务府大臣即时传单知会，共凑集银二千两，为赏犒内监之需，人共派五六十金，缴呈御览后分给。辰九钟，诸臣先到，各依次跪。少焉乐作，内监传呼驾到。皇上在慈圣舆前步行，后妃公主福晋等随舆后。慈圣下舆升殿坐，诸臣行三叩首礼，命脱补褂，去朝珠，赏赉雪藕冰桃瓜果等物，人各一黄龙盒，由内监亲赍呈慈圣一一过目，始依次递交，各敬谨领讫，行一叩首谢恩。内监承旨命张大幞二，一由北而东，一由北而西，名曰“隔坐”，三面各不相见，仅见北台上歌舞耳。诸臣可于其时休息谈论，各适其适。两宫体恤臣僚，无所不至。余居西第六间，同坐者为湖广总督张文襄公之洞，安徽巡抚诚中丞勋。维时正演吴越春秋范蠡献西施故事，当范蠡造太宰嚭府第时，投刺二次，司阍不之理，嗣用门敬二千金，阍者即为转达。阅至此，文襄忽失声狂笑曰：“太恶作剧，直是今日京师现形记耳！”声振殿角，余亟以他语与周旋，免再发言，致彻天听。时交午正，内监传呼赐宴，宴设于仁寿殿东偏殿，凡八席，诸臣随意饮啖，大官厨琼浆玉粒，非复人间风味也。酉正撤幔，各大臣仍须衣冠如礼。未几乐止，复朝北行三叩首礼，各趋出。翌日亦如之（皇上万寿戏二日）。又四年丁未，升任川督，十月到京，恭遇慈圣万寿。（伯雨案：是年慈禧七十三岁，下一年就死了。）先期赏紫禁城骑马，赏西苑门内骑马，赏坐船只，赐垫，并赏初九、初十、十一，三日听戏。时交冬令，即在西苑举行庆典，于丰泽园左另制戏座，广设帷幔，规制较淀园（伯雨案：颐和园也，地在海淀，所以人们简称它为淀园）为狭，以其可御严寒也……

翁同龢陈夔龙是亲历其境的记载，读之可见宫内、颐和园、西苑演戏的情形及其仪注，此实谈清宫演戏的好资料。我又听到熟于清宫故事的林贻书先生说，慈禧每逢听戏，在开锣之前，光绪帝照例要上戏台从台后出左门，立台上，行一周，然后走入右门，这是表示“戏彩娱亲”之意。

清朝在国势强盛时，常有外国派遣使臣来修好，清帝照例“赏”他们看看戏的。康熙三十一年（1692），俄罗斯派使臣栽兹柏阿郎特义迭思来聘（时在《尼布楚和约》订立之后），回国后，俄使著有日记记其事，由俄文馆译成中文，其中有记在北京看戏的情形很详细。到高宗乾隆五十八年（1793），英国想和我国通商，第一次派使臣马尔戛尼来华，到热河行宫觐见高宗。马氏著有《乾隆英使觐见记》(民国初年上海中华书局出版，刘牛依译)。其中有说到乾隆帝生日，赐他看戏，记云：

九月十八日，礼拜三。先是，余得华官通告，谓：“皇帝万寿庆祝之典礼，虽已于昨日举行，而今日宫中尚有戏剧及各种娱乐之品，为皇帝上寿。皇帝亦备有珍品多种，亲赐群臣，且将以礼物赠诸贵使，贵使可仍于晨间入宫，一观其盛。”至今日晨间，余如言与随从各员入宫。至八时许，戏剧开场，演至午正而止。演时，皇帝自就戏场之前设一御座坐之。其戏场乃较地面略低，与普通戏场高出地面相反。戏场之两旁，则为厢坐，群臣及吾辈坐之。厢位之后，有较高之坐位，用纱帘障于其前者，乃是女席，官眷等坐之，取其可以观剧而不至为人所观也……

清宫演戏，跟着清朝垮台而停止。民国成立，溥仪在故宫关门做“皇帝”，居然也搭起架子，遇到什么高兴日子，也“传”外间名伶在漱芳斋前演戏。有一年瑜太妃(同治之妃）生日，名艺人谭鑫培，十三旦都入宫演戏报效，陈宝琛以“师傅”资格，亦蒙“赐”听戏。唱完后，谭叫天十三旦得“赏”不过六十元，他们以从前曾受过慈禧太后的厚恩，现在见“大清”倒了，也不敢以为赏得太薄。溥仪被逐出宫后，故宫不再有封建式的演戏了。

谈岳飞的三种造像

岳飞的事迹，几乎三尺童子都知道，我不必在这里多费笔墨介绍。不过岳飞和广东人的一段关系，和他的后人的一般情形，恐怕知道的人不会很多。前几天偶然在朋友处见到岳飞造像三种，藉此可以谈谈他的造像和他的后人。我的朋友某君，以收藏书画、古董名满大江南北，生平精于鉴赏，这三种岳飞像，是他收藏了三十多年之物，一是铜像，一是生像画轴，一是石拓像。

先说岳飞和广东的关系。据宋史说，绍兴三年(1133)，虔州盗匪横行，大掠循、梅、广、惠、英、韶、南雄、南安、建昌、汀、邵武诸郡。朝廷派岳飞往平之。岳飞不主张把虔州（虔南县，属江西）的居民屠杀，所以虔州人感其盛德，在州内建祠塑像来纪念他。梅、广、南雄等地都属广东的。再早一个时期，宋高宗建炎三年(1129)，岳飞曾在广东的英州（即今之英德县）知军事，他在广东有惠政，也许英州有他的祠庙（不过现在还没有发见)。据咸丰年间冯奉初梁廷枏所修的《顺德县志》，根据潘琪所作的《岳庙碑记》及乾隆陈志、嘉靖志所说，顺德以前是有岳庙的。(潘琪字澹明，番禺人，明万历二十九年进士，官至御史。）庙在紫泥司、赤花村、龙头山的招募冈。为什么顺德建有岳飞的庙呢？故老相传岳飞命部将王贵出讨岭表，曾在此驻重兵，并招募乡兵于此。王贵能约束兵士，不妄杀人，居民德之，为建庙，而招募冈之得名亦以此。

铜像是民国初年在粤北出土的，高英尺八寸又八分之六寸，广四寸又八分之五寸。此像的面貌装饰，和杭州岳祠吴廷康监刻的像及故宫南薰殿所藏的相同，不过这个像的须比较长一点，大概是髯难铸，只得把他的头稍为俯低一下，以显出他的须长一些。

关于岳飞的铜像，据吴廷康的刻像跋记说，宋孝宗隆兴元年（1163）命枢密司判乐则生铸岳飞的朝服执圭像，又有宋降将康麒所铸的生像。明朝万历年间，武穆裔孙岳元声（字元初，号石帆，浙江嘉兴人。岳飞之孙岳珂居嘉兴之金陀坊，以此为浙人）在诸暨山中更获一像，与康麒所铸者相似。

乐则生所铸的像及诸暨山发现的像，朱梓庐集辛未郡西岳祠落成诗注有云；“忠武于孝宗阴有定策功，否则充桧伎俩，盖张邦昌刘豫之续也。王孙邺候珂，曾权嘉兴府军事，兼内效农使，子孙因家焉。岳氏家谱，王十八世孙元声兄弟，有遗像记，述孝宗于受禅初，铸王像以赐王子霖奉祀。其像铜身金装，朝衣冠，手执圭，圭镌“奉旨”二字，胸镌“尽忠报国”四字，背中镌“绍兴三十二年壬午秋七月枢密司判乐则生造”十九字。背左右镌“唾手燕云，誓欲复仇而报国；矢心天地，尚令稽首以称藩”二十二字，即王“和戎表”中语也（伯雨案：此二十二字非“和戎表”语，乃疏中语也）。像侧镌“子霖敬祀，绵绵永传”八字。并赐铜券，券词有“朕不遗终始之大义，负卿尽死之完节”二语。又赐铜册文，有“子四孙二，照序封官加禄，永远血食，庙貌常新，毋朽朕意”等语。宋元易代间，遭乱畏祸，奉王像册券，并邺侯所铸鼎爵诸器，藏诸暨山中。金陀者，本邺侯书名，后人因以名其居，故至元志有金陀坊之目，其实自琳避姓，晦迹于和，追明万历癸未（1583），元声始举进士，榜姓犹署乐，至其弟和声成进士，乃于乙已年（1605）疏请复姓。旋于丙午（1606）访得像器故物，遂建祠迎祀。明末祠毁，像器皆被盗，近有得一爵送西湖祠者，今祠乃和声六世孙恢复者。”

读此可以知道乐铸的像的来历，但乐铸的铜像久已不存，这个在粤北出土的铜像并没有好像乐铸的一样刻有字，大概是后人以乐铸的为模特儿而铸的，也许就是康麒所铸的亦未可知。因为此像的制作甚古，又与南薰殿所藏及乐则生所铸的相合，说是宋朝所制，也许不致言过其实吧。

吴廷康监刻像石，在杭州岳祠，嵌于壁间，今已残毁，这是初拓本，所以很可宝贵，上有吴廷康所写的篆书。廷康是清嘉道间人，到同治初年似乎才死的。他是安徽桐城人，字赞甫，一字康甫，号元生，又号晋斋，晚号茹芝，工篆隶治印，又会写梅兰，著有《慕陶轩古砖图录》四册，咸丰元年刻本，前燕京大学图书馆藏有手拓本，我曾见过的。

另一岳飞像是清朝乾隆年间周椝所画的，这是岳武穆的枪骑生像。此轴是纸本墨笔，高英尺三十七寸，横十二寸。画上盖有武穆姓名印及“精忠报国”印、姓名牙印，宋高宗颁赐铜印，都是朱色原钤。此四印久已名著艺林，可惜已经毁失了。（关于周椝的生平行谊，详见袁子才的《随园集》中，不再详引。）像下有周椝题字云：“池州齐山有鄂王诗刻，近为人凿易而去，殊可于邑，谨录于左，他日续补《程史》、《金陀粹编》诸书后可乎。‘经年尘土满征衣，得得寻芳上翠微；好水好山看未足，月明催趁马蹄归。’幔亭后学周棨拜书。”

李慈铭与周氏兄弟

东亚病夫《孽海花》说部写李慈铭写得很不堪，太过火了。但他所写李寓门前的一联：“保安寺街，藏书三万卷；户部员外，补缺一千年。”则颇有关事实。李慈铭未成进士之前，先捐得部曹，所以每以资郎自况（伯雨案：资郎之称始见于汉，与清朝以资买官的“捐班”不同，慈铭通人，亦有此失）。因为他捐官，便和老朋友周畇叔兄弟闹翻，《越缦堂日记》中常见其骂二周的文字。七十年来李周交恶一事，正像公说公有理，婆说婆有理，没有人敢于为之平停。近年《越缦堂日记》印行，只见其谩骂，而不见其有系统的记述此事（或者越缦老人自己涂去），世人更觉得如坠五里雾中了。

现在我参考李周两家日记，及闻诸周季贶的外孙冒鹤亭所述者，详记于此。

周季贶名星诒，畇叔之弟（畇叔名星誉，又名誉芬，善诗词，道光庚戌翰林，受知于曾国藩，著有《鸥堂日记》，《鸥堂剩稿》等书，桐城吴汝纶为其门下士），后来冒鹤亭为刊《周五先生集》，传诵海内者是也。

周氏本河南祥符（今开封）望族，咸丰初年，他们兄弟避太平天国战事，寓浙江李越缦的故乡会稽，与越缦及王平子、孙子九、孙莲士等结言社，各以“言”字的偏旁为名（越缦名星谟，平子名星诚）。这班少年，日以诗文会友，自言生平友朋之乐，无逾此时。星誉的《鸥堂日记》（光绪十二年山阴金武祥所刻，共三卷，惜无影印本，流传甚少）咸丰五年四月初六日云：“予尝与平子论古今名流性情学术，虽有所近，然其源终不外乎清之一字。因就同人中评论之，颇肖其为人。雨窗夜坐，漫记于此。许梦西清远；孙子九清和；周雪瓯清豪；孙莲士清超；李莼客清刚；陶琴子清真；王平子清隽；家素人清奇；季贶清爽（伯雨案：后有素人跋云：然则畇叔吾弟是清丽也）。”又咸丰九年八月在北京记云：“莼客述陈德甫评定近人诗文，以予为第一，莼客次之；季贶次之；郭筠仙编修嵩焘又次之；王平子居第五。余如李芋仙、杨子恂辈皆不与月旦，可谓严矣。不材如余，竟获滥居首选，是又德甫之阿好矣。”

可见他们当时互相结纳标榜，隐然为南中文坛的“恶霸”，于是一时有“五星”之目，而以星誉执其牛耳。

莼客屡次乡试不第，季贶兄弟劝他捐个员外郎到北京候补。莼客乃售去祖田，托季贶办理。季贶本来正在捐福建的一个同知，因已钱不够上兑，只得暗中挪移莼客之款，而只给他捐一个双月的候选员外，李不知其中内幕，到北京就职，后来才知道上了大当，但也没有办法了。

星誉在北京以名翰林著声于公卿间，乃为越缦游扬于潘祖荫，并介绍于其同乡大学士周祖培家中教读，越缦由是名大显。他在北京时，潘祖荫一家人都很看得起他，不时以现金帮他的忙，二十年中，资助他不下数千金，可说是他的文字知己了。

后来赵之谦到北京，星誉也把他介绍给潘祖荫。赵之谦精金石之学，善书画篆刻，与祖荫论学极相得。祖荫生平喜金石，恶词章，渐与越缦疏，但仍时时资助他，有时请他代笔作文字，必致厚润。越缦见之谦在潘门得意，也迁怒于星誉。其后更知季贶欺他的事，对他们兄弟更是骂到体无完肤，在日记中斥为周蜮，而斥赵之谦为“吾乡天水妄子”，其好骂盖如此。

《越缦堂日记》同治十二年六月十三日云：“傅节子六

月十七日（按：‘六月十七日’恐系误笔）福州书，言已奉檄署台湾海防同知，即日渡海赴官。又得孙子九五月八日汀州书，言即由汀返越，以周小蜮被控撤任也。此中自有天理，而子九犹言其冤，且云此蜮已决意还予金，春间寄至福州，适以罢官而止，其将谁欺乎？子九村学究，性又长者，暱此匪人，至老不悟，弥可叹也。”

他所说的“周小蜮”即季贶。季贶在闽以蚊船亏累旧案入狱，越缦大有幸灾乐祸之意。此案实在冤枉，后来吴汝纶致书福建道员李兴锐，藩司季士周才把季贶释放。

据傅子节说，季贶到汀州就职后，即托他以前挪用越缦的金钱还清了。

光绪八年二月，星誉由广西左江道升广东盐运使，至光绪九年十二月被两广总督张树声奏劾，十年正月邸钞云：“上谕，张树声奏：监司大员才力不称一折，广东盐运使周星誉……年力就衰，不能胜任，均著即行开缺。”是年五月十日邸钞，“上谕：前据给事中邓承修奏参广东盐运使周星誉嗜好甚深，在广西左江道任内，侵蚀甚巨，赴运使任时，有私携税货等情。当谕令张树声等确查具奏。兹据张树声倪文蔚奏：周星誉被参各款，或并无其事，或查无确据，惟精力渐敝，任事为难等语。周星誉前已开缺，著即休致。”

据闻邓承修劾周星誉一疏，是越缦起草，力劝邓氏递上去的。越缦与邓承修交谊甚厚，往来也很密。邓氏在台谏中有名，然亦私其所私，似于清名有玷。

越缦与周氏兄弟交恶的原因，可于越缦致潘祖荫函中见之。《越缦堂日记补》载越缦给祖荫一信，附致《罗庵小志》一册，祖荫以其中颇多诋毁朋友之语，劝其删去。越缦覆书云：

承示志中宜删一节，具承风义，勉我古贤，刻状魍魎，诚污简牍，当如来旨，即事芟除。但弟与二周，憾深创巨，迹其射影，直可灭宗，固交道之必无，亦士林所仅见，远近同愤，道俗羞称。弟初以家难频仍，屡试被放，不自揣量，思效明时。二竖遂因之生心，卖人生计，甘言苦口，变乱是非，致违亲弃家，入资自污。二竖乘其便利，为季得官，乃复包藏祸谋，从臾北上，攘肥弃瘠，中道背言。弟上负老亲，下惭乡里，进退无据，出处都非。至庚申之冬，老母知慈尚阻吏诠，时寇氛逼江，越中危甚，衰亲弱弟，犹于苍黄之中，粥田数十，得四百金，将谋寄都，而□□（案指季贶也）公肆无良，劫兑以去。老母痛恨逆竖，兼念远人，积忧成疾，京师识与不识，无不骇叹。而□□（案：指星誉也）洋洋自得，若为不闻。弟犹强与周旋，未遽弃绝。殆今夏五月，叔云忽得重资，僩然安富，弟适缠灾疾，宛转箦床，连函呼救，深拒不应，延至秋初，乃始投书告绝，此弟与二周之始末也。呜呼，铜臭司徒，名士所耻；资郎微末，尤不足言，然弟既已破产为之，便不得不视为性命，而二周鬼蜮百变，毕力排挤，使之生为隶隶，殁为转尸，书生之魂，羞归旧壤；穷人之影，难见天日。近得家书，病亲崎岖兵火之中，犹谆谆以不肖官事为念，弟所以痛心疾首，思食二竖之肉者也。弟虽无似，幼承义方，一行一言，伤人是戒；乃至朋友，尤冀保全。若此为所，自绝人理，仇关家世，非仅一身，自恨力强手孱，不能白刃相报，聊因执事垂教，故略及一二而已。（见同治元年十月廿三日日记）

越缦晚年见日记中有丑诋二周之语，皆以浓墨涂去，也许是事情大白，有悔心欤？越缦晚年是否仍有与周氏兄弟来往，无从稽考，但《越缦堂日记》光绪十年五月初十日记星誉之兄素人往见，有云："周素人来，不得已见之，其人老矣，衰尪骫骳，意甚怜之，而语次屡及其弟星誉，余遂怒甚，不能自制，出言无次，狼狈走出，深悔学问不充，忿不思难，辱及人亲，君子所深戒也。"

越缦与周氏兄弟，本无什么深仇大恨，不过星誉挪用他的钱为季贶捐官罢了（后来是还他的）。越缦实在不必这样如杀父之仇似的。到了他们年纪已老，回思咸丰初年在山阴赏村文酒之乐，结社以通声气，不知作何感想？

盐商被骗

《二十年目睹之怪现状》索隐一

《二十年目睹之怪现状》第四十五回“评骨董门客巧欺矇；送忤逆县官托访察”。这一回写的是扬州盐商附庸风雅；和西太后虐待光绪帝的事。关于西太后的事，我另有一文说及，现在先讲盐商的故事。书中的主人公“我”（这个“我”就是此书的作者吴沃尧）和他的同学吴继之合股做生意的。吴继之有一年署理江都县正堂，他也到扬州游玩。继之的幕友文述农知道他会刻印，就请他摹一个“节性斋”的印章，来假阮元的字，打算卖给盐商。吴沃尧是会刻印的，所以他在书中时时说到他刻印的事。因为假古人的印，便引出述农对他讲一段盐商被骗的故事了。

述农道："有一回有个人拿了一幅画去卖（给盐商），要价一千银子，那门客要他二成回佣，那人以为做生意九五回佣是有规矩的，如何要起二成来，便不答应他。他说，若不答应，便交易不成，不要后悔。卖画的自以为这幅画是好的，何忧卖不去，便没有答应他。及至拿了画去看，却是画的一张人物，大约是岁朝图之类，画了三四个人围着掷骰子。骰盘里两颗骰子坐了五点，一个还在盘里转，旁边一个人举起了手，五指齐舒，又张开了口，双眼看着盘内，真是神采奕奕。东家看了，十分欢喜，以为千金不贵。那门客却在旁边说道："这幅画虽好，可惜画错了。便一文不值。"东家问他怎么画错了。他说："三颗骰子，两颗坐了五，这一颗还转着未定，喝骰子的人，不消说也喝'六'的了。他画的那喝骰子的，张开了口，这六字是合口音，张开了口，如何喝得'六'字的音来?"东家听了，果然不错，便价也不还，退了回去。那卖画的人，一场没趣，只得又来求那门客。此时他更落得拿腔了。他说，已经说煞了，挽回不了，必要三成回佣。卖画的只得应允了。他却拿了这幅画，仍然去见东家，说："我仔细看了这画，足值千金。"东家问有甚凭据。他说，"这幅画是福建人画的，福建口音叫'六'字，犹如扬州人叫'落'字一般，所以是开口的，他画了开口，正是所以传那个'六'字之神呢。”他的东家听了，便打着扬州话“落落”的叫一两声，果然是开口的，便乐不可支，说道：“亏得先生渊博，不然几乎当面错过！”马上兑了一千银子出来，他便落了三百。

吴沃尧写的虽然是小说，但这种事我们不能说没有的。现在北京故宫博物院藏有张择端的《清明上河图》卷，便曾发生了同这个门客一样的事。大概作者是摭拾前人笔记以入书，而加以渲染的。我在明清人的笔记里读过不少这类的记事，但记得最可靠的，是明朝末年一个秀才徐树丕（苏州人，明亡后不肯出仕，隐居苏州，以著述为活），他的《识小录》说：

汤裱褙善鉴古，人以古玩赂严世蕃，必先贿之。世蕃令其辨真伪，其得贿者，必曰真也。吴中一都御史，偶得张择端《清明上河图》临本，馈世蕃，而贿不及汤。汤直言为伪。世蕃大怒……余闻之先人曰，《清明上河图》皆寸马豆人，中有四人樗蒲，五子皆六，而一子犹转。其人张口呼“六”。汤裱褙曰：“汴人呼六当撮口，而今张口，是操闽音也，以是识其伪。”

吴沃尧这一段，恐怕就是从前人的笔记脱胎而来的，此亦鲁迅先生所说的“话柄”之一。

西太后与光绪帝

《二十年目睹之怪现状》索隐二

《怪现状》第四十五回写的是西太后与光绪帝的事。本来吴沃尧这部小说描写的都是民间奇奇怪怪的事，现在要描写到“天家”了。书中说：

继之道：我到任以后，放告的头一天，便有一个已故盐商之妾罗魏氏告她儿子罗荣统的不孝。我提到案下问时，那罗荣统呆若木鸡，一句话也说不出。问他话时，他只是哭。问罗魏氏，却又说不出个不孝的实据。只说他不听教训，交结匪人……只得把罗荣统暂时管押。不过一天，又有他罗氏族长来具结保去了……

这一段说的是罗魏氏告她的儿子罗荣统不孝，在读者看来，以为这不过是作者描写扬州一个已故盐商的家庭纠纷罢了。那知作者是影射戊戌政变一事的。他在书中对那个罗魏氏虽没有微词，但他的一支笔却写出她的种种奢侈，不听儿子劝告，后来儿子要整顿家务，却给她先把他告了一状，这种写法，已经告诉了读者曲在罗魏氏了。

继之要把此案弄个清楚，便派文述农在外暗中查访。到第五十三回已有个着落了。文述农便对“我”道：

这件事倒被我查得清清楚楚的了……原来罗魏氏不是东西。罗荣是个过继的儿子……罗魏氏本来生过一个儿子，养到三岁上就死了。不久，她的丈夫也死了，就在近支里面抱了这个罗荣统来承嗣。魏氏自从丈夫死后，便把一切家政都用自己娘家人管了，那一班人得到事权在手，便没有一处不侵蚀……那位罗太太还是循着她的老例去闹阔绰。只要三天没请客，便说饥荒了，寒尘了。当时罗荣统还是个小孩子，自然不懂得……长大起来，仍然不知稼穑艰难，混混沌沌的过日子。他家里有个老家人看不过了，便觑个便，劝罗荣统把家务整顿整顿，又把家中的弊病，逐一说了出来。

书中的罗荣统便是光绪帝，因为他姓爱新觉罗，所以荣统便姓罗。“荣”字和“光荣”有联系，可以射“光绪”年号。“统”字则与“绪”字有相似之处。因此荣统二字，可说是射光绪。罗魏氏是射西太后，说她姓魏，所谓伪也，这是作者对她不满意之处，但在当日又不敢公开指斥，只得用笔诛了。罗魏氏本有一子早死，西太后亲生之子同治帝养到十九岁也早死。西太后本是妾媵出身，光绪帝是从近支过继来的。他的母亲是西太后的妹子，可说是她娘家的人。老家人看不过眼，劝罗荣统振作，这个老家人射的是康有为（也可说是翁同龢）。因为康有为劝光绪帝行新政，发奋图强，和那老家人正相似。接着第五十三回便写罗荣统查帐，查出她外家的人种种弊病，反给她母亲骂了一顿。后来那老家人劝他先把她娘家那几个当权的人干掉，才能大权在握。因此就拟好了状子，告那当权的盘踞舞弊。约定了日子往江都县去告，连衙门上下人都打点好了，只等呈子进去，即刻传人收押，一面便好派人接管一切。怎知事机不密，给罗魏氏的哥哥知道了，向她告密。她便把罗荣统叫去骂了一顿，说他连舅娘都要告起来。于是她带了舅爷到书房搜出那张呈子，追究起来，知道是老家人的主意，便把老家人捆了，先痛打一顿，然后送到县里，告他引诱少主人为非，又在禁卒身上花点钱，把他的生命结果了。

这个故事，和康有为劝光绪帝变法，谭嗣同劝袁世凯先把荣禄杀了，然后迫西太后归政甚相似。后来袁世凯出卖了光绪帝，跑去天津对荣禄说了，荣禄马上进京，向西太后告密。她从颐和园赶回宫中，把光绪帝囚于瀛台，而同谋的谭嗣同、林旭等人，不经审讯，立刻斩首，只逃出了康梁师徒，我们现在读作者描写罗魏氏那种凶横泼辣的状态，还约略可以见到西太后的为人。

满清御林军的笑话

《二十年目睹之怪现状》索隐三

明朝的京师军队制度，分为：五军、三千、神机三大营。神机营是专管火器的，因为明成祖征交趾得火器法，便设此营，我们可以名之曰枪炮兵。清沿明制，置管理大臣统之，选八旗、满洲、蒙古、汉军及前锋、护军、步军、火器、健锐诸营之精锐者为营兵，当时守卫于紫禁城中及三海墙外，遇到皇帝巡幸则扈从，说起来就是御林军，可说是全国最精锐的部队了。但到了满清末年，神机营办理得很腐败，简直不能上阵。《怪现状》二十七回“管神机营王爷撤差”，就是写它的腐败情形。书中写那些营兵的趣事，写来十分精采，我们读了绝不觉得有什么过火之处，因为到了一个王朝的末代，这种情形是应该有的。国民党军队恰正是如此。

作者假他的一位同事多子明师爷之口，说出神机营的趣事来。

子明道："外面的营里都是缺额的，差不多照例只有六成勇额。到了京城的神机营，却一定溢额的，并且溢额的不少，总是溢额加倍。"我诧道："那么这个粮饷怎么呢？"子明笑道："粮饷却没有溢额的，但是神机营每出起队子来，是五百人一营的，他却足足有一千人，比方这五百名是枪队，也是一千杆枪。"我道："怎么军器也有得多呢？"子明道："凡是在神机营当兵的，都是黄带子红带子的宗室，他们阔得很，每人都用一个家人，出起队来，各人都带着家人走；这不是五百成了一千么？"我道："军器怎么也加倍呢？"子明道："每一个家人都代他老爷带着一杆鸦片烟枪，合了那五百枝火枪，不成了一千么？并且火枪也是家人代拿着，他自己的手里，不是拿了鹌鹑囊，便是臂了鹰。他们出来，无非是到操场去操。到了操场时，他们各人先把手里的鹰安置好了，用一根铁条儿，或插在树上，或插在墙上，把鹰站在上头，然后肯归队伍。操起来的时候，他的眼睛还是望着自己的鹰。偶然那铁条儿插不稳，掉了下来，哪怕操到要紧的时候，他也得先把火枪撂下，先去把那鹰弄好了，还代它理好了毛，再归到队里去。你道这操法奇么？”

这一段真是描写得淋漓尽致，使我们读起来只觉得有趣，还恨作者不再多写一下，让我们多点眼福。可惜作者只再写多二百字，就把这件有趣的事结束了。现在我继续把它钞完。

我道：“那带兵的难道就不管？”子明道：“哪里肯管他！还不是同他们一个道儿上的人么？那管理神机营的都是王爷。前年有一位郡王奉旨管理神机营，他便对人家说：‘我今天得了这个差使，一定要把神机营整顿起来。当日祖宗入关的时候，神机营兵士，临阵能站在马鞍上放箭，此刻闹得不成样子了！倘再不整顿，将来不知怎样了。’旁边有人劝他说：‘不必多事罢，这个是不能整顿的了。’他不信。到差那一天，就点名阅操，拣那十分不像样的，照营例办了两个。这一办可不得了，不到三天，那王爷便又奉旨撤去管理神机营的差使了。你道他们的神通大不大？”

所谓三天便撤去王爷的差使，未免说得太过儿戏，但却是千真万确的事情。这里所说的王爷，就是蒙古亲王伯彦讷谟诂（僧格林沁之子）。伯彦讷谟诂在光绪六年（1880）奉命管理神机营的，他的撤差，据李慈铭《越缦堂日记》光绪六年十月廿九日抄录上谕云：“伯彦讷谟诂毋庸管理神机营事务。”李氏注云：“此以南苑大操事也。自八月初，都统穆胜阿等赴南苑秋操，至是月二十一回京。闻二十六日伯彦讷谟祜奏请诛一已革饶骑校。或云：伯王主操政过严，士多怨。此人以犯令革，复求见。搜其衣中有小刀，疑欲行刺，杖而后诛之。或云，此人故刁悍，横于军中，而为朱邸所眷，恃此屡忤犯，故被诛。诛之次日，其母及妻子皆服毒，死于伯王邸。”

我们从李氏的记载看来，伯王果然三天便撤差了。他的撤差是为操政太严，要整顿一下，正和《怪现状》所说的相合。李氏所说被杀的兵士是“朱邸”所眷，所谓“朱邸”，指光绪帝之父醇亲王奕譞。据文廷式的《云起轩随笔》说，被伯王所诛的兵士实在想行刺的，兵士的母亲是醇王府的乳媪。伯王撤差之后，醇亲王再管理神机营，也发生了一件很有趣的事，可与这一回合看。

费行简的《慈禧传信录》说：

当捻窜近郊，后欲遣京营兵御寇。一日，值神机营会操，遣内侍觇之。还报：罢操后，诸兵各手一鸟笯，已徜徉于茶肆间矣。不信，更询之内务府总管春佑。佑对：京谚有：“糙米要掉，见贼要跑，雇替要早，进营要少。”盖指旗兵士言，谓领粮必刁难监放者；临阵败奔逃恐不及；值操则预雇替身，平日复鲜有到营任差也。后震怒，遂命奕谟检阅在京旗绿各营操。谟承命大校，则士弱马疲，步伐错乱。有马甲上骑辄坠，致折其股。诘之，对曰："我打磨厂货臭豆腐者，安能骑?"谟笑且怒，归以告枢臣，将重劾之，文祥谓："吾闻宿卫且然，此曹何足责!"盖谟方为领侍卫内大臣，前锋护军则其属也。谟知讽己，然诸军实亦疲敝，不得已，匿前事不以上闻，而微言操练宜勤，且陈巡捕五营尤疲弱，宜挑改旗兵练习……然废弛已七十余年，积习终不可湔。尝校查城兵，有步军校后至，谟叱令鞭之。衣解而雕佩玉数十事坠地。问所由来，泣启曰："家十口，月糈五金，食莫能供，则领货于骨董肆，自盛小摊于庙市售之。今晨会隆福寺，故赴操独迟，无他也。"谟叹，挥令去。又火器营有弁，锤炮使碎，而以废铁售之市肆，事发自尽，母妻亦缢以殉……

二十年前，一位北京老辈对我说，光绪廿五年他初到北京，有一次去看神机营会操，操到一个段落，便休息一下，忽见很多军士跑入帐幕，他为了好奇，便走去拉开看看他们做什么。原来他们已躺在地上抽大烟了。

综看吴沃尧和费行简所写的，我们可知满清的御林军，甚至皇帝跟前的侍卫都是同样腐败的。

贪官裴景福

《二十年目睹之怪现状》索隐四

《怪现状》第一百零三回“温月江义让夫人；裘致禄孽遗妇子。”这一回的上联是写梁鼎芬把太太让给文廷式的趣事，下联讲的是广东南海县知县裴景福。这件事和广东有关，现在四十岁以上的广东人，大都知道裴景福在广州的轶事的。作者以裘致禄来影射裴景福，因为“裘”字和“裴”字的字形相似，乍看时，会给人误作是“裴”的。以“致禄”对“景福”，字面上是相称不过的。书中说的是：

亮臣道：“方才这个人是福建侯官县知县裘致禄的妾舅。他（裘致禄）在福建甚久，仗着点官势，无恶不作。历署过好几任繁缺，越弄越红。后来补了缺，调了侯官首县，所刮得的地皮不知多少了。后来被新调来的一位闽浙总督查看他历年的多少劣迹，把他先行撤任，着实参了他一本，请旨革职，归案讯办。这位裘致禄讯息灵通，得了风声便走到租界地方去……后来访着他在租界，便动了公事，向外国领事要人……足足耽误了半年多，好容易才把他要了回来……把他重重的定了罪案，查抄家产，发极边充军。”

裘致禄做的是侯官县首县，其实就是裴景福做南海首县的影子。前清时代，来广东南海做知县的，无不腰缠十万，做了一任大可以回家纳福的。裴景福最懂得做官的秘诀，他先把总督、巡抚巴结得妥妥当当，其他上司略点缀一下就算了。那时候谭钟麟做两广总督，他只巴结总督，对于顶头上司的藩台岑春煊却并不十分在意，因此岑春煊便恼了他，怀恨在心久矣。

后来岑春煊升任两广总督，未到任时就限令全省官员不得辞职，一到了，马上把裴景福撤任，随即密奏清廷，略言：“天下之贪吏莫多于广东，而南海县知县裴景福尤为贪吏之首。该令才足济贪，历任督抚，或受其笼络，或贪其馈送，咸相倚重。又熟习洋务，每挟外交以自重……”等语。

这样说法是一点都没有冤枉他的。裴景福的贪污“学问”，可说是“家学渊源”。他的父亲裴大中也是此中能手，他不止是克家令子还有跨灶之称呢。他贪污，而又有“才干”，所以历任督抚，无不倚之如左右手。第一，当然是靠他去刮削，第二，又要靠他去平“土匪”，所以对他都特别另眼看待。从前的官场上，大小官员都要互相勾结，才能大刮地皮，相安无事的。岑春煊在清末还算是一个清官，他是不贪污的，所以才敢办一个知县裴景福。

书中说到裘致禄从租界解回来后，把他充军，以后写的就是裘致禄寄放在亲友处的家产怎样给光棍单占光（谐“善占光”）和在籍翰林杨尧蒿吞没了的事。那时候中国的法律只是用来裁判平民的，对于官僚、恶霸、土豪、劣绅完全没有效力，大小官员把刮到手的民膏民脂存在外国银行里，到了事急时，一溜溜入租界，或逃到港澳，逍遥自在，老百姓只有咬牙切齿，徒唤奈何。吴沃尧只好在无可如何中写一个总督交涉了半年多，才把犯官从租界提回，大可以快人心一下了。但等到犯官到极边充军后，又释放回来，依然在故乡大做绅士，人民又没法奈何他，于是小说家只得用口诛笔伐的手法，在小说里极力描写他贪污所得的不义之财，一一给光棍和素日与狼狈为奸的在籍翰林（也就是当地大绅士）吞没个一干二净，弄到他的妻儿都失了生活的倚靠，所谓“恶有恶报”是也。作者在当日只能用“报应”的方法来描写，这样才能满足读者的要求的。这也难怪，作者见到法律没有惩治大人先生的力量，就只好出此了。

现在我来谈谈岑春煊怎样收拾裴景福。裴景福被捕后，第二年（1904）便遵旨缴纳罚金四万元，又再缴股票衣物价值三万元。岑春煊仍勒令他缴足十二万元。是年三月，景福逃入澳门，几经交涉，才于六月解回广州。春煊又上奏清廷云：“因裴景福才足济贪，平日弥缝，极为周密……程仪洛（案：广东按察使）查得其收受卢华富等四案陋规贿赂有簿据者，总银二十二万四千二百余元……相应请旨将已革南海县知县裴景福从宽发往新疆充当苦差，永不释回……”三月廿七日，景福由广州出发，第二年四月八日到达乌鲁木齐，巡抚魁联聘他入幕府。到宣统初年，给事中李灼华上疏讼景福之冤，有旨交粤督张人骏查覆。这时候，景福的大敌岑春煊已失势，隐居上海租界，他的家人代他运动，花一点钱，所谓“永不释回”，只是官样文章，他竟然释回了。一回来后，他就卜居无锡，以金石书画自娱。原来他在广东做官时，恰值广州大收藏家孔广陶等人的遗物流出，有一部分被他以廉价购买，所以他收藏的书画颇有精品，有《壮陶阁书画录》二十二卷，《壮陶阁字帖》六十四册行世。一九五四年五月，他的侄子裴康侯还把他所藏的王石谷所画的《黄河图》、《运河图》长卷捐给安徽省博物馆筹备处，该馆特发给他一笔奖金以资奖励呢。

裴景福是安徽霍丘县人，字伯谦，号睫闇，光绪十二年进士，在广东做过陆丰、番禺、潮阳、南海各县的知县。民国三年（1914）出任安徽省公署秘书长，政务厅厅长，一九二六年逝世，年七十二，能诗，著有《河海昆仑录》等书。

温月江义让夫人

《二十年目睹之怪现状》索隐五

《怪现状》描写梁鼎芬的趣事有很多处，第二十四回写他点了翰林，到福建打秋风；六十一回，又写“我”在上海也是园遇见了他；第一百零二回描写得最为精采。

为什么吴沃尧对于他的乡先辈梁鼎芬这样不客气呢？从前有些人说过，中法战争时，梁鼎芬上疏劾李鸿章，李氏子弟很恨他，但又无如之何，只得拿金钱来贿吴沃尧，请他在小说里骂骂梁鼎芬，聊以出气。但我认为这是不可靠的，吴沃尧是一个具有正义感的人，他把金钱看得很轻，岂像洋场上那班下流文人见到金钱就好像如蝇赴膻的，来颠倒是非、制造谣言去中伤人的。作者写梁鼎苏的趣事，不过是知得他的怪事太多，可以入《怪现状》，便不免多说一点罢了。

书中第二十四回写梁鼎芬事云："继之笑道……有一个广东姓梁的翰林……曾经上折子参过李中堂（鸿章），非但参不动他，自己倒把一个翰林干掉了。折子上去，皇上怒了，说他末学新进，妄议大臣，交部议处，部议得降五品调用。我道："编修降了五级，是个什么东西?"继之道；"哪里还有什么东西，明明是部里拿他开心罢了!"我屈着指头算道："降级是降正不降从的，降一级便是八品，两级九品，三级未入流，四级就是个平民。还有一级呢?哦，有了，平民之下，还有娼，优、隶、卒四种人，也算他四级，他那第五级，刚刚降到娼上，是个婊子了!"继之道："没有男婊子的。"我道："那么就是王八。"

这一段描写得颇为轻薄，吴沃尧一支笔，很能描写物情，而且形容得很生动活泼。梁鼎芬降官五级，实降为太常寺司乐。这个太常寺司乐是从九品的官儿，由正七品的翰林院编修降到从九品，正从并计，恰是五级，哪有不降从的?（案：《清史稿》梁鼎芬传，只说他降五级，没有指明降五级后是什么官。但梁氏死后的讣文，备列官衔，翰林院编修上即太常寺司乐，所以知道他是降到太常寺司乐了。）

鼎芬降级后，入镇江的焦山读书（现在焦山还有纪念他的地方，他还在焦山设置藏书楼，有功文化），时时到上海游玩，所以作者在第六十一回说到在上海也是园见到他，“年纪不过三十多岁，留了一部浓胡子，走起路来，两眼望着天。”作者想起他在福建打秋风的情形，“此刻见了他的相貌，大约是色厉内荏的一流人了。”鼎芬一生虚伪造作之处甚多，但他那一次劾李鸿章主张对法议和，确是见得到，说得对，不能说他是色厉内荏的人。

第一百零一回写梁鼎芬入焦山读书，留下他的太太龚氏在北京，便发生了一桩桃色事件。这一回的上半回回目是“温月江义让夫人”，（这是暗射梁鼎芬。鼎芬字星海，“温”对“凉”/“梁”，“月”对“星”，“江”对“海”，那是工整不过的）就是写这件有趣的事。温月江带了家眷到北京会试，住在朋友家里。“可巧这个朋友家里，已经先住了一个人，姓武，名叫香楼，却是一位太史公……温月江出场之后……入到自己老婆房间内……谁知一脚才跨进房门口，耳边已听得一声‘哇！’温月江吃了一惊，连忙站住了，抬头一看，只见他夫人站在当路道：‘你是谁，走到我这里来?’”接着就写温夫人支使一班婢仆把温月江打将出去，温月江走到书房，“忽然看见武香楼从自己夫人卧室里出来，向外便走。温月江直跳起来，跑到院子外面，把武香楼一把捉住，吓得香楼魂不附体……温月江把他一把拖到书房……在护书里取出一叠场稿来道：‘请教请教，看还可以有望么?’武香楼才把心放下，定一定神，勉强把头场的文稿看了一遍，不住的击节赞赏……及至三场的稿都读完了，月江呵呵大笑道：‘兄弟此时没有什么望头，只希望在阁下跟前，称得一声老前辈就够了!’（伯雨案：入翰林院的进士，称先入的翰林为老前辈）……”这是写温月江把夫人让给武香楼的趣事。

这个武香楼就是文廷式。廷式字道希，号芸阁。作者以“武”对“文”，“香”对“芸”，“楼”对“阁”，正是虚实相称的。书中说武香楼是温月江的翰林前辈，那是作者故意这样说的。其实梁鼎芬是光绪六年的翰林，文廷式是光绪十六年的翰林，梁比文入翰林早五科，可以称得起是文的老前辈，但作者却把事实颠倒过来，似乎是想使人看不出其中所指的是什么人。

梁鼎芬的太太让给文廷式，这是一件千真万确的事。马叙伦先生的《石屋续渖》（一九四八年九月十日，开始刊于香港《文汇报》）杭州闺秀诗一段有云：“世传芸阁既以一甲第三名及第，即所谓探花也。梁节庵之妻意探花郎必美男子，投诗焉，芸阁遂与之私通。其实芸阁正是‘不是君容生得好，老天何故乱加圈’之流也。不知此事是诬与否，若果然，则是装点门面以自掩矣。”马先生所说他们恋爱的事是真的，不过龚氏并非慕色，而是慕才。文芸阁的诗词，在未入翰林前已名满天下，慕才而恋爱，正是龚氏解放自己的表现。可惜七十年前离婚之事在士大夫看来是“离经叛道”的，否则他们正可以百年好合下去呢。（芸阁是以进士第二名及第，所谓榜眼，非探花。）

梁星海之妻龚氏是一个才女，诗词都很好，民国初年商务印书馆的《小说月报》曾刊过她很多诗词。他们结婚于光绪六年八月。在科举时代，少年入翰林而未娶者，成婚时，叫做“玉堂归娶”，那是很难得的，就是皇帝也送给他宫花尺头以为贺礼，在当时的读人看来是无上光荣的。李慈铭与鼎芬同在一年中进士，是年八月廿一日日记云：“同年广东梁庶常鼎芬娶妇送贺。庶常年少有文而少孤，丙子举顺天乡试，出湖南龚中书镇湘之房。龚有兄女亦少孤，育于其舅王益吾祭酒，遂以字梁。今年会试，梁出祭酒房，而龚升宗人府主事，亦与分校，复以梁拨入龚房。今日成嘉礼。闻新人美而能诗，亦一时佳话也。”九月三十日云：“为梁星海书楹联，赠之句云：珠襦甲帐妆楼记；钿轴牙签翰苑书。以星海濒行，索之甚力，故书此为赠，且举其新婚馆选二事，为助伸眉”。这是鼎芬少年玉堂花烛，为同时辈流艳称的事。这次出京，他是和新夫人一起回乡的。后来鼎芬入京供职，隔多五年降职出京了。他的太太怎样和文廷式恋爱起来，现在已经很少人知道。李慈铭日记中，常有记友朋的轶事，可惜他最后六年的日记（光绪十五年下半年至光绪二十年十二月），已给樊樊山毁了，否则我们也许能在其中找到一点资料呢。

我曾问过广东几个留心朝野故事的老辈关于他们恋爱的事，但很少有人能说得出。一九五四年死去的一位金石家邓尔雅先生说，鼎芬出京入焦山时，托文廷式照料他的太太，后来梁太太仰慕文氏的学问，才和他唱和以至恋爱起来。他们同居后，文廷式就写了一封骈体文的信给鼎芬，爽直承认这件事。从此鼎芬就把太太无形中让给了他。

到光绪廿二年，文廷式得罪了西太后，革职永不叙用，只得带了她出京，流寓上海一带，生活很苦。到鼎芬任武昌府知府时，龚氏一年总去找他三两次，每次都有所获。邓先生说，他有亲戚某君在鼎芬处当书启，据说龚氏夫人每次到衙门，梁氏还照足待夫人之礼款待她，开了中门穿了公服去迎接。她住三五天就走了，临走时，鼎芬必有馈赠，最后一次送的钱挺多，大约有一千两，以后便不见她再来过了。

文廷式死于光绪三十年，他死后，龚氏夫人的下落如何我不大清楚。梁氏则死于民国八年（1919），葬在河北省近着光绪帝的崇陵。他和龚夫人结婚的新居在北京东单牌楼，鼎芬题曰“栖凤楼”，并请寓居广州的安徽人黄牧甫刻“栖凤楼”一印。后来在武昌做知府，榜其所居曰食鱼斋。自撰联云：“零落雨中花，旧梦难寻栖凤宅；绸缪天下计，壮心销尽食鱼斋”，盖往事不堪回首矣。

光绪帝的崇陵

人死后埋身之所，通常都叫做坟墓，独封建帝王才够得上有资格叫做“陵”。孙中山先生一向是反封建反帝制的，他死了后，一九二九年安葬在紫金山，而他的徒党居然把他生平所最恨的封建仪礼加在他身上，称坟墓曰“陵”，称安葬曰“奉安”，无一不与他老人家的心愿大相违背。在二十多年前中山先生未安葬时，我心里总是想，中国以后大概没有“陵”这个名称出现罢，那么，光绪帝的崇陵，便是结束中国二千年来帝王坟墓称陵之局了，这是何等快事！怎知几年后，南京有一陵出现，于是我便知道金陵那班执政的党徒的思想是什么了。幸得孙中山先生不是皇帝，而结中国皇陵之局者，仍然是大清德宗景皇帝载湉，因谈崇陵，或为读者所乐闻欤。

为什么皇帝的坟墓要叫做“陵”呢？这是没有什么特殊意义的。陵是一个大阜，《诗经》所谓“如冈如陵”，不过是一座小山罢了。我国的专制政体既被“推翻”（其实并未推翻），“陵”之一字，当然是阿猫阿狗都可以用来称他的坟墓的。但当日的南京国民党当局就不许别人用，只留给他们的总理（民营商业机构的总理，改称总经理）专用，即谭延闿之冢，也只称墓，不敢僭称，以示“天无二日，民无二王”之意云。

崇陵在河北省易县铁路终点的梁格庄，在西陵（西陵包括有雍正的泰陵，嘉庆的昌陵，道光的慕陵，及光绪的崇陵，计四帝，三后三妃皆葬于此）诸陵之中，为最近铁路站的一个（相离只五华里）。历代帝王，一登大宝之后，照例拿出大批国帑，经营自己的坟墓的。清代帝王自称将来葬身之地为“万年吉地”。光绪帝即位后，西太后对于他的“万年吉地”漫不经心，只是一心一意经营自己的葬身之所，光绪帝死后，在宣统元年（1909）才开始经营绝龙峪的崇陵。当建造之时，认为绝龙峪之名不祥，便把“绝”字改为“金”字（本拟改为九龙峪，后以光绪帝是清朝的第九个皇帝，恐怕龙脉至九龙而止，遂改为金）。但光绪帝未葬，而“龙”脉已绝，不三年，清社亦斩矣。因为亡国后，崇陵的建筑，一概皆从简陋，比起以前各帝的陵寝相差甚远。

陵前最右之处，有一座颇似牌坊之物，共五间，名叫棂星门。过此门后，有一阁独立，是神道碑阁。阁后有石桥，过桥后，有东西朝房各一，中为隆恩门，亦五间。门内有东配殿西配殿分立左右。称进则为中间的那一座隆恩殿，背后有琉璃门，渡石桥而至方城，其北即“宝顶”，下为地宫，即德宗与隆裕后葬身之所。（案：所谓宝顶，即皇陵之圆顶也，图中可见一白色如馒头之物，高耸方城之上。）

崇陵经始于宣统元年，至民国四年始竣事，前后亘七年之久，盖以无的款及监修大员于亡国后还要收陋规也。梁鼎芬被派为“种树大臣”，崇陵之成，他也尽了一点力量的。近人金梁（字息侯，曾任溥仪的“内务府大臣”，今仍居上海）的《四朝佚闻》记其事云：“崇陵工程，原派载泽、载勋及鹿传霖等监修，拨款二百万。逊国时，并以修陵为约，乃久无人过问。梁鼎芬谒陵，至德宗梓宫暂安殿，例不得入，大哭。守护大臣寿荫，特许入叩。麻衣草舍，宿苫枕届，众皆哀之。鼎芬问陵工，承修工厂以无款久停对。问原款，则曰：‘监修者例送八十万、六十万，唯鹿大臣未收，实到工仅二十万，早罄矣！’鼎芬大惊，拟赴南洋募捐续修。世凯闻之，乃属赵秉钧筹拨，先后约三数十万，始得完工。时孝定景皇后亦死，遂同日奉安，而种树款无着，由旧臣报效，派鼎芬为‘种树大臣’，乃集事焉。鼎芬筑庐陵外，独守数年。每岁冬祭，除派宗室外，常到者仅鼎芬、林纾及毓廉三人。劳乃宣、张曾扬、沈曾植、宝熙等亦尝至行礼。后鼎芬死，自葬于其庐，而秉钧以陵工出力故，世凯亦为葬于陵前兴隆寺，今称赵家孤坟云。”

梁鼎芬得为“种树大臣”，是他一生最高兴的一件事，他在诗文中最喜欢提到“种树”这件光荣的事的。例如他挽满清的吉林巡抚陈昭常（新会人，民国初年任吉林都督）联云：“关中见赏鹿尚书，忆昔万里驱车，行在烽烟诗一束；地下若逢龙表弟，为说孤臣种树，崇陵风雨泪千行。”（案：鹿尚书，鹿传霖也，龙表弟系鼎芬之戚龙凤镳，尝为鼎芬刻诗集者）他的得葬崇陵附近，可谓死无憾矣。至于赵家孤坟，说来也很有趣，原来赵秉钧从小便父母双亡，自己不知姓什么，只得取百家姓中第一字为姓，死后亦无子，人称之为“空前绝后”。他被袁世凯毒死后，“赐葬”西陵，与梁鼎芬的生圹为邻，傍山叠石，祭堂、园囿、牌楼、翁仲等物，皆远胜崇陵，盖一为世凯宠臣，一为过气皇帝，迥不侔也。其飨殿楹联为袁寒云所集杜诗，文云：“将军勇概谁与敌；丞相祠堂何处寻。”款署“皇二子袁克文。”

鼎芬死于一九一九年，葬时遗老名士集者甚众，余绍宋为绘《梁格庄会葬图》（绍宋字越园，浙江龙游人，鼎芬表弟，五年前方逝世，近代名画家也）。有关崇陵经营而又获“陪葬”的两个满清遗臣，已经谈完了，我还说一下遗老集资种树及其他有趣的事，以结束此文。陈夔龙，他在《梦蕉亭杂记》卷二记云：“（上略）不幸龙驭上宾，冲皇嗣统，摄政甫经三载，国体更变，余亦因病弃职。旧制，新主即位，例须奉卜万年吉地，不知何以当时未经懿旨施行。直至大行之后，仓卒于西陵建造山陵，梓宫暂奉祀于梁格庄享殿。余己酉（1909）十月，由鄂调直，入京陛见，翼日敬谨斋戒，驰往西陵，虔叩梓宫。追维圣德神功，泽流中外，微臣渥蒙殊遇，答报无从，辄不禁感激流涕也。大工未集，忽值国变，一切匠作，因而停止。幸南海梁‘文忠’公鼎芬，痛哭陈书，严责当事拨给巨帑，得以乘时兴工，并函致海内外诸遗臣，量力报效，集成巨款，为山陵种树之需。余报效四千元，内子许夫人报效二千元备用。‘文忠’于事竣后，曾影崇陵种树图见寄。承修此项钦工之前，直隶布政使凌方伯福彭，复以崇陵寝殿拓印成图寄阅。荒江孑遗，老眼摩挲，不知涕之从何出也。至孝钦显皇后菩陀峪定东陵，前为万年吉地，年久重修，余亦曾任此役，目睹规模崇丽，不此崇陵仓卒兴办，诸形简陋，时会所值，无可如何，惟有委之气数而已。”所述可为参考。今图中四围的小树，皆当日坐拥厚资的遗老报效植成，四十年中高耸参天了。

孝钦后死后二十年，她的“万年吉地”，即为国民党军队发掘，劫去宝物无算，遗体且为侮辱，崇陵因诸形简陋，没有军队光顾，此亦薄葬之福。

崇效寺鳞爪

北京人向来就有赏花的习惯，每年阴历四月初，崇效寺牡丹盛开，红男绿女多联袂往游，观赏吟咏，以为乐事。据永乐大典引《析津志》，崇效寺原先是唐朝幽州刺史刘济的故宅，由刘氏捐赠为寺院以祈福。后来朱彝尊著《日下旧闻》，却只说元朝至正年间，赐额崇效，而不及刘氏舍宅前事。其实，崇效寺原名枣花寺，因东厢有枣树一株，故名。三百年来，都下赏观牡丹者咸趋崇效寺。寺中最名贵品种有姚黄、魏紫各一株，枝干高逾八尺，传是明朝时代所移植的。近闻寺中牡丹五十多本已移植于城中的中山公园，以供市民欣赏了。

寺中西厢下还有铁梗海棠，为清初诗人朱彝尊、王士祯所手植。乾嘉间，翁方纲曾刻石证明其事。但这些海棠在道光年间已萎谢了。现有的，是后来所补种的。

除牡丹、海棠外，崇效寺还藏有《青松红杏图》手卷。这手卷所写的是明末遗民的一段故事，与民族大节有关，所以特别为世人珍惜。

写这手卷的人，原是洪承畴的部将。洪承畴松山败后，不肯为民族争光，向清兵投降了，而这位将领却不肯事敌，走到盘山落发为僧，法名智朴。《青松红杏图》卷，就是这位智朴禅师的自画像，写自己立于青松红杏之间，暗喻松山杏山的一段伤心史。此图写于康熙廿九年庚午（1690），其时他在盘山某寺当住持，名拙庵。时代久远，这图何时才落于崇效寺，如今已不可考。

《青松红杏图》卷藏在崇效寺中，已逾二百年，当时题跋者颇多。光绪八年，李越缦住在保安寺街，崇效寺住持僧祥生曾持卷请他题诗，越缦即倡议把此图重裱，到光绪十四年三月，才交琉璃厂松竹斋（即今日的荣宝斋前身）重新装裱，将卷尾的裂幅裁去三尺余，再加纸七尺，以便容纳时人的题跋。

庚子义和团之变，此卷忽然失踪，后来为杨荫北（寿枢）所得，送还崇效寺。寺僧妙慈以名种牡丹十本酬谢他，荫北因倩名画师姜颖生（筠）写《归卷移花园》以张之。

三十年前，只要给寺僧一元他就拿出来给游客欣赏，后来生怕把画弄壞了，就请人摹了一卷，以应付好事的人了。一九三一年亡友曹经沅有诗咏其事云："归卷移花事尚新，画图藏箧渐生尘；剧怜百辈扶轮手，留与山僧当馈贫。"又闻寺中有禹之鼎所画的《青松红杏图》，不知尚存否。

一九一四年，王湘绮（闿运）入京就任国史馆，曾游崇效寺，并题《青松红杏图》卷，其日记有云："至崇效寺看青松红杏长卷，国初诸人及近年故人均有题记。翁覃溪八十四岁题字，余八十三，欣然继之，字更小于覃溪，亦雅于覃溪。"

湘绮自诩所题字小于覃溪，而雅于覃溪，足见此老大言不惭，老而益甚。覃溪以书法名满天下，尤以细字驰誉当世，每年元旦，例以瓜子仁书"万寿无疆"四字，以测眼力。八十后，仍能在芝麻上书"天下太平"四字。王湘绮则向不以书名，写小字功夫当不及覃溪远甚，高年不改狂态，可见他的风趣。

智朴禅师不甘事敌，今手泽仍存，为天下重，以视洪承畴虽生前烜赫，而大节有亏，终为天下唾骂，其荣辱诚未可相提并论。承畴没后，其子孙零落，尤觉可怜。雍正间，蔡显所著的《笠夫什录》，记洪承畴后人事，有云：

保定省城获道口，有总制洪承畴大宅，黄砖朱户，庭石遍镂人物。予寓左庑，时值严寒，见一幼女，蓬头单衣，向房主人乞钱。主人以频至不礼，余询知为承畴曾孙女，呼厨人予之碗饮。前一日，访金御史毓峒洄洌井，盖金氏一家殉难所也，一泓寒洌，心胆凛然，合二者论之，自古有死，泰山鸿毛之喻不虚矣。

承畴死于康熙初年，越六七十年，其后人竟零落至此，可见清廷对贰臣，亦非甚厚。承畴的私邸在北京地安门外南锣鼓巷。光绪年间，满人李继昌著《左庵琐语》，亦叹息其第宅荒芜，门祚式微，后人只一老儒，以课徒糊口云。

关于智朴禅师的事迹，传世甚少。前客天津，曾见其于康熙中叶与宋牧仲书三通兹摘录如后：

第一函云："山深阳缓，迟平原春色倍旬日。朴每坐山崖，看红杏百千树，疏密横斜，累累欲绽，竟不知人间世为何如耳……"第二函："还山心重，游兴索然，恐修途炎蒸，舟行濡滞也。拟于诘朝就沧浪亭与先生话别。后会难期，言之惋叹……昨承竹垞作八分书卷子，并集唐句见贻，敢请先生跋一言，携之北上，留镇山门。"第三函云："承赐御书手卷，拜首展阅，希有难逢，奉之北上，永镇山门，何幸如之……霖雨阻泥，不能行动，十六日准拟发舟……"

案智朴禅师到江南时，宋牧仲正任江苏巡抚，恰好朱竹垞也从嘉兴到苏州，他们就在沧浪亭雅集赋诗，画师高简为绘《沧浪高唱图》。智朴禅师到北京后，曾请王渔洋为之题诗。又智朴禅师著有《盘山志》甚有名，现在读他这三封信，可见他的文采一斑。

夕照寺的壁画

满清时代，北京有一幅很著名的壁画，可惜此画近二十年已经破坏不完了。往日北京古寺，多有名画收藏，长椿寺有明孝定李太后的《九莲菩萨画像》，崇效寺有《青松红杏图》卷，但都是卷轴，并非壁画，夕照寺的却是出于一个无名画家之手，越觉得可贵。

我游夕照寺的时候是一九三六年，其地离城颇远，地处荒郊，游人多不至，寺亦极冷落，寺僧的生活都没法维持，无怪壁画坏了也不能修葺。住持僧的名字我不大记得了，似乎是法云上人的徒孙，光绪年间，法云上人是该寺住持，与翁同龢、潘祖荫等人时有往还的。但我所见的那个住持僧，语言无味，俗不可耐，问非所答，也就不再和他多说话，看了一会破壁上的墨笔画松就走了。

夕照寺在同光年间还是很旺盛的，李慈铭的《越缦堂日记》同治十二年九月十二日记夕照寺壁画最详细，现在摘钞一些如下：

上午诣夕照寺，由三里河而东，复数里，行旷野中一二里方到寺，已将及左安门矣（今呼沙锅门）。庭芷，逸山，献之皆先至，寺僧仅一二人，皆杭僧也。寺剙于明时，为西山浙僧分院，规制颇隘，而廊宇雅洁，窗槛明靓，有江南风。后殿右壁有北入陈寿山画松，左壁有王安昆平圃所书沈约高松赋，后有跋，言京师左安门外弘善寺静观堂有陈香泉禹之鼎两君画壁，观者云至，夕照寺恒吉师欣慕之。乾隆乙未（1775）夏六月，因乞陈寿山画松，而平圃书此赋。今日寺僧言陈君画时年已将八十，当暑盘薄，顷刻而成。其画雄深苍古，腕力绝人，王君谓其笔墨阴森，一堂风雨，洵不虚也。王书作行草，亦婉劲有米襄阳董文敏之风。沈赋见其本集，有云“叶拒禽踪，枝通猨路”，又云“飞蓬下卷，明月孤悬”，为一篇之警策矣。东院有挹翠轩，为燕坐处，庭中有竹树小池，对轩有平台，上设栏槛，墙外环以杨柳，野景萧寥，女墙掩映，南望荒亭一二，错峙榆槐，即冯益都万柳堂也……

越缦游夕照寺时，至今恰是八十一年，而距我游览之时，也七十多年，但我所见的夕照寺，既没有挹翠轩，也没有平台，地方已经缩小了许多。寺僧告诉越缦陈寿山画壁时，年将八十，似乎不大可靠，我手头的参考书很少，未能查出陈寿山是北方哪一县人，但乾隆年间礼亲王昭梿是认得他的。礼亲王的《啸亭续录》卷三，记陈寿山云：

陈处士松，字寿山，性豪宕，善绘事，少游楚，不遇。入京客余邸中，先恭王甚喜其人，日与寿山谈，置其画不论可也。先生绘事，少师板桥诸派，故颇为人所訾议，然善画松，尝于夕照寺壁间画大松数株，枝干长数十尺，夏日观之，谡谡有声，如身立深山中，人争爱之，以先生终身笔墨，惟此为最云。偃蹇以终，年未五十，其妻孥流落客邸，先恭王厚为恤养，至今犹存，年已八十余，萧萧白发，亦可悯也。

礼亲王所记的似乎比较可信，陈寿山死时未五十，寺僧对越缦说他年近八十，大概相隔八九十年，寺中文献无存，寺僧也不大清楚了。《啸亭杂录》到光绪初年才有刻本，以前都是传钞本，所以越缦读书虽博，他游夕照寺时，尚未得见此书，因此日记中并无引礼亲王的话来证寺僧之失。到光绪中叶，越缦才买到《啸亭杂录》，日记中再无提到陈寿山画松之事。

越缦日记述弘善寺有陈香泉禹之鼎画壁，我没见过。

之鼎是清初名画家，香泉是大书法家，书名满海内，似乎不会画，恐怕是一壁是禹之鼎写画，一壁是陈香泉写字，所以夕照寺也请陈寿山画松，王安昆写字。

近二十年夕照寺情形不知如何，这一二年中，北京市当局大力修葺古迹，并极力保存文物，我没有听到有关夕照寺壁画的消息，恐怕近十余年已经毁灭了，详情如何，俟再查问。

距今六十年前，上一甲午，中日正酝酿作战时，翁同龢于四月廿七日游夕照寺，日记有云：

入沙窝门，至夕照寺，与法云上人谈。法云老矣，常病，即在禅堂饭。余本茹素，而僧以肉饷，相对举箸，可笑也……

因为今年是甲午，所以顺便抄抄翁同龢的日记，以为谈助。

广州六榕寺

广州的六榕寺，是羊城一个著名的古刹。六七年前，它的主持僧人铁禅和尚，因为争主持的问题曾闹过很大风潮。后来铁禅以汉奸罪被处徒刑，这件案才告一结束，不久后铁禅就死了。

六榕寺本名净慧寺，但广州人只叫它六榕寺，如果有人问净慧寺在哪里，十人中恐怕没有一人会答你的。为什么六榕寺这样著名呢？原来苏东坡当日在广州时，见寺中有榕树六株，就题了“六榕”两字的匾额，从此人们就叫它做六榕寺，寺的原名反少为人所知了。

寺有花塔，建筑得很闳丽，在广州西城为一最高的古塔。清初大诗人王渔洋的《广州游览小志》记云：“净慧寺，旧名宝庄严寺，苏长公南迁过此，书“六榕”二大字，因名六榕寺，今寺额即苏书也。寺有舍利塔，梁大同中沙门昙裕建，旧有唐王勃碑。宋绍圣间，宝鸡主簿林修重建，宗室康州刺史叔盎撰文。塔九层，高二十丈，广六丈有奇。中藏佛牙舍利。当修重建时，掘得巨鼎藏剑三，镜一，同舍利瘗之。元至正间，又增宝珠铜柱之属，凭高眺远，则白云粤秀诸峰，皆在襟带也。寺有永嘉禅师证道歌石刻。”

六榕寺的名称，最先叫做庄严寺，南汉刘氏时，名长寿寺，宋朝改名净慧寺，到苏东坡题六榕二字后，又名六榕寺，一直到现在人们还叫它做六榕寺。寺的沿革及简史，见于乾隆年间的南海志，录之如下：“净慧寺，即旧庄严寺。内有舍利塔，乃沙门昙裕法师所建。梁大同三年(537)，法师奉武帝命求舍利，东来至此，尽得其宝，重载而归。师愿居此刹，有诏许焉，则此塔尝瘗舍利在梁朝也。至唐高宗时，有广韶等州都督李者，见塔重现神光，观者数万，施财巨亿，王勃记其事。南汉时为长寿寺，宋端拱(系宋太宗年号，只有二年，时当公元九八八至九八九年)改今额。旧传达摩曾到僧堂一宿，至今绝无蚊蚋。塔后毁，元祐中（1086～1093)，郡人林修始重建千佛塔，赵叔盎记。塔高二十七丈，八稜九层。掘地时，得古井九，环列基外，与丈尺合。复得古鼎铁剑三，镜一，铦莹如新。瘗佛牙舍利其下。绍圣（1094～1097）间，苏轼至，颜曰六榕。内有潇洒轩。洪武六年（1373），毁其殿庑，创永丰仓，惟存塔及观音殿。住持僧愈坚，重建佛殿，改寺门向东。二十四年，并入西禅寺，永乐九年，复还本寺，匾曰六榕，广人呼为花塔寺。”

寺与塔的历史大抵如此。但花塔有一段神话，颇为有趣的。据说塔上安有释迦文佛一尊，时放妙光。明朝万历四十二年（1614），天启元年（1621）都放光两次，一次五色，一次纯白色。放光时都在天色未明之际。塔前有一个鲁班像，以一手遮目，作高视塔状。他所注视的塔之一角，往往被雷震毁，凡数十次修理皆然。这是广州父老所传的神话，清初屈大均的《广东新语》也有类似的说法。它说：“塔上有铜柱，柱上一金宝珠，以铜周回为圜，一级一圜，皆有铜炼以护之。塔下有鲁班像，一手遮目，仰视塔，所视处，常为雷震去，凡数十葺之皆然。”

花塔上面的宝珠和铜柱，都是广州人所宝的法物。咸丰六年（1856）七月十三日下午，宝珠被风吹折，遂藏入寺库。到同治十三年（1874），将军长善、总督瑞麟，巡抚张兆栋，重修宝珠，题名于上，时候补知府文树臣（江西萍乡人，文廷式之父，胡汉民的姑丈）也参与修理，所以也有他的名字。

苏东坡题“六榕”二字，本来是因为寺中有六株榕树，但很久以来，寺中不见一榕，名曰六榕，而竟无之，未免名不副实，广州随处都有老榕树，何以僧人不补种六株呢？铁禅和尚为了要补此缺憾，遂于寺内建一亭，名曰补榕亭，意谓寺既无榕，以亭补之也。亭成，撰联云：“补昔所无，榕不限于六；空诸所有，亭亦虚其中。”据久居净慧街的父老说，寺内确实有榕树六株，他们总角时曾亲眼见过，不过此六榕不在寺内罢了。为什么不在寺内呢？我以为旧日寺址是相当大的，后来为民居侵占，逐渐缩小而至今日这弹丸之地。八百年前苏东坡所见的六榕，后来必定是围入民居。后来居民又伐之，遂致失踪。一九一〇年之间，有某置业公司买得净慧街一大厦，拟改建洋楼，因事涉讼，拆后未能兴工，工程就暂时停顿。两年后，官司解决了，正要动工，忽见旷地中长有一榕树，高三四尺，斩去后，才知道泥土之下，还有一大树头，在地面的小榕，正是大树头所生的。这大树头也许就是六榕之一了。澳门的观音堂，有老榕六株，年皆三百以上，广州六榕寺无榕，而澳门观音堂有之，这也是有趣的事。

长寿寺与大汕和尚

五十年前广州市西城有一条街道，名叫长寿街，到民国八九年开辟马路，改名长寿路，以至于今。长寿路之得名，原因是它的前身是长寿寺。长寿寺是南中国名刹，在广州与海幢、光孝、华林、六榕四寺齐名。到光绪三十一年（1905），两广总督岑春煊把长寿寺拆毁，售为民居，并建筑长寿戏院，共得款六十万元，拨为两广师范学堂经费。这是长寿路的来历。寺创于明神宗万历年间，据乾隆南海县志说："长寿庵在城西南五里，旧顺母桥故址。明万历丙午（1606）八月，巡按沈正隆初至得疾，士民争走神祠祝禧，僧为诵观音救苦经数日。御史梦见一白衣妇人，翼蔽而前。询云，来自城西，疾遂瘳。因即旧地恢拓，鼎建慈度阁以奉大士，余为妙证堂，临漪亭，左右禅房悉备。地可八亩。同知魏伯麟，知县刘廷元，益以白云废寺田四十三亩一分，俾世守香灯，遂成名刹。有沈御史记。”

这是长寿寺的简史，《羊城古钞》说它曾一度改名长安寺，何时复名长寿寺，不大可考，但在顺治末年，它已经名长寿寺了。它的黄金时期是在康熙年间，那时候大汕和尚做住持，清初文人如屈翁山、陈恭尹、梁佩兰、王士祯、潘耒等人，常在寺中唱和。王渔洋在他的笔记里都有说到长寿寺。《香祖笔记》云：“广州城南长寿寺，有大池，水通珠江，潮汐日至。池南有高阁甚丽，可以望海。其下曰离六堂，主僧某乞余题一联云：红楼映海三更日；石濑通江两度潮。”其《广州游览小志》云：“长寿庵在西郭外，创于万历间，禅人大汕石濂重新之。汕能诗画，营造有巧思。寺西偏有池，通珠江，水增减应潮汐。池北为半帆，循栏曲折而东，为绘空轩，轩前佛桑宝相诸花，丛萃可爱。由半帆并池而南，缘岸皆荔枝龙眼。池之南为怀古楼，洞明高豁，其下为离六堂，水木清华，房廊幽窈，如吴越间寺。有拈花释迦像，饰以黄金珠玉琗璖玛瑙瑟瑟之属，庄严妙好。又有铜像，云是唐铸也。”

胜概可见一斑。王渔洋来广州，是康熙廿四年（1685）以少詹事奉命祭告南海，在广州住了好几个月。这时候，离大汕和尚重新长寿寺不久，可说是它的全盛时期。大汕名石濂，俗姓徐，是苏州人（一说浙江嘉善，或云池州，皆不可信），明朝末年，为苏州画师沈朗倩外嬖，所以也能画。龚芝麓与顾横波流寓苏州，见大汕后，甚赏其才，大汕便弃沈而从龚。不久后，大汕流徙至广州，自称浪觉师，住居长寿寺，不诵经，不剃发，日伺候于权贵之门，以此名大著，颇与二十年前六榕寺的铁禅和尚相似，不过大汕还有点真才，铁禅只是一下流和尚，寖至与日本人合作，系狱而死，万万比不上大汕的。关于大汕的趣事，我现在想引近人黄秋岳所写的《花随人圣盦摭忆》于此，然后略加以说明。他说："东南各省与欧洲通商自粤始，其奏许通洋船立十三行，便中外贸易者，则在康熙中两广总督吴留村兴祚，而吴未督粤前，石濂已与洋船通贸易，故粤之通商石濂为之魁。……石濂……好大言，专结纳，又尝走安南交趾，以祈雨立验，眩其国人，大书榜揭于市曰'出卖风云雷雨'，于是募资修长寿寺院，粤人、安南人辇金助之。院成，穷极土木，结构壮丽，梁上书'大越国建造'字以歆安南人。所为益不检，明僮妖娼相征逐。其听以媚事诸贵人者一以多金，一以造作秘戏图，寖乃与外舶通，遣其徒众运售货物于海外，名闻京师，虽王公贵族亦无不称石濂。……石濂既富，乃思以文字缘饰之，于是谋与诸名士游，窃其所作攘为已有，不得者饵以金。无何《离六堂集》刻成，为揄扬者谓为唐之贯休齐已，宋之参寥密殊，复见于今。又自念为僧必富通梵夹禅悦，乃请人著一书，言‘五灯会元’之误，一时名士乐为代笔，盖酬金较丰于粥文。当时屈翁山、梁药亭皆与石濂交，故《离六堂集》多窜入翁山诗。后翁山与石濂相失，致书诘其偷诗，又作《花怪篇》丑诋之。……初，潘耒（字稼堂）通籍后，久耳石濂名，晚岁游粤，姑往拜之，瞰其虚实。石濂不知潘之名，相见殊落落，不以时答谒，稼堂怫然，以书斥之，石濂倔强不相下。……稼堂既去粤，归途遇吴留村之广东按察使任，乃……面数石濂之过恶，吴纳之，甫莅官即亲诣长寿院逮治。院中钟表象牙以暨鸦片之属，堆积如山，优伎列屋内，以禅房为窟穴，一时皆籍入官。留村将置石濂于重典，而营救者众，卒减轻其罪，递解还吴，下狱终其身。”（伯雨案：清初王应奎《柳南续笔》卷二，僧大汕条记云：“康熙间，广东旱，当事祈雨不应，有浮屠大汕者，榜其门曰：老僧有风云雷雨出卖。当事亟礼致之，祷果得雨，大汕以是名闻百粤。安南国王阮某，厚币招往，馈珍宝无算，至以黄金填字额云。”所谓“出卖风云雷雨”，大概有此一事，但未必就有验，恐怕是大汕的宣传以自增其声价而已。）

石濂之为人大略如此。秋岳说他在安南出卖风云雷雨，清人笔记已有说及。秋岳说十三行是吴留村奏定设立，及捕石濂者亦系留村，这是与事实不符的。吴留村于康熙廿一年（1682）协同大汉奸施琅进攻台湾有功，廿二年正月，擢两广总督。他到广东任后，不止没有逮捕石濂，反而和大汕来往，陈恭尹的《独漉堂诗集》就有吴留村在离六堂邀诸名士饮酒诗，陈恭尹有诗四首，诗题是“大司马留村吴公招同茹琼山子苍张惠来时公刘将军季翼新安王我占山阴娄子恩同里屈翁山奉陪京卿紫阁张公集石公离六堂即席次张公韵送之入都”。其时石濂尚未出丑，恭尹还称他为“石公”。石濂往安南说法，事在康熙三十四年（1695）乙亥，其时，吴留村已以副都统镇大同右卫了（他在康熙廿八年为给事中钱晋锡所劾去职）。石濂往安南，陈恭尹有诗送行，题为“乙亥元日石公泛海之交趾说法”七律一章，可见在康熙三十四年大汕还是无恙的。那么捕大汕者何人乎？则广东臬使许嗣兴也。许嗣兴原名嗣印，汉军镶蓝旗人，康熙年间由笔帖式累擢广东按察使、河南布政使，官至福建巡抚。笺吴梅村诗的吴翌凤，在其所作的《镫窗丛录》卷三，有记大汕事云：“康熙中，诗僧石濂，名大汕，浙江嘉善人，主广东海珠寺，交通公卿，安南国王师礼之。其寺塑金刚与弥勒环坐，题对联云：‘莫怪和尚们这般大样；请看护法者岂是小人。’以货币结往来宾客，分三等。翰林某以所赠平等，作诗文詈之，石濂亦以诗文交詈。翰林忿入都，适臬司某赴任广东，属其猝擒治，缓则有救之者。臬司如其言，刑僇倍至，递归旋殒。”

所言某翰林，即潘稼堂也，某臬司，即许嗣兴。《清朝野史大观》引某笔记也说“河南布政使迁福建巡抚许中丞嗣兴为按察使，独恶之，辄逮治，诘其前后奸状，押发江南原籍，死于道路，粤人快之。”根据各家记载，捕石濂的人不是吴兴祚，秋岳不知何以如此误会，且兴祚始终未做过广东按察使，《清史稿》言之甚详。兴祚字伯成，号留村，浙江山阴人，后入汉军正红旗，他在广东时，极优礼文士。《清朝野史大观》有一段记大汕的事，可以证明捕大汕者非留村。据云：“留村吴公总制两粤时，扬州吴薗次以同谱旧好来游羊城，寓长寿寺。寺僧大汕者，法筵甚侈，而道力未真，知薗次为总制重客，晨夕请见。常攒眉言两台延召之频，三司应酬之密，六时并无暇逸。吴曰：‘汝于此间受诸苦恼，何不出了家！’大汕赧然惭悚。此虽文人雅讽，实可作禅门棒喝。”秋岳死后五年，瞿兑之（宣颖）作《人物风俗制度丛谈》，转载秋岳此文，亦沿其误。

华林寺数罗汉

广州西关下九路附近有一所名闻国内的华林寺，它的来源大概知道的人也不少，我现在可以不谈，只谈一下它的五百罗汉和“数罗汉”的玩意儿。

华林寺在广州未开辟马路以前，地方很大，和尚少说也有好几百人，每天开饭给过往僧人吃的也有十来桌。它的佛堂可以容一二千人。我记得一九一六年华林寺的住持和尚炳光在盂兰胜会时大放三宝，那一晚的观众就有二三千人，热闹非常。过后三年，下九甫开马路，华林寺的地方缩成小小一块，接着有些官僚又强指某些寺产是官产，乘机刮入私囊，因此华林寺就越来越穷，到后来五百罗汉坏了，也不能修复。到一九五五年，广州人民政府才把五百罗汉修葺一新。

五百罗汉堂是华林寺一个著名的地方。罗汉堂内部构筑成田字形，所以又叫做田字厅，分列着五百尊罗汉。它们都是金身泥塑的，高约一尺五六寸（我在六七岁时，常往华林寺游玩，到今将近三十年，罗汉的高度是否一尺五六寸，已记不清楚，但不会高到三四尺的）。道光年间，住持僧祗园遍游国内名刹，到杭州见灵隐寺的五百罗汉（南宋时僧人道容所塑，咸丰年间毁于火，重塑后，二十年前又全部毁去），大为羡慕，便请人把它们的形像临摹下来，带回广州，又花了好几年工夫才塑造完成。华林寺这五百尊罗汉，虽然不及灵隐寺的那么精致，但它们是仿自灵隐寺的，灵隐的既然烧得一干二净，那么，现在还能保存南宋人塑罗汉的风格的，只有华林寺这五百尊了。

罗汉厅的地方很大，五百罗汉分踞案上，寺僧每晚上香真是麻烦透了。如果由一个僧人上香烛，这边的罗汉上了香后，等到过那边插香时，这边的香烛已经烧完，不能同时有香烟烛影了。住持为了补救此敝，以后凡烧香，就派出二三十个和尚，分工合作。

因为罗汉厅这么大，白天里也是阴气沉沉的，胆小的人，就不敢在里面久事逗留。我在广州十八甫路读书时，下午放学，要到华林寺玩，也得纠集了三四个年纪大的同学才敢进入田字厅的。

华林寺还有“数罗汉”的玩意。前清时代，有很多迷信的人，时时到寺里“数罗汉”，以占终身休咎。数罗汉方法是：一踏入罗汉堂，看你对着的是那一位罗汉。既认定这一尊后，就拿自己的年岁数到某一尊罗汉面前，看罗汉的佛号是什么，就可以知道自己的终身。听说有时也很灵验。我游玩华林寺时，这种玩意儿已经不兴了，这是老一辈的人对我说的，后来我读梁章巨的《浪迹续谈》，中有记西湖灵隐寺五百罗汉一段，有云：

凡妇人之游寺者，必入此堂，因相传有数罗汉之说，就所到处指定一尊，按本身年数至某尊，视其标题之佛号，以为终身之断。然佛号义多奥难，每不可以理会，故有验有不验。余初出山时，亦曾到寺默数一遍，遇如意杂尊者像，其义即不可解。然今回忆，中外扬历数十年，一路坦途，不能不谓之“如意”，而所历宦境，亦不可谓之不“杂”，断章取义，似亦可通。今年重游，又默数一过，遇增福寿尊者像，则恰合大海收帆境象矣。

这是很有趣的事，华林寺的罗汉，来自杭州，杭州既有此俗，则祇园和尚也把数罗汉之风带来华林寺，这是很自然的事。

广州园林

满清嘉庆年以后，广州有很多商人因为发了大财，纷纷在城内城外，建造园林为休憩之所，最有名的是潘仕成的海山仙馆了，此园不止为广州名园之冠，就是在苏州的拙政园、留园也比不上它的。可惜潘氏失败，此园马上就荒废了。广州人对于园林似乎是不大爱惜的，如果不是，为什么八十年前有这么多名园，现在一个都不存，甚至连遗址也无从访问。

近日偶读什书，见到有关广州园林的记载，便摘录于此，附以所闻者，成此短文，使人知道我们的广州人并不是只懂得和洋行做生意，一点都不风雅的。

广州四大家族是潘、卢、伍、叶，关于潘仕成的海山仙馆，知道的人很多，可以不说，现在先谈伍崇曜的万松园。

万松园在河南，园额是谢兰生所写的。伍崇曜的祖先本是福建泉州人，康熙间入粤，遂占籍南海，十三行中的怡和行，就是他所经营的。万松园地址虽然没有海山仙馆那么广大，但布置得极为幽致，收藏书法名画很多，嘉道年间的名士，常在园中为文酒之会。

俞洵庆的《荷廊笔记》记海山仙馆，曾提到邓园，此园在道光年间尚存，现在不知其遗址何在。张南山的《松心集》有与潘仕成、伍崇曜等同游邓园诗："开筵且缓爱寻幽，绕径穿林更上楼。深苑有花香欲老；空园无上客来游（自注：园主迁居乡中）。石堆假势山能立；池剩虚名水不流。种得丛兰三百本，预期相赏待清秋。"

广州另一个潘氏也有名园，这是十三行之一的同孚行主人潘有度的。园名南墅，又名潘园，在河南漱珠桥之南，有亭台水木之胜。园中水松甚多，有两松交干而生，因名其堂曰义松。诗人张南山曾在园中随其父读书九年之久。潘有度之侄季彤，也在河南家园秋江池馆上建听帆楼，俯视白鹅潭，风景绝胜。季彤富收藏，现在市面出卖的书画，常见他的收藏印鉴。

寄园在小北门内天官里，园中有广池，遍植荷花，主人筑亭于上，时邀张南山、陈兰甫等人觞咏其中。主人以鱼苗为羹，曰秀鱼羹，味极美。园于光绪初年已鞠为茂草。

外国人所作的那部《Views in China》载有丽泉行（十三行之一）主人潘长耀的花园照片。从图中见到此园中间是一大池，四面有崇楼杰阁，树木葱郁，池中有一大艇，两人摇之，可见此池是相当大的。园名什么，可惜该书作者没有说明。潘长耀是福建同安人，寄籍南海县，于道光三年（1823）逝世，因生意亏折，欠饷二万余两，又欠各国商人货款十七万二千二百零七元。除查抄家产二万二千余两外，尚欠饷一百七十余两。他的花园也是充公的，遗址在广州什么地方，待考。

《Views in China》卷一，九十五页，又载有广州某商人的花园照片，没有注明是谁的。这所花园也有池台楼阁之胜。

近人梁嘉彬的《广东十三行考》一书，译引 Hunter 的记载，说到潘氏的花园，这个潘氏是上文所说同孚行的主人。文云："潘氏之外国友人，常有到河南岛潘洞游宴机会。(潘氏）承继其先世遗产超过二千万元，约合伍怡和之财产额三分之一。一八六〇年法国杂志曾载广州通讯一则，道及潘氏每年消费三百万佛郎，其财产总额共超过一万万佛郎。彼有妻妾五十，婢仆八十，园丁役夫三十，然在华北之财产尤更丰裕。彼之家园内，穷极奢侈，以云石（大理石）为地，以金银珠玉檀香为壁。在妇女闺房之外，即有广大能容百名丑角之剧场，故妇人时时不难得有娱乐。又有九层高之宝塔，以大理石及檀香砌成。其余珍禽宝木，美不胜收。”

可惜这些名园现在都没有一所存在，否则国内私人的园林，不让苏州独步了。

苏州的拙政园

我国江南的名园，以苏州最多，而苏州现存的而且完整的，只有拙政园和狮子林、留园及俞樾的曲园。（曲园地方甚小，规模远不及拙政园和狮子林，不过地以人传，也列于名园之林矣。）

拙政园在苏州齐门内百家巷与石皮巷之间，附近是跨塘桥。拙政园之始创，是在明朝嘉靖十二年（1533）五月，文徵明所作《王氏拙政园记》，是一篇较有系统而具体的记载。文徵明的记，开首就说："槐雨先生王君敬止所居，在郡城东北界娄齐门之间。"接着就历叙园中胜概，以及亭台楼阁的名字，这些名称现在已经没有了，我们只从文字上知道，所以说文氏此记是拙政园最古的文献，当无不可。

记中最后一段，总纪园中的建筑物云："凡为堂一、楼一，为亭六，轩、槛、池、台、坞、涧之属二十有三，总三十有一，名曰拙政园。王君之言曰：昔潘岳氏仕宦不达，故筑室种树，灌园鬻蔬，曰：此亦拙者之为政也……"

文徵明的《拙政园记》石刻，久已失去，这是我从文徵明《拙政园诗画册》里钞出来的。此册是文徵明写给园主王槐雨的册页，一面画的是园中景致，一面是文氏的诗，每景一诗，用各体字分页写成。

此园的前身是元朝的大宏寺基地，其寺的兴废已无可考。王槐雨大概是很风雅的人物，我们看他在山西做官时，以游山谪官为广东驿丞可知。后来升了高州通判，从广东任内辞职回故乡，筑此园以娱晚景。最后此园为王槐雨之子某，一夜赌输钱失去，吴梅村《拙政园山茶花诗》所谓："儿郎纵博赌名园，一掷流传犹在耳"，就是记这件事。清初徐乾学所作的《苏松常道新署记》（即该园之后身，详后），说王氏子与里中豪士徐君决赌，一掷失之，徐君传子及孙，而生产亦耗云云。此徐君是谁，乾学没有说，十年前梁鸿志所作的《拙政园记》也没有说明。现在我从徐树丕的《识小录》里，知道得此园的徐君是树丕的曾叔祖少泉。树丕是明季秀才，国亡后不仕，隐居故乡，以著述自娱，死于康熙廿二年。《识小录》卷四详记其事云：

拙政园在娄门迎春坊，乔木参天，有山林杳冥之致，实一郡园亭之甲也。园创于宋时某公主，我明正嘉间，御史王某者，复辟之，其邻为大横寺，御史移去佛像，赶逐僧徒而有之，遂成极胜。相传御史移佛像时，皆剥取其金，故号剥金王御史，末年患身痒，令人搔爬不快，至沃以沸汤，如此逾年，溃烂见骨而死，其子即贫，孙某至以吊丧为业，余少时犹识之。当御史殁后，园亦为我家所有，曾叔祖少泉，以千金与其子赌约六色皆绯者胜。赌久，呼妓进酒，丝竹并作，俟其倦，阴以六面皆绯者一掷，四座大哗。不肖子惘然巨测，园遂归徐氏。故吴中布花园令之戏，实昉此，后人于清朝之十年，贱售与海宁陈阁老，仅得二千金云。

这个陈阁老是降清的陈之遴，与吴梅村为亲家，吴氏出仕，是由他力荐的。之遴再为相国，在顺治十一年，十五年，以罪举家徙流盛京，家产籍没，园亦入官，为驻防将军府。梅村《咏山茶花诗序》有云："相国自买此园，在政地十年不归，再经谴谪辽海，此花从来未寓目。"可知之遴买此园后，没有在园里住过一天。到康熙初年为吴三桂之婿王永宁所买，吴败后，园又入官，为苏松常道衙署，即徐乾学所记的。其后屡易园主，最后为八旗奉直会馆，入民国后，遂为地方公产。这是拙政园的一段简史。

我初次游拙政园在一九三三年二月，再游在一九三六年七月。这两次所见的拙政园，都很是荒芜，地方政府一任它荒废，一点都不加以保护整理。一九四六年七月，我在上海闲居，三游此园，时在日寇投降后第二年，入门所见的荒废残破程度，较一九三三、三六两年所见的尤甚。我以为大战之后，此种情形当然难免。同行的范君是苏州人，一向在上海卖文为活的，近年隐居故乡，据他对我说，沦陷期间，伪江苏省的民财建教四厅都设在此处，高冠吾做江苏省长时，在财政极度困难中，还竭力拨款十万元修理此园。怎知国民党胜利归来，只顾接收和破坏，所以此园比从前荒废得更厉害了。

园中最令人留恋的是文徵明手植的一株紫藤花，此花植于戏台与戏厅外的小天井中。清两江总督端方，于光绪三十年题“文衡山先生手植藤”一石尚存。紫藤架下，有端方所写的石刻横额“蒙茸一架自成林”七字。一九五三年七月，范君从苏州来信，略说到这株紫藤，他说：“老兄最喜欢的文衡山手植紫藤，今年春间花开极盛，故老言三十年所罕见，真盛事也！园中近年修葺一新，所有碑刻，重新加以整理，露天者盖之，以存永久……”这是一件可喜的事。

照我所知，园中的碑刻共有二十六种，最著名的是：

（一）文徵明像及文先生传；（二）文徵明书千字文；（三）沈石田像及传；（四）赵子昂吴兴赋；（五）复园记；（六）吴梅村咏山茶花；（七）郑板桥画竹；（八）米南宫黄山谷行书等。

拙政园是以池水做中心的，全园的面积，池水占十分之六七。园既以水为中心，所以它的建筑物都以与池水相调和相焕发为原则，因之临水的建筑物最多。全部建筑物都是平敞的，没有高四五层的楼阁，这又是足与恬静的池水相调和的。

龚定庵的北京故居

北京宣武门外上斜街的番禺会馆，是仁和龚定庵先生故宅，定庵于道光八年（1828）戊子，即居于此，前后凡四年之久。（见定庵题段玉裁许氏说文云："戊子至是在都皆居上斜街。"）到十一年十月，才以白银二千二百两，卖给番禺人潘仕成。仕成南归广州，因见番禺县没有会馆在北京，便舍宅为县馆。定庵卖屋，写有一契，现仍存在，文云：

立卖契人龚定庵，今有自置房屋一所，坐落宣武门外上斜街二庙路南，后门通皮库营，东至四川会馆，中二层俱阔十间，过西南院至油盐店，并谢姓西院。石山亭子俱全，空房子约四十余间，另空地一大段，花树鱼缸俱在院内。凭中说合，情愿卖与潘德畬二兄处，言明价银足纹贰仟贰百两京平，其银当面收足，并无少欠，立此永远卖契为据，并旧红契五张（又一张，又白契三张），一并交执，此照，大小共八张。

“此房前后院，原系零星凑买，经赵象庵、潘芸阁、魏伯鸿诸先生陆续起盖，方有房子如许之多，因与上手红白契不符，故亦批明。中见人许宝衢，黄爱庐，冯晋鱼。

“道光十一年十月朔日，卖契人龚定庵亲笔押”。

龚定庵是道咸年间我国一位最有思想，有头脑的大文豪，他的思想影响康有为很大。他在北京的房子卖给道咸间海内数一数二的大富豪潘仕成，潘又把它捐出来做会馆，这不能说不是乡邦的佳话。我在北京时，只知道番禺会馆是潘仕成的舍宅，并不知它是龚定庵的故居，潘仕成的赠屋信札中，并没有提到这一段故事（详下）。三年前，陈兰甫先生的孙子陈公穆（庆佑，今已八十余，隐居北京）对友人张次溪（东莞张伯桢之子）说到会馆中原有龚氏手书的屋契，次溪后来找到了拿给叶恭绰先生一看，叶先生认为这是钞本，原迹早已为好事者换去了，因为契文中的“段”字误作“叚”，定庵熟于六书，又是段玉裁的外孙，不该有此误的。但我以为此契也许就是原物，旧日的文人是不屑做这等俗事的，房子卖成，找个人写契，自己亲押个名字就算了。南海关赓麟先生题此契云："吾粤旧番禺馆址，在上斜街，为龚定庵礼部故宅，鬻于潘德畬兵部，已而捐为邑产，其购置原约，与舍宅公函具在。龚既名人，潘亦义举，片羽流传，皆成掌故，不可无记，辄题二诗。

外家英物出金坛，主客宣南老一官。有宅杭州偕隐去，旧巢争肯恋长安。

寄园浙省接芳邻，舍宅高情胜指囷。至竟海山何处是，几曾旧馆着仙人。（伯雨案：仕成之海山仙馆门联云："海上神山；仙人旧馆。"此联传系番禺人孟蒲生鸿光所撰，孟举人，兰甫先生门徒也。）

"《京师坊巷志》：龚定庵居宣武门外土地庙斜街，据招饯曹金籀寓宅时，曹诗注为证，列之下斜街。按契载在二庙路南，后门即皮库营，其为今上斜街无疑。盖上斜街即宣武门斜街，自东而西，至二庙止，转为自北而南，今日下斜街亦由土地庙斜街或槐树斜街。定庵所居非土地斜街，且南北行之街，亦无路南，《坊巷志》似误。癸巳嘉平，南海关赓麟识。"

番禺会馆现有石刻立馆中，是同治二年树立的，碑文为潘仕成所作，用他的儿子潘桂的名义立石，文中说到京师会馆林立，独番禺邑馆尚付阙如。道光十一年（1831）他在北京做京官，租上斜街赵象龠的旧屋居住。"有园亭木石之趣，象鲞以艺鞠名都下，余亦艺鞠其间，每当花时，谯赏甚盛。洎戊戌（道光十八年）南归后，奉襄海疆事宜，未遑北辙，自捐此宅为公车聚会之所。年来鞠谯遂南移于海山仙馆，抚今追昔，倏已阅二十余年……”云云。

潘仕成赠屋的一封信，是写给广东一班乡前辈的，函中有云：“（上略）兹有上斜街旧住宅一所，合计房子约一百间有零，其中花木奇石，俱有可观，房子亦极其坚壮，情愿送出为我邑改作会馆，不收价值。其西便门虽系官房，但不过三分之一，其二俱属民房，将来会馆足用，将此隔开另租为□□（案此二字不明）及每年津贴会馆费用，似未为不可。缘此房本有三门，一在现大门之西，一在皮库营，今俱堵塞其二，故可分租也……至送帖及契纸，先已并托笔珊兄携去，其租亦属无几，已详送帖内，到时尚冀照存为荷……俪裳年大兄、矩亭年伯、穆堂仁兄、树百仁兑、石卿仁兄、玉臣年大兄、香坪寅二兄阁下，潘仕成顿首。

“再，此宅现卢少峰农部租住，已札浼其亟迁，仍希诸公再为催促，免误公车到来也，切嘱切嘱，又启。”

这封信是潘仕成写给梁俪裳、梁矩亭等乡先辈的，函中所说的“送帖”，我没有见过，不知内容怎样说。笔珊是什么人，租住此宅的卢少峰又是什么人，现在无法考证出来，但俪裳等三人我还知道。俪裳是梁国琮之字，国琮番禺人，道光十八年戊戌科翰林，与曾国藩同榜，名次比曾国藩高许多，他的广州私邸在榨粉街。矩亭为梁同新之号，同新字应辰，番禺人，道光十六年丙申科翰林，与何绍基同榜，官至顺天府府尹。穆堂是史澄之字。史澄号澄园，番禺人，原名淳，因避同治帝讳，改名澄，道光二十年翰林，官至左中允。树百以下三人是谁，俟考。潘仕成字德畬，很多人都以为他是一个鄙俗的豪商，其实他也是文人，副贡出身，道光十三年二月，他在北京捐银一万二千两赈济京畿旱灾，清廷赏他举人，准一体会试。他所刻的书及丛帖，皆有名于时。

俞樾的曲园

俞樾是近代的大学者，曲园又是苏州一胜地，曲园成于光绪元年（1875），到今年恰是八十年，园主人死于光绪三十二年（1906），到今年也四十八年了。他享有此园凡三十一年之久，近三十五年，他的后人住在北京，苏州的老家很少回去。一九三三年九月，曲园的曾孙俞平伯有《癸西南归日记》（刊一九三六年《逸经》第九期），十四日云：“下午同入城，先至老宅，予作引导。”十六日云：“下午偕姊至老宅，吾辈游息此屋，尚在十八年前，十八年中未曾同到矣。”

曲园于咸丰间自河南学政卸任后，即移居苏州。同治八年，他写给他的同年王补帆（名凯泰，号幼轩，江苏宝应人，道光三十年进士，散馆授编修，官至福建巡抚，谥文勤）函云：“……去年以青蚨千贯，典得马医科巷潘文恭旧宅，今年四月中迁入居之，屋不甚多，而厅事便坐，颇亦具体，内屋五间，尤为轩敞，鹪鹩巢林，暂焉栖息，天地吾逆旅也，又何择苏杭乎？”这就是曲园在苏州最先所住的地方。到同治十二年，曲园之兄卒于福宁任所，他去把母亲姚太夫人接回苏州奉养，明年，他的母亲嫌屋子太小，便买了潘氏西宅筑曲园。曲园建筑日期是同治十三年冬，明年四月落成，俞樾有《曲园记》云：“曲园者，一曲而已，强被园名，聊以自娱者也。余故里无家，久寓吴下。……适巷之西头，有潘氏废地求售，乃以钱易之，筑室三十余楹，用卫公子荆法，以一‘苟’字为之。取周易‘乐天知命’之义，颜其厅事曰乐知堂，属彭雪琴侍郎书而榜诸楣。堂之西为便坐，以待宾客，颜以曾文正所书春在堂三字……”

记中详述曲园里面那些房屋的名称，而折出堂后之园。园有假山、池水、小阁。记云：“艮宧之西，修廊属焉；循之行，曲折而西，有屋南向……是曰达斋，曲园而有达斋，其诸曲而达者欤？由达斋循廊西行，折而南，得一亭，小池环之，周十有一丈，名其池曰曲水亭。……大都自南至北修十三丈，而广止三丈。又自西至东，广六丈有奇，而修亦止三丈。其形曲，故名曲园。所谓达斋者，与认春轩南北相值；所谓曲水亭者，与回峰阁东西相值。……嗟夫！世之所谓园者，高高下下，广袤数十亩，以吾园方之，勺水耳，卷石耳。余本窭人，半生赁庑，兹园虽小，成之维艰。……其助我草堂之资者，李筱荃督部，恩竹樵方伯、英茂文、顾子山、陆存斋观察；蒯子范太守；孙欢伯、吴焕卿两大令。其买石助我小山者、万小庭、吴又乐、潘芝岑三大令；赠花木者，冯竹儒观察，备书之勿谖也。”可见园之胜概一斑，曲园老人是花了很大精神去经营它的。

海内闻名的曲园先生，其园名曲盖以此。二十年来，我游曲园两次，第一次是一九三三年二月，第二次是一九四六年六月。第二次之游，适在日寇投降之后，曲园已经荒芜零落，殊无可观，我只不过是去凭吊一下四十年前一代学者的故居罢了。园的大门南向，有一家成衣店租赁了来营业。门前李鸿章所写的“德清俞太史著书之庐”的匾额仍存。(曲园致李少荃相国书云：“承惠书，并赐额德清俞太史著书之庐九字，魄力沉厚，结体谨严，如对垂绅正笏气象。从此银钩铁画，照耀蓬庐，不独圭璧之光，抑亦子孙之宝也……”但他的子孙并没有好好的保存它，一任它剥蚀。)入门为轿厅，他的长孙陛云“探花及第”之额，高悬堂上。再入则为乐知堂，额为彭玉麟所书，又“重宴鹿鸣”一额，是曲园老人中举人六十周年的纪念区。其时，住在曲园里的人是洪状元（钧）的侄妇，听说是她租来住的。园的达斋有人住，不能进去。

全园景物，极为萧条，除匾额外，所有楹联，几乎无一存者，即肃亲王善耆所书的“太史有书能著录；子云于世不邀名”一联，及曲园老人自书的联都看不见了，不知是否失去，抑为人破作柴薪。

我最爱曲水池这一带风景，它的零落荒芜，已不同四十年前主人在生之时，使后人身临其境，也不无感喟。曲园老人，花了三十一年的心血来经营它，到病危时，自知不起，仍念念不忘他手创的小园，其赋《别曲园诗》云：“小小园林亦自佳，盘池拳石手安排；春风不晓东君去，依旧年年到达斋！”主人已去，而春风仍然年年吹到达斋，主人在地下有知，也当感慨万端了。我离开曲园时，心里这暗中念着这首诗，背后凉风吹来，好做主人在后面跟着我，送我出大门去的。

宝汉茶寮与南汉买地券

广州市北门外，有一个著名的宝汉茶寮，驰誉数十年，凡到过广州的人都知道的。这间茶寮之开设，有一段和广东金石有关的故事。

清咸丰年间，农人李月樵在小北门外掘地，发见了一块石碣，这就是一向为金石、考古家所重的“南汉马氏二十四娘买地券”。所谓“地券”，即“地莂”，叶昌炽云：“释名”，地莂，别也。大书中央，破别之也。古人造冢，设为买地之词，刻石为券，纳之圹中，汉时或刻于砖。太仓陆蔚庭前辈，藏古砖甚富，有建宁元年马氏兄弟买山莂，即冢中砖也。(见《语石》卷五）那就是说，古人死后，除了墓外树碑，圹中有墓志铭外，还要“设为买地之词”，向土地之神买这块地来做坟墓，把地契刻在石上，使死者收执，永管已业。这种风俗，由来甚古，至低限度在东汉已盛行，为汉人丧葬习俗之一，历代皆有。而广东出土的买地券，以马氏二十四娘的为最古。原刻我没有见过，现在把倪鸿《桐荫清话》所记的钞在这里，以便参考。

咸丰丁巳（1857）七月，余游白云山，路过下塘村，酒家出观石碣一方，长六寸，广一尺。首刻符一道，后楷书三百三十三字，分九行。（伯雨案：应作十九行，三百二十四字。我手头的《桐荫清话》是一九二四年扫叶山房石印本，错字很多的）首行下行，次行上行，三行复下行，余数行亦然。其文曰："维大宝五年（962）岁次壬戌，十月一日，乙酉朔，大汉国内侍省、扶风郡殁故亡人马氏二十四娘，年登六十四命终，魂归后土，用钱玖万玖阡玖伯玖拾玖贯玖伯玖拾玖文玖分玖亳玖厘，于地主武夷王边，买得左金吾街、咸宁县，北石乡石马保、菖蒲观界，地名云峰岭下，坤向地一面。上至青天，下极黄泉，东至甲乙麒麟，南至丙丁凤凰，西至庚辛章光，北至壬癸玉堂。阴阳和会，动顺四时，龙神守护，不逆五行。金木水火土并各相扶。今日处券，应合四维，分付受领。百灵知见，一任生人兴工造墓，温葬亡人马氏二十四娘，万代温居，永为古记。愿买地内侍省扶风郡殁故亡人马氏二十四娘，义卖地主神仙武夷王，卖地主神仙张坚固，知见神仙李定度，证见神仙东方朔，领钱神仙赤松子，量地神仙白鹤仙。书券积是东海鲤鱼仙，读券元是天上鹤，鹤上青天，鱼入深泉，山罡山树木，各有分林，神仙若问何处追寻，太上老君勅青诏书，急急如律令。”

叶昌炽谓“其文虽不甚雅驯，录之颇可资谈屑。”但岂特“可资谈屑”而已，我们凭此可以考见一千年前广州一带的丧葬风俗，又可考见广东墓券的文词，与五代的字体。广东墓券的文词，与其他各省的大致相同，所不同者，只是写法略异。广州的买地券，多数是第一行顺写，第二行逆写，第三行顺写，这样的相间写下去的，俗称风车文。其他各省则如平常的写法，一律下行的占大多数，叶氏在《语石》中没有注意到这一点。初时我以为只有广州一带是这样写法的，但一九五〇年四月山西垣曲县东铺村发见金墓一所，有金大定廿三年（即宋孝宗淳熙十年，公元一一八三年）的买地券，用红颜色写在砖上，文字是顺逆相间写成，和马氏二十四娘的格式一样，只是文词简略得多。可见山西的丧葬习俗，有一部分与广州相同的。

为什么要把文字顺逆相间写成呢？这大概是一种阴阳之理，用来压胜的。广州旧为楚庭，楚人信鬼，在墓葬中所写的文字，有同在一帛中，一部分是上行写的，另一部分是下行写的，十几年前在长沙出土的缯书，四周绘有图，中书文字，文字分左右两部分，右边的，字皆下行，左边的文字，全部上行。（此为战国时代的书画，抗战期间，为美国人 John Hadley Cox 买归耶鲁大学。据蔡季襄年前说，当时议价美金一万元，实收得一千元云云。）广州买地券这样的写法，自然多少受到楚人的影响的，一直到近年广州人营葬时的买地券都是这样写的。我记得一九一六年我的一位庶母卢氏夫人在广州逝世，那时候我年纪还很小，有一天，见一位亲戚黄介眉拿了一块方形红砖，在砖上写了很多字，写的是什么，我记不清楚了。只记得他写完一行，又倒转过来写下去，写成后，一行是下行的，第二行又上行的。我读了几年书，没有见人这样写法的，觉得很有趣。我以为他是写来玩的，问他为什么这样写，他也说不出个道理来。

买地券中的“卖地主神仙张坚固，知见神仙李定度”，这两个人的名字，在一般的地券中常常有的，就是东方朔，西王母等名字也常见。张李二人，在地券中有时也被书为“契人”，这只是名词上的不同而已。张李并无其人，因为这两个姓是常见的，所以就随便利用它们，安上一个名儿。人死后，活着的人要为死者向“阴府”买地来营葬，便制造出这样的“契据”。在封建制度的社会里，土地私有，已成为天经地义的法则，所以人死后不得不向“阴府”买地，又因为“阳间”有地契，地契有一定的样式，于是买地券也学足了地契的样式，把方向、四至、买卖主、见证人、中人等等都开列清楚。不过这些人的名字不能用真的，只好安个张坚固李定度，又把东方朔等搬出来了。地价大多是“九千九百九十九文”，但一九五三年四川广汉北外乡所发见的买地券，其地价是“使钱四十九贯文”，与华中一带及广州惯用“九千九百”的略有不同。广州一带是盛行买地券之俗的，但潮州则否，两地相离不过几百里，丧葬的风俗之不同已如此，这也是很有趣的。

关于李月樵得到此券及宝汉茶寮的历史，友人刘筱云先生，今年已七十多岁了，他曾见过李月樵的，据说他是一个很质朴的农民。他开设宝汉茶寮后，还时时赶牛去上田。在清末民初，其地交通极不方便，三十年前，谭延闿在广州，颇欣赏宝汉的一鸡三味和蔬菜，常偕友人莅临。广州市政府以“贵人”常经北郊，特地筑一马路可通宝汉茶寮，以便利他们的汽车来往。当时有很多人为了要看买地券而到宝汉的。主人生怕把石头陈列太久会坏了，从此就只展览拓本。

久居上海的潮阳人陈运彰（一九五五年已去世），藏有此券拓本二，一为叶恭绰先生所跋，一为华阳王氏旧藏，有中山李应庚跋。叶跋云：

此墓券于光绪年间广州小北门出土，为村人陈姓所得，因建茗肆，曰宝汉茶寮。游客索观者多，陈乃匿不以示。南皮张孝达（案：即之洞）督粤时，一日，出北郊，过茶寮，陈乃缨帽捧献，一时传为笑谈。绰少时侍先大父出游，曾屡见之，今不知尚存否。蒙庵先生藏此拓本，纸墨都佳，殆是初拓。谨录先大父题词于下。岭南金石，传世本希，得此亦可与九曜金涂并美也已。遐庵叶恭绰。

叶先生误以李月樵为陈氏，大概是一时忘记。他所录的词，载叶南雪《秋梦庵词》中，不录。

李梦惺名应庚，字星卓，一字卓仙，有《香茗庵词》，咸丰间人。他的跋文云：

城北半里许，曰下塘村，李子月樵居焉。设茶肆于茂树下，为乡人士往来游憩所。莳花种竹，躬自荷锄。尝掘地，得大宝地券，文字奇古，书法劲拔，仿佛北朝碑记，人鲜知者。癸酉（按：同治十二年，公元一八七三年）重阳，与杨海琴翰（按：杨翰河北宛平人，字海琴，号息柯，道光廿五年翰林，著有《抱遗草堂集》）方伯，寻秋访古，于此获观。摩挲赏玩，叹为得未曾有。海老颜曰宝汉茶寮，各拓数本以归。南汉遗迹，会城中只此与光孝寺两铁塔，恰成鼎足，亦艺林之幸事也，月樵其宝藏之。逾月拓本装成，浸录赠月樵语于尾。梦惺李应庚记。

原来宝汉之名，是同治十二年在广东做藩司的杨翰所取的，其地风景甚幽美，倪鸿题宝汉茶寮一联云：“桥东桥西好杨柳；山北山南闻鹧鸪。”陈之鼒联云：“商量白酒黄鸡局；点缀青山红树家。”李月樵死后，其子又设有大宝汉、新宝汉酒家。

倪鸿，字云渠，广西临桂人，咸丰年间为顺德县江村司巡检。后来捐了一个浙江省的同知，到浙江一个时期，又回到广州。毛鸿宾做两广总督，聘他做文案。他的私邸在粤秀山麓土名将军大鱼塘附近，自榜其门曰野水闲鸥馆，日集名士饮酒赋诗。当他做巡检末秩时，自题门联云：“骐骥千里；鷦鷯一枝”。后来到做了督署文案则改联为“令狐记室；司马参军”了，可见其风趣。他在广州的时间最久，据他说，只在小时候回过广西一次。他生前因为喜挥霍，晚年穷困以死。他的著作除《桐荫清话》外，还有《曼陀罗庵诗集》。死后，野水闲鸥馆改为随宧学堂，到光绪末年，又改为旅粤学堂，现在已无遗迹可寻了。

乾隆朝剃头案

旧日的丧礼，人子死父母，除了三年穿孝之外，在百日内不得剃头，搞到头发好像“江南草长”一般，胡须满面，变成一个怪人。如果今日的香港有此种“孝子”出现街头，我猜报纸一定给他来篇特写的。

我刚刚从理发店坐了四十五分钟回来，忽有所感，就草成此文。我不是天才，我不像爱因斯坦一样六个月还不理一次发，我每十天必入美发院剃头。假如到今日我还有父母之丧可持，我也不会以“怪人”出现，还是十日去光顾一次的。因此我觉得做现代的人最有福，如果做“大清子民”，说不定有时候就会剃头有罪的了。在那时候，为人子居父母之丧，如在百日内剃头，最多是为社会人士所不齿，如果出来做官，碰到“国恤”（即帝后逝世），在服丧期内剃头，一下子就有了罪名，重则问斩，轻也充军，甚可怕也。

清朝的同治皇帝死后，天下的职官，无论大小，一律要过了百日才能剃头。光绪元年（1875），署云贵总督岑毓英，奏参州判朱允慎，于国服期内剃头，贡生王荫祥因为和朱允慎有私怨，就以此为藉口，带齐人马，到朱允慎的厘金局，将朱允慎毒打一顿。是年十月，清廷分别将他们治罪，上谕说，他们都是目无法纪，“朱允慎情罪重大，姑念该革员素有痰疾，误会日期，著照所谓援照嘉庆年间曹自辉免死发遣成案，从宽发往新疆效力赎罪。王荫祥著即斥革，发往近边充军，以示惩儆！”这一处分，可说是轻描淡写之至，如果在乾隆之世，碰到那个喜怒无常、“天威莫测”的十全老人，则朱允慎之罪大矣。乾隆年间大官在国服内剃头惹祸一案，颇可一述。

本来居丧不剃头，古无此礼，就是《大清律例》初时也没有的。满清初入关之时，遇到帝后逝世，只有京官在百日内不剃头，因为他们要参加百日祭之礼。外官就不论满汉大小，一律廿七日释服，随即剃头。乾隆十三年（1748）三月，清高宗东巡，自济南回京，是月十一日，孝贤皇后死于舟次。清高宗对于这个老婆十分宠爱，哀悼逾恒，也是人之常情，但犯不上因为死了太太，官员办事有些错误，就大开杀戒，拿人家来消气，专制君主的淫威，一至于此。百世之下，读史的人，对于这个十全老人是只有痛恶而无同情的。案情的经过是这样的：

奉天锦州府知府金文醇（字质甫，号金门，乾隆四年进士，授编修）在廿七日后释服（即剃头），这一剃就惹来大祸。原来金文醇自以为出身翰林，是“金马玉堂”人物，对于同城的满洲官员多瞧不上眼。碰着他在国恤内剃头，一个旗籍武官立即向副都统告发。副都统平时也不满意金文醇的态度，今儿有了把柄在手，哪有不奏他一本之理？碰巧这个时候，山东巡抚阿里衮参奏沂州营都司姜兴汉，说他贪财纳贿等等罪名，其中还有一项是“国服内剃头”。这一项本是陪衬之笔，并非所参的大前提，阿里衮也不过以为姜兴汉不应为而为，所以在此参案内附带一笔，并非着重于此的。因此阿里衮奏章入京后，内阁在奏章内摘由，也不将剃头一语摘入，仅及贪婪诸状而已。怎知这个乾隆皇帝别有会心，他说贪婪罪轻，违国制罪重，必要治姜兴汉违制之罪。于是金文醇与姜兴汉，一南一北都在此时被捕入京，刑部定他们斩立决（即不待秋后，立即行刑）。

乾隆帝死了一个太太，不止官员遭殃，就是太子和部院大臣也因此得到严厉的责罚。照他老人家之意，以为非如是不见得十分“哀悼”也。先是，孝贤皇后死耗传到北京时，大阿哥（后来封为定亲王）因为哭临不尽礼，皇帝不好严刑皇子，只得学《左传》的办法，“刑其师傅”，于是教汉满文的师傅都得到罚俸处分，已算很轻了。又因为翰林院奏上的册文，内有“皇妣”字样，满洲文译作“先太后”，这一大错误当然不可饶恕，翰林院掌院学士和刑部尚书阿克敦都被革职，交刑部收监治罪。过了些时，又因为刑部所拟的罪名太轻，立即将刑部尚书、侍郎革职留任，将阿克敦改为斩监候。后来又因为工部所制的皇后册谥、册宝太过粗陋，尚书哈达哈、赵宏恩，右侍郎三和、何国琮皆革职留任；左侍郎索柱，涂逢震俱降官调用。清高宗的话就是法律，他立下定制，国恤百日内，剃头的人立即问斩，将此载入会典律例。同时又谕令各省督抚，凡现在剃头已被发觉者，严参勿纵，未发觉者免究，但旗人则要追究，不能放松一步。接着他又密令各省督抚，凡剃头的官员，将他们的姓名秘密奏上来。立法之严，真是无以复加了。剃头本是一件极平常的事情，但在专制时代，有时竟会连头都斩了去，我们的祖先真不容易做呢。

当金文醇这一案发生时，一个满洲人盛安正做着左都御史，他是个长厚君子。不久他署理刑部尚书被清高宗召见时，对皇帝说，金文醇剃头是沿袭汉人的习惯，并且事前他已请问过上司才剃头的，所以情还可恕，皇帝也以为然。于是盛安回到刑部，想把金文醇的罪名改为斩监候，他的同寅恐怕改了会激起皇帝之怒，力主不可。不久后，有人在皇帝跟前大造盛安的谣言，清高宗叫他去问，盛安就趁此机会，欲将金文醇斩立决改为斩监候，力援雍正年间李斯琪例为请（案：汉军佐领李斯琪，以孝恭皇后之丧，廿七日后即剃头，拟斩监候，后来又赦免了），这几句话竟然使得清高宗大怒，将盛安交给刑部治罪，部拟斩监候，他的儿子喀通阿也充军到热河。

盛安一案，发生于是年七月，到闰七月，南方又发生剃头案，主角都是方面大员。这一年福州将军新柱入京，路过淮安，南河总督（管理南方黄河治理的最高官员）周学健因公出巡，没有见到新柱，而淮安官吏对于新柱，招呼也不很周到，新柱一肚子气。入京后，新柱对皇帝说周学健因为廿七日后就剃头，所以不敢和他见面，怕露出马脚。这是新柱公报私仇的伎俩。同时，江苏巡抚安宁，本是内务府旗人，以前久在内廷供奔走之职。孝贤皇后死后，安宁所进的表文，不见有哀敬之意，乾隆帝打算要重重的责罚他，有些太监和他有交情，便通知他最好举发周学健剃头一事，可以将功赎罪。安宁立即劾周学健及所属官吏，说他们都在廿七日后就剃头，不剃者，只淮徐道定长一人而已。高宗降旨将周学健拿交刑部狱，又令管河大学士高斌籍没周学健衙门的财物，江西巡抚开泰籍没他原籍财产。这一案发生后，湖广总督塞楞额，湖北巡抚彭树葵，湖南巡抚杨锡绂都分别自行“告发”，说他们及两省的文武官员，都在廿七日后剃头，请皇帝重重治罪。皇帝降旨大骂塞楞额，说他以满洲大臣尚且如此，更何论于汉员了。便将塞楞额逮捕，禁于刑部监狱，并查抄他的家产。彭树葵、杨锡绂两人，因为他们是顺从总督的，从轻发落，只罚以革职留任，罚他们出钱修筑直隶城墙，并宽免周学健之罪，派去直隶城工效力（所谓“效力”，并非罚以体力劳动，只是派他在工地办事，算是苦差了）。金文醇，先前已改为斩监候了，到现在大概是十全老人的“哀痛”已过，脾气也好了些，居然把他释放出狱，也派去直隶城工效力。不久后，塞楞额以罪大，赐令自尽。这一案，直接犯罪者共五人，处死者二人，到此已告一段落。但案中还有案，真有“山重水复”之妙。

周学健本来已改为城工效力的了，后来因为江西巡抚开泰抄他的家产时，发现山东兖沂曹道吴同仁写给学健之弟学伋一信，其中有谢他荐举，以二千金为酬谢之语。同时，两淮盐政蕴著又劾学健在任时，赃私狼藉，于是仍将周学健逮问入京，赐自尽，承命查抄学健衙门财物的高斌，有心瞻徇，并且发还他的家人衣饰十八担，有严旨诘责，令他不必入京。两江总督尹继善先前没有举发学健剃头，得革职留任处分，他上奏河工内汉军旗人，也有违制者，请察劾，有旨着勿问。这一剃头案，大小官员被罪者二十馀人，赐自尽者二人，处决者一人。我们听惯了雍乾之世常兴文字狱之事，剃头获罪之狱甚罕闻，故值得一说。

明清公主选驸马趣史

明朝的公主选驸马，完全以平民为对象，不许文武大臣子弟有份儿，只要平民子弟年少貌美者，就有做驸马的资格（这是明朝中叶的事，明初及明末，不尽如此，驸马亦有选自贵族子弟者），过后还可以封侯。明孝宗弘治八年（1495），德清公主要招驸马，太监李广受富人袁相的重贿，在孝宗面前极力赞袁相怎样品貌兼优。这个皇帝信以为真，便选袁相做驸马，结婚日期已经定好了，后来有一班御史查出这件事，纷纷向皇帝奏知，指出李广受贿。皇帝降旨斥去袁相，另行再选，对于李广则置而不问。这不算奇，最奇怪者无如那个昏庸绝顶的万历皇帝了，他的胞妹永宁公主将选驸马，最为万历宠信的太监冯保受了北京大富翁梁某数万金之赂，选其子梁邦瑞为驸马。梁邦瑞是个痨病鬼，早晚要登仙界的，北京人听到这个消息，无不为永宁公主可惜。这时候张居正当国，力主不可，但冯保在太后、皇帝跟前说得天花乱坠，事情就定了。到行礼那一天，夫妇合卺交杯，梁邦瑞鼻血双流，衣袂沾湿，狼狈不能成礼，那班太监还走去御前道喜恭贺，说是见红吉兆，大喜也。公主结婚不过四十天，驸马便一命呜呼了。在此期间，公主并未享闺房之乐，守寡三年，抑郁而死。这都是做母亲做哥哥的胡涂，明朝诸帝大都宠信宦官，无不误事。

明世宗嘉靖六年（1527），武宗的第四女永淳公主及笄，世宗加意为她选个好驸马，时高中元年方十六，随其父尚贤住在北京，中元风骨秀异，有璧人之目，因此也被列入预选。照明朝规矩，选驸马时可以挑选三个人一齐入宫，作最后决定。当入宫时，那班宫女太监见到高中元，为之神眩目骇，以为驸马之选老高无疑了。怎知皇太后看中了高中元的同乡河南人谢诏。高落选后，回到故乡，下一年中了举人。

公主下嫁谢诏之后，因为驸马的头发稀少，时为北京人士嘲弄，心中已大不高兴（据明人沈德符的《野获编》所载：“谢诏选后，京师人有十好笑之谣，其间嘲张、桂骤贵暴横者居多，其末则云：‘十好笑，驸马换个现世报。’

盖谢秃少发，几不能绾髻，故有此讥，然诏直至嘉靖末年卒，享富贵者四十年”)。后来听说高中元貌美才高，又中了举人，不胜艳羡。过了几年，高中元成进士，入翰林，有名词垣，公主听了更是懊悔不已，不时形之颜色，并且说：“早知嫁了他就好了！”谢驸马听到了真是惶惧无计，不知怎样巴结公主才好。一日，驸马想到了一计，佯对公主曰：“高中元是我的同乡，公主既然喜欢他，我想在中元节那天请他来吃饭，公主在窗内饱看一顿，不是很好吗？”公主大喜，准如所请。届时，公主在窗内外窥，则见那个貌美才高的高中元已经是个身材高大、满脸须髯的河北伧父，不是江南风神俊秀的璧人了，公主见了为之嗒然，夙慕顿尽，反而伉俪之间更增恩爱。人们都说谢驸马能以小智回天人，亦非凡俗之流，宜其享福数十年云。

明清两朝的公主与驸马，有不少受制于“管家婆”的，这也是做父皇的胡涂。明帝多昏庸，只听太监宫女的话，不知是哪时候起，公主下嫁，必定派一个年纪较大的宫女同到驸马府，替新夫妇料理家务，甚至有时还要做“卫生顾问”。此举本来无可非议，因为十五六岁的小夫妇，未必懂得处理家事，而人伦大礼也未必通晓，闺房中有个“顾问”，当然可以少些意外。无如管家婆到了驸马府之后，倚仗宫中之势，从中牟利，公主驸马如果不拿出一万八千来赏赐，休想谐鱼水之欢。明人《野获编》记管家婆事极有趣，今录如下：

公主下降，例遣老宫人掌阁中事，名管家婆，无论蔑视驸马如奴隶，即公主举动，每为所制。选尚以后，出居于王府，必捐数万金，遍赂内外，始得讲伉俪之好。今上（按：指万历皇帝）同产妹永宁公主下嫁梁邦瑞者，竟以索镪不足，驸马郁死，公主居嫠，犹然处子也。顷壬子（按：万历四十年，公元 1612 年）之秋，今上爱女寿阳公主（按：《明史》作寿宁公主）为郑贵妃所出者，选冉兴让尚之，相欢已久。偶月色，公主宣驸马入，而管家婆梁盈女者，方与所偶宦官赵进朝酣饮，不及禀白，盈女大怒，乘醉挞冉无算，驱之令出，以公主劝解，并詈及之。公主悲忿不欲生，次辰奔诉于母妃，不知盈女已先入肤愬，增饰诸秽语。母妃怒甚，拒不许谒。冉君具疏入朝，则昨夕酣饮宦官，已结其党数十人，群捽冉于内廷，衣冠破坏，血肉狼藉，狂走出长安门，其仪从舆马，又先棰散，冉蓬跣归府第，正欲再草疏，严旨已下，诘责甚厉，褫其蟒玉，送国学省愆三月，不获再奏。公主亦含忍独还。彼梁盈女者，仅取回另差而已，内官之群殴驸马者，不问也。

本来皇帝女，皇帝女婿，其贵无比，偏偏受制于太监宫女，这么一来，做公主又有何好处，那个亡国之君崇祯皇帝临自杀前以刀挥其女长平公主，断其臂，曰：“你们生生世世不可生帝皇家!”其实早距此数十年寿宁公主也该这样说了。沈德符是万历时人，他所记的大都可信，同时有谢在杭（万历三十年进士）者，万历四十年前后，恰在北京做京官，他的《五杂组》也有记冉驸马、梁盈女的事情，与沈氏所记大有出入，现在也钞出来给读者参阅。

国朝驸马尚主皆不用衣冠子弟，但于畿辅良家，或武弁家，择其俊秀者尚主之，后即居甲第，长安邸中，锦衣玉食，与公侯等。其父封兵马指挥文林郎，母封孺人而已。驸马虽贵为禁脔，然出入有时，起居有节，动作食息，不得自由。而奶母阉竖之老者，威震六宫，掌握由己，都尉反俯首受节制，凡事务结欢其心，稍不如意，动生谗间，近日如冉都尉兴让，可鉴也。冉都尉所尚主，乃皇贵妃之女，上素所钟爱者，伉俪甚笃，无间言。奶媪梁盈女恃其威福，每事动行节制，冉不善也。又恃宫中爱婿，时与龃龉。一日，漏下二鼓，都尉自外入，传呼开邸中门。故事，中门非奶媪不开，盈女不时至，都尉排闼而入。有顷，盈女至，出谇语，都尉乘醉击之，翌日入朝奏闻，盈女率其党数十人伏阙下，要而殴之几死。上不知也，且怒都尉狂率，冉遂弃衣冠，从间道归里。上益震怒，遣缇骑迹之，夺其父母爵禄，廷中大小臣工力谏，俱不报。冉既自归，上怒不解，谪羁太学习礼，自壬子冬至今半载，尚未得与公主相见也。时论以冉固未得善处之方，而奶媪一老宫婢，遂能炀灶蔽明，荧惑主聪，一至于此！盖床第之言易入，浸润之谮难防……

沈谢两人都是万历年间的人，两人皆有文名，留心故事，而所记的却有很大差别，可见书不可尽信，要信时，不妨多参考一下。明宫这种黑暗制度，满洲人在入主中国后，立即接收过来了。公主下嫁，那个管家婆也利用权威，干涉到闺帏之事。公主如有宣召驸马侍寝，每次都要纳通行费若干，才能直入闺房，通行无阻，否则管家婆就说少年夫妻要谨慎闺房，善保玉体那一番大道理，说出来何等冠冕堂皇，公主驸马都是面嫩的青年，怎敢回驳一句？等到钱财到手，又是另一番话了。因此清朝的公主多不能享家室之好，即有儿女，也是妾媵所育的居多。(据清宫一老太监对我说，皇帝大婚之夕，例有管家婆在床帷后暗中照顾，怕弄出意外，帝后皆不知也。他说光绪帝大婚，数日后，管家婆闻皇后在龙床上唉声叹气曰："注定你家福薄，没有儿女！"据一般人推测，同治、光绪皆孱弱之辈，多不能生育云。)

道光年间，传说有个公主下嫁符珍，因未能满足管家婆之欲，符珍不能入内者三月。公主忍无可忍，回宫中问父亲道："爸爸到底将孩儿嫁与谁人？"道光帝带笑道："傻孩子，你的驸马不是符珍吗？"公主道；"既是符珍，为什么孩儿三月来未见他一面呢？"道光帝还不算胡涂，立即彻查此事，将管家婆召回，并下诏以后不许有此例。可惜自道光以后，想有此例也不行了，因为咸丰帝只有一男一女（女早死），同治帝一无所出，光绪帝亦福薄，"注定没有儿女"，溥仪今年五十四岁了，未闻有一男半女，爱新觉罗一家，竟然应了纳拉氏（光绪帝皇后）床中的叹息，真是有趣的事。

慈禧画像记

北京颐和园有慈禧太后两幅造像，都是光绪廿九年(1903)她六十九岁时的作品。一幅悬在乐寿堂，是西法拍的照相；一幅悬在排云殿，是美国女画师卡尔的油画像。两幅相的年貌看来相差三十多岁，拍的那一幅，和慈禧的六十九岁年龄相符，画的那一幅，看来只不过是个三十来岁的徐娘。有人怀疑卡尔女士巴结慈禧，不敢将她的丑老之态照样写出来。此说盛传颇久，但究其实情，并不如是。现在这两幅像仍照旧时一样放在原处，也没有变动。

关于卡尔女士的画像，有很多故事可说，她本人也写过一本书叫《慈禧画像记》，中国有译本，说些什么，久已忘记了。杨云史的《江山万里楼诗钞》卷六，有两首诗，题目是："排云殿设孝钦皇后画像，望之如四十许人，图为美国克女士所绘，时后七十余矣。"诗云：

蓬莱正殿对仙山，环珮归来缥缈间。王母楼居三十载，至今鱼鸟识天颜。

寂寞金环掩碧峰，殿前清露滴杉松。玉阶秋叶无人扫，山鸟穿窗窥御容。

诗后又附以注云："侍郎裕庚之女德菱，法兰西产也，孝钦爱之，常居宫中。德菱与克女士谋后金，绘御容以献，后喜受之，索值十万金，退之不可。后怒甚，竟与之，泣曰：'一像安用十万金，天下谓我何？德菱以洋人欺我耶？'自是不许德菱入宫。"

这一说是很有趣的，但不完全是事实（画像时亦非七十余），杨云史写此诗时约在一九二四年至一九二五年之间，对于前朝不胜其眷恋，因为那时候他还在大做其遗老也。他说德菱（应作德龄，其妹容龄今尚居北京，为唐宝潮夫人，唐君已于一九五八年逝世）的母亲是法国人，那是讹传的。民国初年的随笔家，有不少说裕庚在上海取一法国籍妓女，生下此二女，这是诬蔑之辞。她们的母亲是满洲人，裕庚做驻法公使，她们在巴黎长大的。德龄是否与卡尔谋慈禧之金，今不可知，但绝不是"画像以献"，慈禧贸贸然收下了，卡尔就勒索十万金的。此像一共费时一年才写成，要慈禧坐着，由卡尔对着她的“御容”一笔一笔的写。介绍卡尔写像的是美国公使康格的夫人，一共画二张，一幅存排云殿，另一幅送美国圣鲁易参加展览会。画成后，慈禧打算送卡尔一些礼物，比较大方，但伍廷芳对庆亲王说外国人不讳言钱，正是“公之所送未必我之所好”，白银为妙也。结果慈禧命送一万元，并一枚勋章，由外务部转去。今人张慧剑的随笔（刊抗日战争期间重庆的《新民报》）说卡尔乃裕庚所介绍，“当时盛传此女师索画价至三十万美元，虽无可考，而国库所担负于此女师者，仅饮食与马两项，日已须二百余元，盖裕氏全家与女师俱就食于官舍（裕两子勋龄、肇龄特开一席）”。除“三十万美元”外，余皆事实。慈禧指定颐和园附近醇亲王奕譞的花园为卡尔之居停，又命德龄母女搬去同她一起居住，每日陪她进宫画像。以招待费一日二百元来计，一年就七万多，加上赏赐及那一万元笔金，也差不多十万元了。

至于卡尔女士画出来的慈禧“御容”何以活像三四十岁的女人，其中有一段故事的。原来画像时，慈禧不耐烦一坐就坐一两个钟头，她问卡尔可否令人代坐，卡尔说，画面部时最好不要别人代坐，画衣饰时无妨。但慈禧还不肯就范，时时叫德龄穿了她的衣服，坐在宝座上给卡尔照画，因此有时就不能画得准。画成后，走了大样，慈禧见了反而大喜，欢喜她为其“驻颜”云。

庚子年谈赛金花

今年的阴历年是庚子，六十年前的庚子是光绪廿六年(1900)，至今恰是一周甲。上一庚子中国发生了什么事情，读历史的人大都知道，我不想在此时谈些国家大事，倒是庚子年大出风头的名妓赛金花不妨谈谈。她在庚子阴历八月以后，确实在社会上很活跃过几个月。她死到今已廿四周年，在庚子年来谈谈她在上一庚子的故事，也许颇为“应时”罢。

我现在写赛金花的故事，不像另外一些人所写的她怎样在庚子年结识八国联军统帅瓦德西，怎样有义侠的行动，怎样功在国家，功在北京。我从我和她十余次会谈之后，知道她先后曾撒过大谎，后来并加以观察和考证，才知道她撒谎也大有原因的。事隔到今已廿六年，现在让我慢慢道来。

在廿八年前，人们久已忘记赛金花了，到一九三二年二三月间，京沪的报纸忽然又登载她的名字。于是人们又纷纷说她的故事，友人张竞生在上海知道她生活穷困，便为她发起募捐。过了一年，在北京的刘半农、郑颖孙、商鸿逵去访问她，想为她写一部《赛金花本事》，将版税所得，全部给她为养老之资。刘、商二人我不认识，郑君却是好朋友。事后我问郑君，他说这部书未写成，刘半农即逝世，后来似乎由商君续成。我虽然也曾买过一册，但久已失去。她死后，上海有家投机书商请几个才子急就成书，出版一册《赛金花故事》，无非将报纸上有关她的记事，全盘照剪下来，倒也洋洋大观，封面还大标“清代纪实史料”，但内容芜杂非常，编者洪渊，字寄萍（大概是假名字），还在书后附以“改正年表（1874—1933）”，说她生于“同治十一年十月九日”，但同治十一年是公历一八七二年，她死于民国廿五年，是一九三六年，这个“编者洪寄萍”连这些小事都错误，可见其编辑能力。既然“年表”著她出生年月日，但著她死时一条则大书“民国廿五年，卒于平寓，享年六十五岁，葬陶然亭”。他搜集报纸登载赛金花死时的情形，但却不从其中考出她死于何月何日，只拢拢统统说她死了，何以只重其生年，而忽略其死日？这也可见其编辑之胡涂（我的日记记载赛金花死于一九三六年十二月四日，即阴历丙子年十月廿一日）。

一九三四年三四月间，我从报纸上读到有关赛金花的新闻，知她贫困，很为她不平，认为她有功于北京市民，现在北京人竟然忘记她，对她略不加以援助，未免太过健忘了。那时候我住在东城灯市口三十七号的北辰宫旅馆，主人全绍周为人很热心，我便对他说想发动同住的客人前往访问赛金花，捐些钱慰问她。全先生很赞成，教我先将她的故事写一节略，待他通知住客，愿意参加的签名。我立刻照办，并在文中声明，往访时必定要送钱或礼物（最好是日用必需品，如米面食物之类）。全先生已托《世界日报》访出赛金花住址，是天桥附近旧日香厂的居仁里十六号。到访问之日，参加者共有十一二人，我们雇了两部汽车前往。我在车中发觉携礼物的人不足十分之三四，我还以为不送礼的，也许送现钱。怎知大谬不然，这种人也有胆量参加，可见社会上自有些怪人也！

居仁里是一条陋巷，全先生拍十六号的门，主人立刻请进。众人因为我熟悉赛金花故事，推我做代表，我自然义不容辞，向主人说明来意，并将我送她的白米、面粉两袋交给她，另一红信封，封了十块钱，我对她说，以后我每月帮忙她五元，这是两个月的“礼”。她千恩万谢收下了，连忙在房里拿出一盒名片，在座的人每人送一张，上印“魏赵灵飞”四字。我立即掏出手册，请她签名留为纪念。她是不大识字的，近年为了应付访问的人，也专练写“魏赵灵飞”，但这四个字的笔画极多（六十多画），她写来极慢而且吃力，还要对住名片照写。单是这样的寒暄法，已去了半小时。

我不好意思初次见面一开口就问她和瓦德西的故事，因见她的名片冠夫姓，便问她有没有魏阜欧（名斯灵，字复瓯，又作阜欧，江西金溪县人，曾任国会议员）的遗像，她连说有有，站起来领我进去她的卧室，墙上挂有她和魏结婚所拍的相片一张，其时赛年已四十六七，看来似三十徐娘，并不怎样美丽，且又身体矮短，实在不合美人标准。魏则人极魁梧，据黄秋岳对我说，魏面目黧黑，亦老丑，赛盖赏识其另一种本领也。（关于魏的故事，林庚白的《孑楼随笔》有一段记之。林熟于民初政坛内幕，且曾屡次参加政治活动，故其所记大都可信。他说：“李烈钧开府南昌时，赣人魏某绾度支，癸丑革命既挫，烈钧走海外，魏某囊括国帑以他适，其逾量则悉易黄金，南昌翠花街之金，为之一空。洎烈钧从军讨袁，觅魏某所在，从而贷行李之赀，魏某逆忆党人必非世凯敌，靳不应。索之急，则展转挽陈炯明以金镯一奉烈钧旅费。烈钧怒其贪而负义也，璧还之，笑语炯明曰：‘为我告魏某，翠花街之金已尽耶?’洪宪颠覆，烈钧且再起。魏某又趋跄其门，谄媚如故，烈钧优容之。寻魏某纳老妓赛金花，以淫佚死，附会迷信者谓是负义之报。”考赛金花在一九一七年随魏到北京，正是袁死后之一年，庚白所记殊确，庚白是著名左倾的国民党员，他这部笔记颇可一读。)

看过照片后，我才问她有没有在外国所拍的相片，她说有一些，但已在庚子年失去了。她提到庚子，我便趁势谈起庚子八国联军入京事，又问到她怎样遇着德国军队奸淫掳掠，怎样救了许多良民。一提到这些事，她好像是很高兴的，从她走难出京，事略定后回到北京起，一直谈到有几个德国军官敲她的大门找花姑娘止。这一大堆话足足讲了一个钟头，和她在报上发表谈话的内容大同小异，大概多是事实，否则不会如此前后吻合的。我问她是否和瓦德西同居仪鸾殿，她说绝对没有这件事，她只见过瓦德西一两次，而且见面时间极短。因为有德军到她家里找花姑娘，听到她会讲德国话，大为诧异，第二天便带了两个军官来她家中谈天，但她的德国话讲得很坏，不能畅谈，又再找翻译。那些德国兵才知道她是十几年前中国驻德钦使的夫人，于是对她很是优礼，后来有个比较高级的军官就带她去见瓦德西。她这番话我认为是老实话，但也颇失望，因为我心目中早已认定她和那个德国统帅有风流韵事，她在枕边一句话，德国军队就敛迹，这是多么有趣的事情。现在她说只是见见面而已，难道她害羞，不敢说真话吗？

过了半个月，我又和一批女学生带了礼物去送给她，这次只坐了半个钟头。此后两个月内，我去找她谈天有好几次，每次都有礼物。她对我熟络了，彼此谈话多不带客套，她才对我说实实在在只见过瓦德西一次，和他绝没关系。我就指出上海《申报》的北平通信所记她对记者的谈话，其中有记者问她在皇宫住了几天，她答在仪鸾殿一共住了四个月，瓦德西走时，要带她回德国，她不肯，他又叫她随意取宫中宝物，她也不敢。我问她，难道这些话是她撒谎的吗？她微笑答道："可不是！"我说为什么要这样呢？她答得很有道理，她说："新闻记者和读报的人都好奇，我对他们讲真话，他们不信，还疑我不肯说，我只好胡诌一些来打发他们。二来也可以博得一般人同情，帮帮我忙。像先生您既不是新闻界中人，我怎好对您说假话呢？"我才恍然明白她为什么要骗人的原因。

赛金花虽然在外国住过几年，但计算起来，在柏林的时间不过两年左右。洪钧是光绪十三年（1887）五月初三日被任命为驻德俄兼奥荷四国钦差大臣的，光绪十六年归国，除来往行程三个月外，她随洪钧在柏林最多不过二年(因公使在驻在国轮流居住，以驻德俄时间为多)，以二年短短的时间，学到什么德国话？何况她又未经过德国人教授，怎能会讲（德国）话呢？公使馆里连厨子也是中国人，她何从学德语？即使学了些门面应酬话，十年后早已忘记净尽了，所以我敢说她的德语比这儿国际女郎的英语是差十万八千里的。她既不善德语，怎会和瓦德西调起情来呢？可见她说和瓦德西没关系，是老实话。她也否认与克林德碑有关系，也是真话。一九三二年二三月间，《申报》载她谈话，说克林德被杀，我国愿立碑纪念他，克妻还不肯罢休，赖赛金花劝告瓦德西，使向克妻三番解释，克妻才不再争持云云。一九三二年四月四日天津出版的《国闻周报》，有《凌霄一士随笔》也引某报这段话，一士兄弟（这篇随笔是兄弟合写的，他们今日尚健存，数月前一士还有信给我，谈到病状）云：

此赛金花与克林德碑之关系也。而克林德碑之变为公理战胜坊，赛金花亦有可记者。民国七年世界大战以德国战败终，北京协约国方面之群众，狂欢之余，毁克林德碑。翌年，中国政府以碑石改建公理战胜坊于中央公园，昭参战之绩，庆战胜之荣也。落成之日，举行盛典，演说者大都作称心满意之谈。盖以强横若德国，凌侮我国已久，今我国竟仗公理之力，居战胜之列，积年国耻，遂得湔雪，其为荣也至矣。时赛金花为国会议员魏斯灵妻，自请演说，则纵论世界大势，而谓中国苟不自强，此不过几块石头搬家耳，乌足以言雪耻？语颇警辟，闻者叹异。（友人张次溪最好事，赛金花死后，他和北京人士设法葬之于陶然亭畔，并请其师杨云史作《灵飞墓诗碣》。次溪的《北京闻见录》也有一段记她在中央公园演说的一番伟论，与一士兄弟所引某报所记者同，今不具录。）

赛金花能说这些话，是令人佩服的，但据她对《申报》记者谈话而刊在《赛金花故事》一书者，则完全与此相反。今录之于此：

问：近来有人又请你演说乎？答：我一生最怕演说……我还记得欧战和平纪念会，老段（引注：指当时的国务总理段祺瑞也）率众位大官，在东城上街上，拆下那块克林碑（引注：应作克林德碑），我当日同着魏老爷去参观，他问我为什么不说两句话，你与此碑有关系呢。我即断然拒其演说之情，仅取回红花一朵，存我箱中，作为纪念。问：你与此碑的关系如何？答：李鸿章与各国议和不妥，即因克林夫人要求太苛，仅仅立一石碑，她不答应，我乃从中拉拢，对她说，此碑在中国，只有皇帝家能立，平民是不许的……克林夫人经我这一说，始慨然允诺。

一家报纸说她在演说时发伟论惊人，而另一家则说她并没有演说，但“功在国家”（即说服克林德夫人）则一。到底我们信哪一个才好呢？其实尽不可信。克林德夫人无论如何都是当日西欧一贵妇，她肯接见一个贱妓赛金花听其劝告否？即使肯的话，也要赛金花能操极流利的文雅德语，舌灿莲花，方能感动克夫人，绝不能假力于译人的，赛金花办得到吗？世人不察，以为她住过柏林几年，便精通德语，必定是她劝服克夫人了，天下哪有这般容易的事！

现居台北的齐如山先生，今年八十六岁了，一九五三年他出版一部《齐如山随笔》，其中《关于赛金花》一章，说到他偶然在瀛台见到赛金花和两个军官，齐如山同赛谈话，又远远看见瓦德西跟站岗的兵说话，这两个军官露出不安之色，其中一个说瓦不会进来的，后来瓦果然走了。这两次赛都不敢见瓦，所以齐如山测度她没有见过，就是见过，也不过一二次，时间也一定很短暂，至于委身于瓦，那是绝对不会有的。齐如山又说到他在那时候做些买卖，碰到赛也办些货，交给德军的粮台总管，赛求齐向那个总管翻译（因齐乃同文馆德文科毕业生）讲些好话，请他照收了。假如赛的德语讲得通，又是瓦的身边儿得宠的人，她还不直指着那个总管的鼻头，喝他全部收下么？齐如山提出这个有力的证据，可以断定赛以前所说的全是谎言，我极同意他的说法。在庚子年与赛打交道的人，今日生存者恐怕只有齐如山了，所以他的话是值得参考的。杨云史所作的《灵飞事迹》也说到李鸿章绝没有托赛金花之事。杨说，和议时，他父子两人都在鸿章幕中，如果有这些事，总会知道的。

关于赛金花“功在国家”的事情说得太多了，我现在想引两段非常罕见的文字，谈谈赛金花在庚子失势后入狱的情形。首先摘录陈恒庆的《归里清谭》（陈氏是山东潍县人，为清末名御史，此书是民国六年（1917）上海小说丛报社印行，封面标《谏书稀庵笔记》，而误署作者为陈庆溎。其实陈恒庆别名“谏书稀庵主人”，书中所叙行事宦历，皆无不相合，与广东籍御史陈庆溎绝无关系，今为正之）于此，以助读者兴趣。

（赛金花）于是声名藉甚，车马盈门矣。至吾家相府请安者数四，余因得识面焉。初见时，目不敢迫视，以其光艳照人，恐乱吾怀也。庚子岁，拳匪起……德国元戎瓦达西者，为八国统领，原与金花相识，一旦相逢，重续旧好，凡都人大户，被洋兵骚扰者，求金花一言可立解，以此得贿巨万。洋兵既退，其名益振，人皆称为赛二爷，门前榜曰“候选曹寓”，曹盖金花之本姓也。家蓄雏妓四五人，以代其劳，终日安居楼上，非有多金贵客，不下楼一见也。

夜与同梦者，多紫缰黄绊而至，群呼楼上为椒房焉。其性残忍，一雏妓为其笞死，瘗之楼后，为人控告。时余正巡视中城，委指挥赵孝愚持票往传。至其家，有娘姨数人婉言进二千金，放其逃走。赵指挥本为安丘富绅，不允其请。又诡云："夜间被窃，失去中衣，不能行也。"指挥将饬城役往购中衣，彼知不能逃，乃登车至城署。五城御史多与相识，不敢堂讯。咸曰："此乃命案，例送刑部。"乃牒送之。堂官派一满一汉两司员鞫之。上堂时，满员先拍案恫喝，金花仰面视曰："三爷。你还恫喝我？独不念一宵之情乎?"满员乃由后堂鼠窜。汉司员正人也，谛视其貌久之，心怦怦动，旁有供录者，笔落于地。司刑隶手软不能持锁。司员乃叹日："此祸水也，吾其置之死地，以杜后患。"此语传出，诸要路通函说项者，纷至沓来，坚请贷其一死。乃定为误伤人命，充发三千里，编管黑龙江，而说项者又至矣。乃改发上海。余闻之笑曰："蛤蟆送入湿地矣。"例由五城押解，复委赵指挥押登火车，送至良乡县，县官恭迎于车站，告赵指挥曰："下官敬备燕席，为二君洗尘。"乃同入县署，赏名花，饮佳醴。翌日赵指挥回城覆命，余曰：东坡有句云："使君莫忘霅溪女，阳关一曲断肠声。当为君咏之。"近闻金花已物故，年不过四十也。

所记很有趣，描写其艳冶之处使见之者手软笔落，虽形容未免过火，但不如是不足以见其动人。所谓“相府”，乃恒庆之伯祖陈官俊之旧第也。官俊官至协办大学士，算是宰相。作者谓金花已物故，其实那时候她正和魏阜欧同居北京，下一年在上海结婚。

另一材料是一首写赛金花在狱中的诗。作者吉同钧，陕西韩城人，光绪十六年（1890）进士，官刑部主事。她入狱时，同钧正以主事署提牢，其《乐素堂诗存》有癸卯（光绪廿九年）作《狱中观妓赛金花感赋》五古一首，并有小序，今分别录下：

庚子之变，联军入都，德督瓦某，僭居西苑，金花以能操德语，前往迎迓，瓦见而狎焉。瓦好杀，居民苦之，金花为缓颊，多获宥者，由是名倾一时，知与不知皆仰慕之，洋人至影其像以相夸异。其动人欣羡类如此。今夏以毙小嬛逮入狱，人皆指为淫报，而怜香惜玉者流，又复群相惋惜，替花请命。嗟嗟！人各有心，憎花者固为方领矩步之俦，而怜花者亦不尽倚翠偎红之辈，其用情皆未可厚非也。余久耳其名，观其像未目睹其容，今闻定谳，拟递籍，行有日矣。窃谓薛涛苏小，好事者想象其美，至于累牍连篇，相与歌咏于数百年后，今绝世名媛，近在咫尺，而不一睹芳容，讵非憾事？适代署提牢，入狱察诸囚，次及花，果然丽出肌表，虽秋娘已老，犹娇娆如处子（引注：

赛金花是年三十二岁，其入狱在光绪廿九年夏，坊间出版的《赛金花故事》所附的年表，作光绪三十一年，大误），洵天生尤物哉！见余遥屈一膝似有乞怜意。夫猛虎在深山，百兽震恐，一入陷阱之中，摇尾而求食。赛金花当得意时，非达官贵人不得一接芳泽，及幽身圜扉，虽以余之卑老，犹若贴耳俯首，望其救援，岂不重可惜哉！诗曰：京都多名妓，艳说赛金花。车马门如市，宾客列坐嘉。争求识一面，声价高云霞。腰乏十万贯，徒抱虚愿赊。一朝入囹圄，阴院黑云遮。妖星临贯索，泪雨湿荷枷。乞怜犬摇尾，束缚免罹罝。我署提牢职，放饭趁晚衙。鸡鹜群争食，一鹤静不哗。见我屈一膝，请安礼有加。涂泽去脂粉，艳如碧桃葩。小蛮腰肢细，杨柳新吐芽。花甲年逾半，犹如初破瓜。含情羞掩面，犹似抱琵琶。谛视未了了，忽被禁卒拿。须臾双扉阖，深琐不可挝。归来思不寐，深夜趺坐跏。

名妓赛金花的状元丈夫

清末名妓赛金花的故事，至今还为人津津乐道。三十年前中华书局所编的《清朝野史大观》卷四，记赛金花出使趣事一则，事很有趣，但不大可靠。书中没有注明来源，似乎是录自蒋芷侪的《都门识小录》，今摘钞于此。

洪钧简俄德奥荷钦使，纳名妓傅彩云，携之航海，路出伦敦，英皇请公使夫人赴宴，傅盛妆而往。维多利亚颇加青眼，曾用电摄法与之合留小影。故樊云门方伯增祥《倩云曲》（应作“彩”——引注）中有句云：“可怜坤媪山河貌，曾与杨枝一例看！”缪祜孙江阴人，派往出洋游历者也，洪要之俾充参赞。一日，由俄赴奥，公使夫人上火车，参赞随员俱须站班伺候。缪曰：“此班诸君能站，我不能站！”于是一倡百和，纷然各散。事后洪衔之刺骨，五年期满，不为保举。缪往俄京游历，不为咨照，缪大恚。时洪画帕米尔界，有侵溢处，缪著书立说，尽情攻击，自是劾洪者日凡三四起，洪以是抑郁而亡……

这个说法，除了缪祐孙果有其人而外，类多不可靠。祐孙字幼丞，荃孙的从兄弟，他在光绪十五年（1889）跟洪钧出国时，还向李慈铭索画为纪念。他在俄国三年，著有《通俄道里表》（刊《小方壶斋舆地丛钞》），这部书的价值如何，我不敢说，因未见过。至于洪钧画帕米尔界有侵溢处云云，其实此图非洪所画，而是洪所译画，根据俄人之原本也。他所画的，一为《中俄交界图》，是光绪初年俄人所制图的原本，洪钧译绘后，携之归国，用色印，共三十五幅。一九三四年，北京平民社重印，亦三十五幅，但合为一幅；一为《帕米尔山水形势图附说》，今存外交部，是光绪十六年（1890 年）洪钧在俄使任内咨送总理各国事务衙门的。此图未见印本，不久后，帕米尔争界事起，大理寺少卿延茂劾洪钧所译地图，画苏满诸卡置界外，致边事日棘，劾其贻误大局。清廷下其事于总理衙门研究。同官皆言洪钧所译之图，本来是以备考核，并非用来做证据的，也非专为中俄交涉而译绘，安能归咎于此图？清廷乃置不问。

其实，劾洪钧者只有大理寺少卿延茂及左庶子准良而已，并无“劾洪者日三四起”之事。洪钧以状元出身，平素留心史地之学，著有《元史译文证补》三十卷，光绪廿三年（1897）出版，日本明治三十五年（1902）也有刊本。此书是他在俄国时所译关于蒙古史西方所传资料，以补元史所佚，在史学中有极大贡献。

李鸿章时主外交，常与洪钧通讯，每致书洪钧，皆备极称许。关于注元史一事，鸿章给他的信有云：

近闻博征西事，以注元史，元太祖用兵西域，最为奇伟，开国既无方略可征，明初史臣，识限方隅，又不能详具本末，遂令后之读史者如堕云雾，如谈鬼神。近代龚魏（引注：龚定庵、魏默深）诸贤，奋然有志于考索，而未能广致域外之书。前数年，有黄楙材者，著《西徼水道》（案：楙材字豪伯，上高人，熟于舆地之学，官至知县，著舆地测量书十余种），亦颇能言当时兵事大略，惜足迹仅至印度而止，且亦出于潜行窥测，正有类于前人所论张骞、常惠情形，自难详审。今执事以辅轩大使，征海国异书，遂使六百年阙略茫昧之遗编，粲然可睹，且因此上溯汉唐旧史，亦各按籍可稽。若使前贤有知，当复如何惊羡？此非绝代通博之才，而值今日开通之会，是岂易言？执事成此盛业，何止突过晓汀（案：钱大昕），卑视仲约（李文田）而已。

李鸿章对于洪钧的著述，极为称赞。《清史稿·洪钧传》也说他“嗜学，通经史，尝撰《元史译文证补》，取材域外，时论称之”云云，可见其学问一斑，因为清代百多个状元中，能讲实学者不过数人，洪钧是其中的一个。他的《元史译文证补》影响很大，出版后，东西洋研究元史的学者如法国的伯希和、汉比斯（L. Hambis 伯希和的弟子），德国的葛鲁贝（W. Grube），苏联的郭真（S. A. Kozin），日本的小林高四郎、白鸟库吉，我国的历史学者王国维、陈垣、陈寅恪（三君精于元史，陈寅恪还精通蒙古文、德文）等人，无不案头置有此书，以备参考。

洪钧早死赛金花四十多年，她的名字到今日还为人所知，但一代史学家洪钧，只为少数研究专门学问的人所称述，而在一般人的口头上他还要得力于赛金花，才被人搬上舞台，写入小说。他死后还要藉名妓之力，才能在流俗人口中传名，这是洪状元生前万万料不到的。

洪钧事迹，《清史稿》有传，很容易看到，但他的墓志铭两种则不易见。现在我将钞录所得，摘要披露，使洪钧本人整个事迹都易于为人考究，也是历史资料也。第一种墓志，是台湾道顾肇熙撰文，吴郁生书丹，汪鸣銮篆盖（吴、汪皆洪钧翰林后辈），文云：

国家自道光二十二年始允泰西通商之请，阅二十年乃置总理各国事务衙门，以王大臣领之，又十年而后遣使聘问诸国，慎简贤能，颁给钦差出使大臣关防，三年一任，盖递重其事矣。同县洪公，以阁学奉命出使俄德奥荷四国，迁兵部侍郎，任满归，奏对称旨，充总理各国事务衙门大臣。光绪十九年八月二十三日，疾终京邸。遗疏上，天子震悼，有“才猷练达，学问优长，尽心职守，办理妥协”之褒，谕赐祭葬，赏延后嗣，饰终之典，视常例有加。孤子洛既奉公之柩归里，乃邮状抵余台湾，言将以明年九月某日葬公于县之西乡十一都十二图墩字墟，赠光禄公茔次，请为之铭……按状：公讳钧，字陶士，号文卿，先世自徽州歙县迁吴。曾祖讳士树，候选运同，妣王、李；祖讳启立，国学生，妣巴；考讳垣，候选从九品，妣潘，三世皆以公贵，诰赠光禄大夫，妣皆一品夫人。公年十八入吴县学，同治三年，举于乡，七年成一甲一名进士，授修撰……凡八迁至内阁学士，兼礼部侍郎衔，时光绪九年也。以母病，疏请开缺归，明年丁太夫人忧。服除，以原官充出使大臣，转兵部左侍郎。一为顺天乡试同考官，视湖北、江西学各一，典陕西、山东试各一……公性孝友，幼颖异。家道中落，父兄欲令习贾，涕泣跪请卒业……自廷试第一，未散馆即视学湖北，感激知遇，锐志报国。属司文柄，简阅精审，惟恐失人。光绪五年主山东试，人文为各省冠。六年视学江西……九年河决山东，朝廷命侍郎游百川驰往筹度，议开徒骇、马颊二河。公奏其未谙河务……臬司潘骏文熟悉河务，新获谴，无敢举者，力言其可用。疏入，旋命游百川回京，起用潘骏文，河患渐纾，实自公发之……出使外洋，廉正自持，守约不挠……中外交涉繁要，多以电通信，外国用三马电，中国用四马电，费倍蓰，公创以干支代一十百千字，亦成三马电，岁省经费钜万。其精敏类如此。既入总理衙门，力持大体，勇于任事。淞江教案起，西人获谤书，牵涉湖南道员某，欲得甘心，当路亦思重惩，以儆效尤。公持不可，谓徇人意，如国体何，其人卒得保全……向者使还，道经红海，感受暑湿，病伏甚深，一旦触发，遂以不起……

公生道光十九年十二月初八日，年五十有五。配何夫人。子一，洛，县学廪生，复由荫生通判改工部郎中……女一，庶出。公之使海外也，于俄罗斯见元代旧史本回纥文，凡更数译，审为元代藩属旧史，详于西北用兵。公得之甚喜，谓足补元史疏陋，于是遍考元人官私书及关系元史诸记载，手自纂辑，成《元史拾遗》若干卷。搜异域之佚闻，订中国之惇史，古未尝有也。铭曰："昔班固氏传西域，慨叹汉使益得职，惟公三年历四国。平迁一官依品秩，明修《元史》病荒率，史臣自责惮考核。鄂罗斯文本回纥，纪朔漠事颇翔实，公既觏止等球璧。私幸谋于野则获，爰召舌人通累译，手自濡染奋大笔。俾阙者完疏者密，千秋裘非一狐腋，彼楮先生何足述。武库乃有左传癖，旁行斜上成都帙，宜进史底藏石室。千秋不朽视方策，吾铭匪私秘真宅。”

我们读这篇墓志铭后，知道洪钧有一子，名洛，又有一女，是庶出，但侍妾姓什么，文中没有说明。照例铭文中有提到他的妻子姓何，提到庶出之女时，应该也说“女某某，侧室某氏出”才对。而竟然绝口不提，大概此妾即下堂而去的赛金花，而此女即在柏林所生的“德官”耶？(赛金花对新闻记者说她在柏林诞一女，名“德官”。)铭辞中的“千秋裘非一狐腋”，原文“秋”字是“金”字，吴郁生书写时误作“秋”字，遂不可读。据闻刻上石后才发觉，但已经来不及修改了，这在金石史中成一趣事。(光绪廿六年庚子夏，同和修撰在北京为先祖写神道碑，将“宦游四方”的“宦”字误写，遂不成辞，刻成后墨拓视之，才知大误。后一字与宦字音义皆不近，只形似耳。吴郁生事可谓后相辉映。)

洪洛之死，在光绪二十年（1894)，后来洪钧之孙改葬洪钧，又请其乡后辈费念慈（光绪间名翰林）作墓志铭，今录后与上文合看。文云：

兵部左侍郎洪公既葬西津桥之逾月，公子洛以毁卒。其后二年，孙杲始克改卜于大滚山之麓，奉公之柩而迁焉……俄罗斯为国，古乌孙地也，公求得古元时旧史所载记，皆畏吾文，译归以校史，多所勘正。成《元史译文证补》若干卷。既殁，陆祭酒师为校写付梓。……子洛……不胜丧而卒，妇陆，事祖姑疾，夜起积寒痹，闻公凶问，惊哭遽绝，今并祔于公墓。洛无子，何夫人命以公从子涛之子杲为之后。念慈与涛同举于乡……

我们读后，知洪钧只一子，子死，以侄洪涛之子洪杲为子。他的遗著《元史译文证补》，是陆润庠校写付印的，洪洛是陆润庠的女婿。顾肇熙撰的志文说到洪钧保全湖南道员某，没有举其名，费氏志文说这个道台名周汉。

洪钧的著作，除上举《元史译文证补》外，似乎还有一种未完成的作品，其详细内容今不可知。李鸿章给他的信有云：“执事拟就西国大政，照中国六曹分门荟萃成书，此真有用巨编，不朽盛业。近述日本政治者，如黄遵宪、顾厚焜等，各有成书，然蕞尔之国，网罗易详，且系同文，则钞集尚多原本。若欧西大邦，取材浩博，又无一处不借资翻译，固非通晓今古而又有大力者不能也。”又云：“近闻絜敦余闲，殚精著述。曩者采风之使，每多排日之编，然皆叙次行程，略同游记，未有网罗大政，汇集成书如尊著所拟义例之宏大者。蔚宗六夷之精思，端明海外之奇作，摩挲老眼，以待异书，犹能效王胜之偏读一过也。”

可惜洪钧此书未能问世，内容不知如何，是否比其他出使者所记大有不同，值得李鸿章这样钦佩。照我忖测，洪钧大概有此雄心，已定下了“义例”，在外国未写完就中止，甚至可能还没有下笔呢。其实即使著成，恐怕也没有《元史译文证补》那样具有价值，不写也罢。

李滋然救康有为

康有为在戊戌政变被通缉以前，也发生过一件小小的文字狱，几乎被革去举人，甚至有被斩之虞。这件事的经过颇为曲折，世人知者不多，而为康、梁年谱所忽略的。现在照我所知的详述于此。

据《康南海自编年谱》光绪二十年（1894）三十七岁一条所载：

七月，给事中余晋珊劾吾惑世诬民，非圣无法，同少正卯，圣世不容，请焚《新学伪经考》，而禁粤士从学。沈子培、盛伯熙、黄仲弢、文芸阁有电与徐学使琪营救，张季直走请于常熟，曾重伯亦奔走焉，皆卓如在京所为也。以电文“伯熙”二字误作“伯翊”，徐花农疑为褚伯约之误也。时褚方劾李瀚章，而余之奏实乡人陈景华贿褚为之，李畏褚，遂令自行焚毁，粤城谤不可闻。

康有为自言如此，他说梁启超在北京奔走于沈曾植、盛昱等人之间，请其营救。丁文江的《梁任公先生年谱长编（初稿）》一书上册第二十二页说："是年七月，南海先生的《新学伪经考》为余晋珊，安维峻等参劾，那时候先生在京，多方奔走，结果只是奉两广总督谕令，自行焚毁(其详见《南海先生自编年谱》及《翼教丛编》卷二)。"梁谱所说也很简略。

康有为所说的陈景华贿褚成博奏劾，也不尽可信。陈景华是光绪十四年戊子（1888）举人，是科正副主考为恽彦彬、褚成博（褚有曾孙某君，十五年前已来香港，今仍服务某报)。褚成博为人很有正义感，不是金钱所能动的。两广总督李瀚章（李鸿章胞兄）谕令康祖诒康有为毁去《新学伪经考》实出其本意，瀚章指派准补电白县李滋然查办此案，滋然呈覆，请"免予销毁"的。瀚章老于官场，认为对言官方面也要给点面子，免使他们生气又再兴风作浪，所以令康祖诒自行毁板，李滋然是有大恩于康有为的。一九三七年二月我到广州省亲，隔壁住的是表兄陈殿臣(他是光绪廿九年举人，香港富商，又是太平绅士。一九三三年破产后，回到广州居住)。我们的两所房子兴建于光绪十九年（1893），当时殿臣只二十岁左右，在广州求学，两家的尊长派他就近督工。殿臣和我谈到李滋然保全康有为功名性命的经过，据他说先君对此事也尽了一些绵力。原来我家的大厦筑成入火之日，先君也请他的同年李滋然饮宴。（李是四川长寿县人，王湘绮尊经书院的高足，戊子中举人，下一年成进士，以即用知县派往广东，是为光绪十五年。是年秋间乡试，滋然奉派为房考官，梁启超、李家驹出其房，称李为房师。梁士诒亦以此科中式，出平远县知县陈绍棠房。到光绪十九年乡试，康有为中式，梁士诒之父知鉴亦中式，出李滋然房。二梁之考试故事有此因缘也。）客散后，先君独留李滋然夜谈。李谈及奉命查办康祖诒事。先君就对他说，闻说康的学问很好，是广东有数的读书人，请李滋然为广东留多一粒读书种子。李说他本有此意，今经老同年这样一说，他更应为康祖诒洗脱了。殿臣说，以上这一番话是戊戌后先君对他所说的，从未对他人说过。现在我把御史劾康祖诒一案的前前后后写出来。

光绪十九年（1893）秋，康祖诒中了举人（康中举后，不肯认座师房师，所以他的年谱中没有说房师为谁，梁谱也没有说李滋然是梁的房师），下一年甲午入京会试，因足疾临时回广东，到光绪廿一年乙未才中进士。如果他在光绪二十年被革去举人，也许就没有乙未公车上书一事。如果他被正法，也许更没有戊戌政变一事了。甲午（光绪二十年）七月，御史安维峻奏请毁禁康祖诒的《新学伪经考》一书，有云："康祖诒以诡辩之才，肆狂瞽之谈，以六经皆新莽时刘歆所伪撰，著有《新学伪经考》一书，刊行海内，腾其簧鼓，煽惑后进，号召生徒，以致浮薄之士，靡然向风，从游甚众。康祖诒自号长素，以为长于素王，而其从亦遂各以超回轶赐为号……"又说："六经训词深厚，道理完醇，刘歆之文章，具有汉书，非但不能窃取，而实无一语近似。康祖诒乃逞其狂吠，僭号长素，且力翻成案，以痛诋前人。似此荒谬绝伦，诚圣贤之蟊贼，古今之巨蠹也。昔太公戮华士，孔子诛少正卯，皆以其言伪而辩，行僻而坚，故等诸梼杌浑敦之族。今康祖诒之非圣无法，惑世诬民，较之华士少正卯，有过之无不及也。"末后谓："相应请旨饬下广东督抚臣，行令将其所刊《新学伪经考》立即销毁，并晓谕各书院生徒及各属士子，返歧趋而归正路，毋再为康祖诒所惑。至康祖诒离经畔道，应如何惩办之处，恭候圣裁。"

安维峻原折措语甚重，他不但要烧毁康有为的书，还要请光绪帝下令诛其人。若李瀚章不替他（康有为）洗脱，而是火上加油，列举康祖诒种种离经畔道之实迹，大兴文字之狱，康必被革斥，即不正法，也会永远坐牢的了。李瀚章复奏，文末谓：“揆诸立言之体，未免乖违，原其好学之心，尚非离畔。其书于经义无所发明，学人弗尚，坊肆不鬻。即其自谋生徒，亦皆专攻举业，并不以是相授受，虽刊不行，将自澌灭。似不至惑世诬民，伤坏士习。惟本非有用之书，既被参奏，奉旨饬查，自未便听其留存，臣已札行地方官，谕令自行销毁，以免物议。至该举人意在尊崇孔子，似不能责以非圣无法，拟请无庸置疑。”一场大风波，被李瀚章轻描淡写平息了。军机处寄谕李氏的文中，本有“革办”字样，如果他兴风作浪，康有为殆矣！

李瀚章收到军机处的寄谕后，即派李滋然查办，其指令有“迅赴坊间调取康祖诒《新学伪经考》一书，有无离经畔道等情，详悉查核，分别签明禀覆，以凭革办”。这个“革办”字样，就是李氏根据北京的寄谕而来的。李滋然本是四川人，以外省人而来暗中查办此案，人地生疏，未必能详知实情。但这件案子有关学术问题，李滋然邃于经学，精研体文，家学渊源深厚，为光绪朝名进士，他著有《周礼古学考》十一卷（宣统元年排印本）、《四书朱子集注古义笺》六卷（光绪年排印本）、《群经纲纪考》十六卷（宣统年在日本铅字排印本）、《四库全书书目表》四卷（北京京华印书局排印本）。他的父亲李曾白也是研究经学有素的，著有《尔雅旧注考证》二卷未成，由滋然补考，在光绪年间刻成（曾白似系殉难职官，李滋然得到个云骑尉世职。俟再考）。李瀚章派他“详悉查核”，李滋然自然胜任愉快的。滋然查后签覆略云：

遵即亲赴书坊，调取《新学伪经考》一书，详加查核。此书大旨以尊崇孔子、攻诘刘歆增窜六经为主，自命为二千年未有之卓识，全书据援之博，雠校之精，深思锐入，洵可称艰苦卓绝。但自信过深，偏见遂执，有不合己意者，则妄加窜改，反诬为古人所窜入，深文剖击，不遗余力，岂足为定论乎？今就全书详加校阅，有不可据者十条，签帖原文，恭呈大鉴。其立论虽主诋汉儒，其大旨犹为尊孔子。若律以离经畔道，则全书并无实证。伏读圣朝功令，文人著书立说，其有诋毁程朱，显违御案者，则应亟行毁板，不可听其刊行，如毛奇龄《四书改错》之类是也。若汉魏诸儒，门户是非，从古水火，今文古文，排击聚讼，自汉迄今，实难数指。国朝阎若璩《古文尚书疏证》，王鸣盛《尚书后案》，孙星衍《尚书今古文注疏》，魏源《书古微》，皆攻古文《尚书》之伪；刘逢禄之《左氏春秋考证》，万斯大之《学春秋随笔》，攻《左传》之伪者也；魏源之《诗古微》，攻《毛诗》之伪者也。诸书皆经儒臣先后奏请或收入《钦定四库全书》，或采入正续《皇清经解》。虽提要所标详，不无疵议，而圣朝宽大，类皆纠其误而存其书。

该举人《伪经考》不过就各家所说，折衷己意而推阐之，细考全篇罅漏甚多，虽自命甚高，而著论无坚朴不破之才，立说鲜灏博周匝之笔，故刊板已行，而信之者少。若遽目以非圣无法，惑世诬民，不特该举人罪不至此，即取全书之词义以观，亦断不能到言伪而辩，行僻而坚之一境。即其书具存，亦不过一二门徒互相标榜而已。至谓其能煽惑后进，靡然向风，如是书之前后乖违，自相矛盾，尚未有此学力也。至该举人以长素为字，已自童年，因其行一，故为长，粤中士人久知之，盖取《文选·陶征士诔》“长实素心”之语，非谓长于素王也。又遍查全书，录称门人姓字者不一，实无“超回”、“轶赐”等语，确系外间诋毁哗笑之言。谨据见闻所及，详为述呈，可否免予销毁之处，恭候宪裁。

李瀚章的覆奏，就是根据李滋然这一签复增减而成的。疏上，康祖诒的一场文字风波就平息了。关于康有为门徒中有“超回”、“轶赐”这种名字，市井所传已久，故御史摭拾入诸章奏，即后来李伯元写《文明小史》说部，也有这些名字，以“超回”影射梁启超（启超死于1929年，上海一个文人王均卿，雅善联语，作联八首挽之，其第五云：“轶赐超回，数遍康门人材，晚节克全终，草堂中尊此为弟子三千班首；变法蒙难，记否满廷后诏，淫威纵大肆，蓬岛外购不到我公十万生头。”王氏名文濡，吴兴人，南社名士也)。戊戌后，康有为不用“长素”为字，改字更生，以记念重生之意，到一九一七年复辟失败，又再改字“更甡”，则令人齿冷矣。

滋然久官广东，先后为电白、曲江、揭阳、顺德知县。光绪三十年（1904）任曲江知县，下车未久，即考试观风，其告示以骈文出之。友人刘君筱云，方在曲江授徒，尚记其中数语，日昨为余诵之云：“铁马金戈，碧血痛先人之烈……嗣驱帝京之马，珥笔蓬山……”结句云：“共勉前修，好树十年之木。特示。”可见他对于地方的文化很重视，但后来任顺德县，却被总督岑春煊劾他办学不力，奏参革职。(所谓“观风”，是旧日地方官到任后，欲知当地的文化水准如何，来一次考试之谓也。滋然曲江观风题，刘君尚记得有《曲江冈赋》（古体），《九成台怀古》（七古），《拟卢同月蚀诗》，《岭南新乐府三十章》，《明乐府三十章》等题。附记于此，以存地方文献及李君轶事云。)

光绪三十三年（1907）十月，他的门生李家驹为驻日公使，用他为随员，不久获起用，赏县丞。宣统登位，皇帝要读书了，滋然进呈他所著的那几种书，得旨褒奖，赏主事衔，以学部小京官用。辛亥后，滋然不愿出仕，回到故乡，祝发自号采薇僧，以遗老自待，著有《采薇僧集》，民国初年刻于四川。滋然字命三，他的门人都称他为命三先生，死于何时我不大清楚，因为香港没有四川的老辈文人可以询问。

此案的经过情形大抵如此。假使李滋然是个风尘俗吏，不爱重读书人，自可在其查办后的覆呈中竭力说康有为的坏话，至少康也要被革去举人，大则失去生命，非梁启超等人在京营救所能为力的。因为清廷查办外省案件，大都根据当地的大吏报告为准，案情重大的才派钦差前往查办也。

康有为的大弟子韩文举

清光绪十七年（1891）康有为三十四岁，在广州长兴里开万木草堂，韩文举称弟子就在这一年。韩文举是番禺古坝乡人，字孔庵，号树园。少时有大志，他去拜见康有为之时，将他的旧作《主静立人极说》为贽，大谈他的治学方法。康有为读完他的大文之后，见这个二十八岁的青年志气不可一世，便故意不肯收他做学生，将他挫折一下。经过数次会谈，对他了解得多了，康才答应他拜门。

康有为的大弟子中，自以梁启超（他早韩文举一年拜师的）的成就为最大，变化也最多。若以做学问的功夫来说，在精湛与深度方面，梁似乎还不及韩。韩文举专门治经，致力札记，又研究庄子，皆有心得。据他晚年对人说，康有为的《新学伪经考》一书，大部分是出于门弟子编集之力，而出力最多的就是他。可惜韩文举经过戊戌政变一役之后，也因党祸逃往日本，从此便心灰意懒，不想做志士，而愿肥遁自甘做个隐士，一任梁启超飞黄腾达，在学术界出尽风头。他宁愿在广州、在香港教几个小孩子念书，世人竟然不知道社会中还有一个万木草堂的大弟子存在。他终于在一九四五年一月，死于香港，享年八十一岁，他在享寿这方面为康梁所不及。

光绪廿三年（1897），陈宝箴、黄遵宪、谭嗣同、熊希龄等人在湖南省城设时务学堂，聘梁启超担任总教习，康有为推荐韩文举担任分教。据他的门人伍学韬所作的《韩树园先师事略》说：

创时务学堂，复主讲席暨《湘学报》笔政，开湘省新学之风，一时俊杰如蔡锷、李炳寰（李号虎村，同唐烈士死庚子汉口之难），范源濂辈皆出门下。戊戌政变，遭遇党锢，东渡日本，执教横滨大同学校，兼主《清议报》、《新民丛报》笔政……光绪某年举应经济特科，不赴。旋与张学璟漫游南洋群岛，谋植实业，不果成，归粤任南强公学校长。辛亥国变，南强被民军霸占，员生散四方，师则走香港。迨袁世凯、黎元洪执政，迭使征聘，不顾也。中山大学亦曾两度聘任教授，均辞弗就，乃设馆羊城西觉是草堂三年，就馆三水麦氏（在羊城），防城杨氏（在香港）者各数年……师毕生致力宋明理学，先儒学案，恒不释手，尚名节，甘淡薄，笃于师友之谊，而能济人急……四十前著作甚丰，散见《时务报》……《新民丛报》，惜无可搜集。尝心仪王猛为人，以“扪虱谈虎客”笔名，著《近世史》若干卷，《舟车醒睡录》一卷，亦久经散佚（韬案：《舟车醒睡录》是述遗闻轶事，此两书在光绪末年上海广智书局曾印行，广智歇业后，韬迭询诸前辈及同门，均无有庋存者）……四十后绝不为文……

所述可略见其为人。他用笔名所写的那部《近世史》，其实就是《中国近代秘史》，后来似乎在中华书局重印，分平装与洋装二种，我都买有。此书述清代遗闻佚事，多道听途说之词，不足据为典要，大概他是拙于史学的。因为这部书殊无参考价值．我早已遗弃在上海，不常带在身边，但三十年前好谈秘闻掌故的文人，却奉之如圣经，大加利用呢。

辛亥后，梁启超在政界上红极一时，他的心爱门生蔡锷又是革命伟人，韩文举对他们绝不有所求。他的门生范源濂做教育总长，知道乃师淡于名利，也不敢请他出山，只请他到北京游玩。他欣然就道，到京后，住在任公梁启超家中，范氏范源濂执礼甚恭，请他任北京大学教授，他拒绝了。他为什么要拒绝，我不十分了解。他在北京住了一个多月就南下回故乡了。后来蔡锷在云南起义，派人送信和路费请他入滇，他也拒绝，好像天下兴亡，匹夫无责一般。不知是否他冷眼见民国那班伟人都不是东西，以不参加政治为妙。到一九一七年，康有为贸贸然跟着张勋搞复辟，他满以为这个大弟子必会跟着他去成此“大业”的了，但韩文举大事不胡涂，他对老师说：“老师尝受德宗景皇帝知遇大恩，去参加大事，自然是义不容辞，若弟子久居江湖，无心魏阙，希望以后做个寻常百姓，以终天年就够了。”他早瞧出复辟把戏必不成功，但又不好扫老师的兴，只好说出这一番消极的话，这是他的聪明之处。

韩文举在广州教书时，与词人陈洵（字述叔，新会人，中山大学教授）比邻而居。述叔生平最憎厌康有为，认为这个“圣人”的言行大有问题，但对韩文举却极爱重。韩比陈大五岁（陈死于一九四二年五月初六日，年七十二岁，时任汪伪政府的广东大学教授），两人交谊极笃，述叔常在家中置酒邀他共饮，韩的酒量极大，陈往往对他大力抨击康有为种种不对之处，韩被酒笑曰：“吾师有圣人之才，而无圣人之德，因此他的行事，不免有时不尽满人意。”述叔也笑道：“无圣人之德，而有圣人之才，所谓盗跖耳，安可取？”韩文举无辞以对，一笑置之。据他的一个忘年之交的知友说，韩对康有为极不满意的，只因师生关系，不便表示，偶在酒后，常常露出此意。康死后，他有一联挽之，外间极少见，今录之：“以无究竟为究竟，易占未济；观不一身如一身，礼正大同。”

韩文举的太太早他二十多年死去，因此他对于治生便一筹莫展，家中有几亩薄田，租给本家耕种，田佃欺他是读书秀才，一向不理他。后来田佃因耕牛事和人家打起官司，上门求救，他才托朋友找官府说人情，把事情了结。当事急之时，他急到要死，想不出办法，还是一个三十未到的青年朋友替他拉官场路线才办妥的。他死后二年，有人收集他的遗诗，刊于香港。他虽不是诗人，但其中多愤郁苍凉之音，时杂俚语，也说玄理，不求工也。但这一卷诗，就好过他所作的什么秘史那些不足观的书了。

熊润桐是韩文举的忘年交，韩死时，熊有联寄挽，在数十字中颇能概括死者行迳，生者哀伤之意，录之以殿吾文。联云：“大道叹犹龙，可用可藏，历历河山凭再造；豪怀想扪虱，孰成孰败，沉沉风雨有同悲。”

俞曲园轶事

新加坡某君致函连士升先生，托他写信来香港问我：俞曲园（即俞樾）先生因何事革职，请我将这件事告知他。因为这件事非数言可了，我作书覆士升先生，把此事的经过大略说一下，并答应他另写一篇较详细的文字，以备某君及读者们参考。

俞曲园先生是道光三十年庚戌（1850）进士，受知于曾国藩，得以留馆授职编修。咸丰五年（1855）简放河南学政。咸丰七年（1857），御史曹登庸劾他出题割裂，革职。这是曲园先生被革去翰林院编修的原因。他因为出题割裂，以致蹭蹬终身（若非如此，则他不致“拼命著书”了。因为他与曾国藩、李鸿章、彭玉麟等皆有密切关系，如果不因此事，做一品大员似乎并不难）。我就得将他出题割裂的事说一下。

什么叫做“出题割裂”呢？原来自明朝以来，有些学政考试生童，生怕他们抄袭前人的文字，故意把题目割开，将上句最末一字或一句，与下句最先一字或一句连合起来成为一题目。例如《孟子》一书的《告子篇》有句云：“交闻文王十尺，汤九尺”，割裂时则为《十尺汤》，这样可以窘士子的文思。

相传曲园先生在河南所出的题目很有趣。《论语》邦君之妻一章，有“异邦人称之亦曰‘君夫人’”之句。接着下一章是阳货章，有“阳货欲见孔子”之句。曲园先生出《君夫人阳货欲》为题。这是以上章末句割“君夫人”三字，下章首句割“阳货欲”三字成为一题。这无异是说鲁国的权臣阳货欲君夫人，这未免太过荒谬，而且也有侮弄“圣人”之嫌，曲园先生学行醇洁，必不致如此。此题恐怕是人家附会他的。

又传他二题是割裂《孟子》的。齐人伐燕章有“王速出令，反其旄倪”之句，曲园先生出《王速出令反》为题。又滕文公问四章有“二三子何患乎无君，我将去之”之句，他出《二三子何患乎无君我》为题，他割下句“我”字连上句成一题。这两题如果曲解之，可说是“国王出令叫人民造反”及“虽然无君但有我在”。这也是荒谬绝伦的题目。据说曲园先生出这样的题目后，自行检举，才得到较轻的处分，若在雍正、乾隆文网森严之世，至低限度，也得问斩的。

何以曲园先生出这样古怪的题目呢？据传他对人家说：河南学政衙门，向有狐仙，历任学政到任时，都要拜它。曲园先生不信，当然不去祭狐仙了。怎知仙人责他不敬，在他出题考试生童时，大施法术，使他神不守舍，出了这样的古怪题目。如果曲园先生真的这样说过，大概就是他的解嘲之词，诿过于狐仙了。后来他所作的笔记，有不少谈玄说怪的，尤其是那部《右台仙馆笔记》更多神怪之事。

曲园先生革职后十三年，又连累了一个浙江学政徐树铭。相传后来先生的孙子俞陛云（即俞平伯先生之父）得点探花，又靠徐树铭之力，是则俞徐两家有这种关系，实为同光间两个学者有趣的事情。

徐树铭（字寿蘅，湖南长沙人）是道光廿七年（1847）翰林，早曲园先生一科，自入翰林后，飞黄腾达，后来却因曲园先生而迟滞了数十年。其事的经过颇可一述。

同治九年（1870），徐树铭在浙江学政任内，奏请将已革编修俞樾赏还原衔，听候录用。谕旨斥以“俞樾前于咸丰年间在河南学政任内，因出题割裂，荒谬已极，奉旨革职之员，何得擅请录用？……徐树铭着交部严加议处。”是年十二月廿一日，部议徐树铭降四级调用，不准抵销。

徐树铭以礼部左侍郎任学政，侍郎是正二品官，降四级调用就变为正四品的太常寺少卿了，要升回去二品，也要相当时日的。到光绪十三年（1887）后，他的门生翁同龢渐渐有了势力，便照顾老师。他在光绪十五年才升工部右侍郎，廿五年再升工部尚书，不久即逝世。

曲园先生听说徐树铭因保举他而致降职，有函致其同年谢晋云（谢晋字晋斋，号孟余，又号梦渔，江苏仪征人，庚戌探花，官至户科掌印给事中）：

顷阅邸抄，乃知有徐寿蘅侍郎之疏，虽承其拳拳之爱，然多事极矣！弟著书足以自娱……倘不知者谓寿翁此疏，实鄙人怂恿之，则冤矣，冤矣！

光绪廿四年戊戌会试，徐树铭以左都御史（从一品官）充殿试读卷大臣。老辈相传，他的读卷大臣名次第三，照例他可以推荐探花的。恰值曲园先生之孙俞陛云应试，树铭便取陛云做探花，以消一下三十年前的冤气，亦所以报老友也。但这种的读卷大臣名次是：昆冈、绵文、阿克丹、徐树铭。徐树铭名次在第四。前三人皆满人，昆冈是同治元年（1862）的翰林，是树铭的后辈，绵文是光绪九年翰林。科场最重前辈，树铭一心要中俞陛云而向这两个后辈力争，没有不成功的。

光绪廿八年（1902），曲园先生以乡举重逢，清廷赏还他的原官，准他赴鹿鸣筵宴，到后来他又光复旧物，已非徐树铭所及知了。西太后在三十年前不肯开复他的原官，还要加罪于人，但这时候，曲园先生已成为海内大儒，这个“人情”，她要做的。曲园先生死于光绪三十二年丙午（1906），年八十六岁，若活到九十岁，他就可以重宴恩荣，又再升官了。

鲁迅的祖父周福清

鲁迅先生的祖父周福清，是一个翰林，他晚年的遭遇很不好，给鲁迅先生的影响甚大。周遐寿《鲁迅的故家》一书，第三十一“介孚公”一段，对他的祖父有这样的写法（遐寿是周作人先生的化名）：

介孚公本名致福，改名福清，光绪辛未由翰林院庶吉士散馆，授编修，后来改放外官，这里还是散馆就外放，弄不大清楚，须得查家谱。但据平步青说，他考了就预备卷铺盖，说反正至少是个知县。最初选的是四川荣昌县，他嫌远不去，改选江西金溪县。翰林外放知县，在前清叫作老虎班，是顶靠硬的，得缺容易……

介孚是周福清的号，他的字叫震生（从前读书人的习惯往往一名、一字、一号，甚至有外号。他字叫震生，是根据他考试时所填的履历的，是朱汝珍所辑的《词林辑略》一书)，并不是光绪辛未翰林，而是同治辛未科的翰林。辛未是同治十年（1871)，光绪是没有辛未纪年的。

周福清于同治十三年四月散馆（即毕业试，此举关系极大，能留馆者，授职为编修，检讨，就是一个资格齐全的翰林；不能留馆者，以部曹、知县用，从此逐出翰林院，但庶吉士头衔仍在，俗称半个翰林，也叫“散坏馆”)，以知县录用，并未授职编修，周遐寿先生记错了。近日曹聚仁先生写鲁迅年谱，引用《鲁迅的故家》这一段，但没有照周遐寿先生的原文，只摘取“由翰林院庶吉士散馆授编修，后来改放外官”这几句，而把“这里还是散馆就外放，弄不大清楚”略去了。周先生有这最后一句，全文自然没有毛病，曹先先略去了这一句，就是点毛病了。因为凡是授职的翰林，没有外放知县的。翰林留馆，编修官七品，在院供职，为清华之选，大考后开坊，升学士，外放可为知府、道员，转眼间，可至监司。十余年间，官运亨通者，可至巡抚、总督，所以翰林出仕，大占便宜。同治十三年翰林散馆，浙江籍庶吉士十人，只有周福清改知县，金保泰（钱塘人，字夔瀚，官至太常寺少卿）改吏部主事。

翰林改官知县，俗称老虎班，正式名称是“即选知县”，应选县缺，等这班“老虎”选完后，剩下来的才归别班选，所以得缺最速。周福清选的荣昌县，嫌远不去，大概他没有向吏部“打点”，所以才得到此缺，但此缺并不坏，只是远一点而已。到光绪元年（1875）正月，他选得江西金溪县知县了。《越缦堂日记》正月廿二日记云：

乡人周福清以庶常散馆，选得金溪知县，来辞行，言金溪刻书甚贱，可任剞劂之事。此人能为此言，盖窥予所好也。予因属其购王氏谟所著书。

于此，我们可知周福清在光绪元年正二月出京赴任的，他何时被劾去职，俟考。但光绪五年（1879）二月廿六日《越缦堂日记》有云：

周福清来，以金溪令被劾入都引见者。

那么，他被劾去官，当是光绪四年（1878）的事，他大概先回乡一转才入北京的。李慈铭和周福清是同乡，李比周大九岁，周比李中进士早九年，但李慈铭的名气极大，周福清到北京是要去拜候他的。他们虽同是绍兴县城人，但从李氏日记中，看出他们两人是不十分投契的。

光绪五年以后，周福清一直在北京等候机会（中间有无回故乡，未可知），他很少和李慈铭来往。李氏和同乡征逐，也很少有他的份儿，大概周福清的家境很不好，不能和他们时常交际。到光绪十年（1884）以后，李氏的日记中常记与周福清来往，但不是“乡人周福清”，而是称他的号“介夫”、“介甫”了（从不书“介孚”）。

周福清到光绪十四年（1888）才补内阁中书的。是年四月初十日，《越缦堂日记》云：

下午诣周介夫，贺其中书补缺。（六月廿六日，又记云：“作书致周介夫，馈以西瓜十枚，林檎鱼干各一合。”以后两人的交情更洽，越缦时亦请他吃饭了。）

《鲁迅的故家》第八十三页说到周福清在北京于同乡中与吴介唐、鲍敦夫似还要好，王子献不大谈得来。遐寿先生说到他读王继香日记，光绪十六年那一册，七月十一日记云：“周介孚柬招十三日饮。”十三日记云：“久之，始至广和居，则周介夫（原文如此）果已与客饮。”周福清的号是可以给朋友随便写的（名则不可，否则是不敬了）。因为“夫”与“甫”同音也。这个王继香是会稽人，光绪十五年庶吉士，散馆授编修，官至开封知府。

关于周福清为几个亲友通关节而入狱事，《鲁迅的故家》第八十五页，写得很有趣。光绪十九年浙江乡试正考官殷如璋，副考官周锡恩是不错的（周遐寿先生仿佛记得副主考是郁昆云云，那是不会的，主考只有二人）。书中说周福清派跟班徐福送一万银子的期票到主考船上，恰值副主考也在坐，因此拆穿了西洋镜，周福清后来以此入狱。

但我所知的可作补充，徐福送银子到船上时，苏州府知府王仁堪（光绪三年状元）也在坐，殷如璋知道不能瞒，又因为王仁堪为人正直，与其他官员不同，就连人与信交给苏州府办理。大概周福清事先与殷如璋有接头过的，只要自己亲自送银子去，就不致戳穿了。殷如璋本是鄙夫，李慈铭骂他不值一文，日记中称他为无赖殷如璋的。

殷如璋，周锡恩这次主持浙江乡试（是科为恩科，因为明年甲午，乃西太后六十寿辰，要开恩科，就得在上一年举行乡试），试毕，舆论哗然，有谑者集句嘲之云“殷鉴不远，周德既衰”，很是天然配合。又有人拿正副两主考姓名作拆字联嘲之，也很工整有趣，此联当日曾刊在上海的报纸上，小说家李伯元把它集起来，收入他的《南亭四话》（1925 年大东书局排印）卷七里面，联曰：“殷礼不足征，业已如聩如聋，那有文章操玉尺；周人有言曰，难得恩科恩榜，好凭交易赚金钱。”可见他们两人实在是要通关节的，到事情掩不住，才打官话罢了。

再谈周福清

一九五七年九月，我再读周遐寿的《鲁迅的故家》，一时高兴，写了一篇《鲁迅的祖父周福清》。写成后，没有什么地方好发表，发泄了创作欲之后，便也不十分爱惜的搁在抽屉里。一直到十二月才寄去某报，在是年十二月廿四日刊登出来。

我当日写那篇文章，纯是读书后偶有所触，并不顾虑到手头的参考资料少，仅凭一点点可靠的材料就动笔了。那篇文发表后，我才后悔，为什么不找找《光绪朝东华录》参考一下呢，也许里面可以找到有关周福清的材料的。于是偷个空，到学海书楼找到了，花了半天功夫，得到四段资料，大喜过望，同时又怪自己偷懒，为什么不准备好一些才动笔。我把《东华录》那些记载读一遍后，因为文长数千言，实在没法钞回来，只好将来再说，同时又打算再写那篇文章的补篇时，才到学海书楼写，可以省许多钞录的功夫。

回家后，我又认为单是靠《东华录》还是不够的，最好能设法获得同治十年辛未会试同年齿录，那就可以知得更清楚些了。于是写信去上海托一位朋友买《东华录》，又知道友人瞿兑之（宣颖）先生的尊人瞿子玖（鸿禨）先生是这一科的翰林，兑之先生家中一定还存有这科的会试齿录的。写信给兑之先生请他找找那部书，如果有，就请他将周福清那一部分全替我钞出来。但瞿先生复信说，他家里没有这部书，年来想找来看都没有找到。不久后，收到朋友来信说，《东华录》可遇不可求（我有一部藏在汕头，现在下落不明），待找到了才替我买。我觉得《东华录》总有一日可以买到的，倒是那部《会试年齿录》不容易找，我就立下了不到黄河心不死的决心，非找到它不可。直到一个月前，有一位朋友替我从海外一家图书馆钞了寄来，而四月二日，我在香港又买到了一部上海新印的《光绪朝东华录》。这些参考书到手后，我便再谈周福清一次。

《同治辛未会试年齿录》所载，周福清中进士的名次是三甲第十五名。根据他自填的履历及三代脚色，我们对他本人及其家世略知一二（自填的履历，除本人年岁外，类皆可靠）。他的履历说："谱名致福，字震生，号介孚，一号梅仙，行八又行一。道光甲辰年十二月廿七日吉时生。浙江绍兴府、会稽县学附生，民籍。方略馆誊录。"他自填的科举名次是这样的："甲子、丁卯乡试中式第八十六名。戊辰考取誊录。会试中式第一百九十九名。殿试第三甲第十五名。朝考第一等第四十一名，钦点翰林院庶吉士。"

这里要详细解说一下。甲子是同治三年（1864），丁卯是同治六年。明清两朝科举制度，凡子、卯、午、酉年举行乡试，丑、辰、未、戌年举行会试。同治三年二月，清军才克复杭州，六月才攻入金陵，因此这一科的乡试就延期三年，和下一科丁卯合并举行。丁卯下一年是戊辰，有会试，周福清照例入京会试的。但这一种他没有考上，于是他去考方略馆的誊录，却考上了。（清朝惯例，每平定一次什么变乱，必开方略馆来编纂这一役的"战史"。此次的方略馆是开来编平定"粤匪"的。中了举人的人可以去考誊录，混个资格，若干年后"战史"编成，可以议叙得官。）他在京供职于方略馆，但同治十年辛未（1871）有会试，他自然去尝试的，于是会试就中了第一百九十九名贡士。有了贡士这一资格，才可以去殿廷应皇帝亲自主持的考试（有些人中了贡士，遇到事故，或丁忧，或疾病，就不去殿试，呈请下一科去补试，蔡元培就是补行殿试而入翰林的）。殿试后，所有贡士个个都是进士了，于是分开一、二、三甲，一甲三人（状元、榜眼、探花）立即授翰林院修撰、编修之职，但过了几天，三鼎甲仍然要和那班新进士应朝考。朝考揭晓后，才选取那几个为庶吉士．被选的叫做“钦点翰林院庶吉士”，就是翰林了。落选的以进士资格，立即外放知县，或在六部做京曹。庶吉士在翰林院读书三年，经“散馆试”（即毕业试）后，成绩好的就留馆供职，授以编修、检讨之官（庶吉士不是官），成绩差的，就不能在馆供职，以庶吉士散为知县或京曹了。周福清以三甲进士入翰林，散馆时如果成绩好，例授检讨（二甲例授编修）。以上这一段话，可以给读《鲁迅的故家》的人参考，凡写鲁迅年谱误引此书的也可以参考的，所以我以为说了这许多还不觉得是废话。

以上是关于周福清的科举考试故事，现在要谈到他替亲友及自己的儿子通关节的事了。这一件事是周福清一生最重大的事情，较他得点翰林尤甚，他是被光绪皇帝亲笔判以“斩监候”的罪犯（斩监候是定了死刑，待秋后处决，斩立决就是立即处死。斩监候还有一线希望，到时或者可以碰到机会不死，减轻了刑罚，或再留到下一个秋天才处决）。这当然是周家一件不很光荣的事情，在周作人兄弟自然是不忍提到的，鲁迅在生之日也绝不提起。《鲁迅的故家》第八十五页，说到周福清通关节出破后，有云：

介孚公知道不能躲藏，不久就去自首，移到杭州，住在司狱司里，一直监候了有七年，至辛丑（按：光绪廿七年，一九〇一年——引注）一月，由刑部尚书薛允升附片奏请依照庚子年刑部在狱人犯悉予宽免的例，准许释放，乃于是年二月回家，住在原来的地方。

书中没有点明周福清已判了斩监候的罪名，我一向怀疑他的案件未结，何以有"监候"七年这一回事，今读《光绪朝东华录》才完全明白。《光绪朝东华录》光绪十九年（1893）十二月癸酉（廿五日）上谕云：

刑部奏：遵议革员周福清罪名一摺，据称有"革员周福清于考官中途遣递信函，求通关节，当即举发破案，较之已成未中者情节稍有区别，应于斩罪上量予末减，拟以杖一百，流三千里。恭候钦定"等语。科场舞弊，例禁綦严，该革员辄敢遣递信函，求通关节，虽与交通贿买已成者有间，未便遽予减等。周福清著改为斩监候，秋后处决，以肃法纪，而儆效尤！（见《光绪朝东华录》第三册，总页三三〇三。）

刑部根据法律，斟酌情形，拟判周福清充军，算不轻了，这一判颇见公平，纯从客观态度出之。到“恭候钦定”之时，清德宗因为这一年发生了三件乡试舞弊事件（一为陕西主考丁惟禔贿通内监，谋四川主考，过付人有编修饶士腾和二酉堂书店，为御史林绍年揭参，饶畏罪自杀，丁则案未结病死。二为北闱揭晓后，有新科举人数人被言官纠劾，说有枪替，于是来一次覆试，文字相符，准一体会试者，只周学熙一人，其余停科及黜革有差。学熙乃周馥之子，李慈铭的学生，入民国为袁世凯时代之财政总长，以善理财著名，闻其后人有隐居香港长洲者。三为周福清此案)，要振刷一番，所以周福清才不幸而被“钦点”死刑。从此他在杭州狱里，坐满了七年“花厅”，每年遇到秋决之时，就提心吊胆，也许曾经被绑赴刑场，作“陪绑”的“嘉宾”呢。(秋决，有些斩监候的犯人，临时不勾决，但政府却有一个虐待狂的嗜好，往往将这样的犯人“陪绑”一番，将他绑了一起押到刑场，吓到犯人失去三魂七魄。到刑场后，忽又不勾，将他带回，或宣布减刑。这种精神虐待，与电椅刑无大差异。)

周福清怎样通关节，其前后经过，《东华录》所载，较之《鲁迅的故家》及去年拙文所记者更详尽，现在摘录于此，以供读者参考。我得先说一下，此案发生于光绪十九年（1893）七月廿七日，地点在苏州。首先向皇帝报告的是御史褚成博（字伯约，号孝通，浙江余杭人，光绪六年庚辰进士，散馆授编修，官至广东惠潮嘉道。光绪十四年戊子乡试，任广东副考官，先父就是中在他手上的。他与李慈铭为进士同年，又同乡。李氏常丑诋他不学）。《东华录》记此案的第一篇文字，就是褚的奏章。略云：

褚成博奏："臣近闻浙江考官驰驿赴浙，行经苏州府境时，忽有人至正考官殷如璋坐船投递书函，中有考生五人姓名，并银票一万两，嘱与关节取中。殷如璋拆阅后，当将其人扣住，连书函一并就近发交苏州府看管。经该府知府王仁堪据情咨解浙省。此事苏浙地方遍处播说，守正之士，感怀愤叹……相应请旨饬下浙江巡抚，速提此案认真究讯，是否实有主使，抑系冒名撞骗……"上谕："军机大臣等，有人奏……殊堪诧异，著崧骏严切根究，务得确情，按律定拟具奏，原折著抄给阅看，将此谕令知之！"

军机大臣根据上谕，寄字给浙江巡抚崧骏。但十二月崧骏对此案已有初步报告，他的报告到达北京时，他已经死了二十多天了。十二月十二日《东华录》载：

崧骏奏："浙江会稽县在籍丁忧内阁中书周福清，在苏州遣仆陶阿顺（案：《鲁迅的故家》作"徐福"）赴浙江正考官殷如璋舟次……由苏臬司委员管解陶阿顺并移案到浙。前据臬司赵舒翘禀报，时奴才业已入闱（案：乡试时，巡抚例入闱监督），即饬臬司会同藩司，督饬杭州府讯取陶阿顺供词，并臬司抄呈原信，有“马官卷（案：“官卷”是考生之父做官，故名官卷），顾、陈、孙、章又小儿字样”。当查马姓官卷马家坛一名，暨周福清之子周用吉（案：《同治辛未会试同年齿录》周福清履历中，自填一子名凤仪，年幼在求学。凤仪后改名用吉，即鲁迅的父亲。可参看《鲁迅的故家》）一并扣考。其顾、陈、孙、章各姓，俱无考名，无凭查扣。奴才出闱后，当经恭折具奏，请旨将丁忧内阁中书周福清即行革职归案审讯。一面饬司前往查拿，即据周福清自行赴县投首，并饬查提马家坛、周用吉到案，由会稽县知县俞凤冈先后解省，发委杭州府讯办。旋据差弁赍回原折后开，恭奉朱批：“另有旨，钦此！”嗣准军机大臣字寄……续准吏部咨……讯据陶阿顺供称，系周福清令伊投信。查周福清系丁忧内阁中书，请饬革职归案审讯等语……钦遵转行到浙，均经恭录转饬拟去后，兹据杭州府知府陈璚审拟解由藩臬两司会审，讯据转解前来，奴才亲提研鞫。缘周福清籍隶会稽县，由附生中式同治丁卯并补行甲子科举人，辛未科进士，十三年由庶吉士散馆，选授江西金溪县知县。光绪四年，因案被议改教，五年，遵例捐升内阁中书，是年九月到阁当差，十九年三月丁忧回籍守制。马家坛系会稽县学廪生，为翰林院编修马传煦之子。周用吉系附生，即周福清之子。七月二十日，周福清携仆陶阿顺由绍郡起程，进京探亲。廿三日路过上海，探闻浙江正主考官殷如璋与伊有年谊，周福清一时胡涂，起意为子求通关节，并欲为亲友中马、顾、陈、孙、章五姓子弟应试者嘱托，希图中式，俟主考允诺，再向各亲友告知，择其文理清通诸生列名。周福清素知各亲友家道殷实，不患无人承应，事后必有酬谢之资。即由上海催船开驶。廿五日晚，至苏州停泊，周福清独自拟写关节一纸，内开五人，马官卷，顾、陈、孙、章又小儿第八，均用"宸衷茂育"字样（案：所谓"通关节"系与主考串通，考生在文中用"宸衷茂育"字样，主考就知道是自家人，将他取中），并写洋银一万元空票一纸，加具名片，装入信封。廿七日，正考官船抵苏州阊门马头，周福清嘱令陶阿顺先去投帖拜会，如不见，再投信函。陶阿顺将名帖信函，一并呈送正考官船上，当经正考官扣留……委员查拿，周福清先避往上海患病，随后回籍，闻拿畏罪自行赴县投首……

这是浙江巡抚初步审讯周福清一案后向皇帝的报告，文末说并没有人托周福清去说关节，是他自告奋勇的，并且买卖也没有成功，周福清也畏罪自首，"较之交通关节已成未中者，情节尚有区别……应否比例量予酌减科断之处，恭候钦定"。廪生马家坛、生员周用吉，对此事并不知情，已经分别斥革了，陶阿顺亦不知情，应毋庸议，至于那孙陈五家毫不知情，似乎不必提查，以免株连。那张银票又系自写的虚赃，该革员周福清又供家计贫寒，拟应免追入官。

崧骏所奏，有许多处都为周福清开脱，目的在减轻他的罪名，大概是周福清已托了人事。皇帝照例交刑部议奏。到十二月廿五日，刑部拟以“杖一百，流三千里”，给皇帝改为问斩，已见上述。但刑部所拟的，甚见公平，可见周福清的罪状并非不可以减轻的。现将原文摘录如下：

查例载（下系引律例，今省去）……细绎刚义，必考官与士子彼此商说允准，或书明银数，或给予字样，一与一受，方可以交通贿买论。若仅向考官函许贿嘱，当被举发破案，即与此例稍有不符。恭查咸丰九年钦奉谕旨，不得以曾否取中分别已成未成，其一经嘱托，无论考官应许与否，似不得以已成论，自应核其所犯之轻重，悉心妥拟，庶无枉纵。此案已革内阁中书周福清……虽有交通贿买之情，究未遂其交通贿买之计，其事尚属未成，若竟照交通贿买关节例，拟以斩决，未免过严，似应量予末减，应如该前抚所奏……

刑部还请问皇帝，如准所拟，就要将周福清充军新疆，但结果是斩监候。这一案不止是周福清一家由小康变为贫苦，使得鲁迅不得不寄食亲戚家中，受人白眼，影响到他后来对社会有改造之心。由此看来，这一案不止在清末考试史上为一大案，也可为考试史的史料，凡研究现代中国文学史的人，对这件案似乎也要知得清楚呢。（此案发生后，杭州人有一联诮两主考与周福清云："年谊藉夤缘，稳计万金通手脚；皇仁空茂育，伤心一信送头颅。"下联"茂育"二字，周福清自拟的关节也。）

王湘绮劝进的内幕

王湘绮（即王闿运）到清光绪末年，在国中已享盛名。到民国成立，在儒林中他的年龄最高，士林仰之如泰山北斗，袁世凯一做了总统，就在民国元年（1912）年底，任命他为国史馆馆长，目的虽在网罗遗老，但国史馆也是一国的重要机构，无论那一朝代都要有的，我们不能说袁世凯不对。（袁亦于一九一三年设清史馆，聘赵尔巽为馆长，赵于一九一四年入京就职。湘绮的国史馆成立后，他在职不到一年就回故乡，一直由副馆长杨度代理。袁世凯死后数日，北京的报纸就喧传国史馆并入清史馆，后来不见成为事实。到一九一七年六月廿六日，国史馆才并入北京大学文科，此举之不合理，无待赘言，亦可见黎元洪之流不如袁世凯远甚。自此之后，国史馆并没有搞出什么成绩，倒是赵尔巽的清史馆，于一九二八年搞成一部《清史稿》，至今仍为学术界所重。)

民国二年（1913）二次革命失败，袁世凯的基础大定，政局稍安，湘绮遂于四月带领家人入京就职，财政部送去五千元为国史馆开办费，馆长就委派了许多馆员，以曾重伯（曾国藩之孙，亦名翰林也）为秘书长。开办费收到后，史馆有饭可开，众人有饭可吃，五月十九日《湘绮楼日记》云："曾秘书已吃开办饭矣!"以幽默语句调侃之，此老玩世不恭，盖天性也。湘绮到京之后，袁世凯订期接见，为优礼耆贤，特地定一名词曰"延觐"，不曰"觐见"，以示尊崇之意。其实延觐与觐见，名异而实同，不过用"延"字，在字面上较为好看而已，虽然咬文嚼字，亦见老袁笼络的手段。

湘绮回乡后，杨度搞的筹安会渐趋成熟，他自然要捧老师出来劝进，以收人望。但湘绮年已八十有四，平素嬉笑怒骂，不容易拉他落水的。不得已，只好"偷奸"老师一次，假名发出"删电"（是一九一五年十二月十五日发的，"删"是代表十五日），报纸纷纷登刊，人们以为湘绮真的劝进了。电文云：

大总统钧鉴：共和病国，烈于虎狼，纲纪荡然，国亡无日。近闻伏阙上书劝进者不啻万余人，窃谓"汉语演"

有云："代汉者当涂高"，汉谓汉族，当涂高即今之元首也。又"明识"云："终有异人自楚归"，项城即楚故邑也，其应在公。历数如此，人事如彼，当决不决，危于积薪。伏愿速定大计，默运渊衷，勿委过于邦交，勿挠情于偏论，勿蹈匹夫硁守之节，勿失兆民归命之诚，使衰年余生，重睹天日，闿运幸甚！天下幸甚！闿运叩删。

任何人劝进的电报，袁世凯一概不覆，独有湘绮此电，特别回覆，说了一堆"匡予不逮"的客气话，时人甚以为异。此二电《湘绮楼日记》皆不载，但十二月廿六日（阴历）日记云："又遣孙婿探删电，云陈仲驯为我作符命，证成莽大夫也，幸不遇朱紫阳，不至争稻桶耳。然妖诗已验矣。无名白头帖云：'此去真成莽大夫'，四年前识也。"到此时湘绮已知被人"强奸"一次，但他年纪已老，早晚就木，也不计较，只说四年前入京就职时，有无名氏的诗"此去真成莽大夫"到今应验了。他的日记载有致袁世凯一函，写在十一月初七日之后，十一月初七是阳历十二月十三日，此函亦出以玩世不恭的语气，他说老袁要做皇帝就爽爽快快的做，不必假什么民意劝进，其中有"唐宋篡弑，未尝不治，群言淆乱，何足问乎"之语。这是他的"政治哲学"。

吉青纳贪索中国瓷器轶闻

第一次世界大战死于北海的那个英国陆军大臣吉青纳元帅，是一个颇有趣的人物，他晚年来游中国，在盛京故宫弄出一件小小的笑话。二十年前金梁先生曾对我大略谈过，后来金先生还把这件事记在他的《光宣小记》中。

吉青纳的功名，可说是建筑在非洲人身上，他的“顶子”之红，是从战功染成的，不知非洲人流了几多血，而苏丹今日才能独立。一九四四年名记者张慧剑在重庆的《新民报》，有一段随笔评吉青纳曰：“其后之南阿战争，亦吉青纳为参谋长，故检视吉氏一生之成功史，大半系以非洲人之血所书成者。”这一说法，我颇同意。两年前，苏丹人已将有关纪念吉青纳或戈登的碑像等物移去了。近日香港的西文书店有一部《吉青纳勋爵传记》，旁边一小题目“一个帝国主义者”。书是英国人著的，伦敦《太晤士报》的《文学副刊》曾加以评介，读后久已忘记，似乎也说到评以“帝国主义者”并未失言。过了不久，《文学副刊》又有介绍 Donald Mac cormick 所著的《The Mystery of Lord Kitchener's Death》(《吉青纳勋爵神秘之死》)。这两本书我都没有买，只从书评中稍知其大概，作者说他死得很神秘，似乎“事出有因”。前几年《英国文摘》转载《小人国月刊》里察·兰士一篇《杀害吉青纳的阴谋》，就说过谣传将这个老家伙置诸死地的是劳合·乔治（当时的首相)、阿葵士夫人（前任首相的太太）和北岩爵士。但这一说没有充分的证据。一九一六年吉青纳应俄皇之邀，前往俄国开会，六月五日，他从史加巴佛罗乘军舰“咸北夏”号出发，就在英国的瓦维克一里半外触雷沉没，一般人都说是德国潜艇的杰作。“咸北夏”沉下时，生还者只十二人，其中一人曾听见人说：“让开，给吉青纳勋爵走过。”这一句话就大有文章了，因此人们相信吉青纳并没有死，(认为）他被潜艇救起，做了俘虏，现隐居某岛上。另一说则是他简直没有乘“咸北夏”出发往俄国，他从间道往东方另辟一秘密的阵线了。他死难的消息到达伦敦后，战时内阁的同事，长太息者占百分之二十，松一口气的占百分之八十。那时候他的后辈丘吉尔正要进午餐，他们是不大和洽的，闻此恶耗后，丘翁情见乎辞地说："他这样的死法是很快乐的……"

原来在苏丹战役中，吉青纳不赞成那个年轻的丘吉尔去参加，所以他丘吉尔有点不愉快。

欧战发生后，英法联合对德作战，欧陆的统帅权握在霞飞元帅手上，英国陆军大臣吉青纳不想受霞飞节制，因此拒绝前往欧陆策划，此举深为内阁同僚不满。后来他往俄国开会，也是迫于舆论才成行的。他一出国门就受到敌人袭击丧生，于是有人怀疑德国间谍何以消息灵通至此，其中必有缘故，说他死的神秘，即此也。

假如当日吉青纳不死，到欧陆受霞飞元帅节制，他们能否和衷共济，还大成问题。法国人是不大喜欢吉青纳的，苏丹战役中，英法人争夺埃及、苏丹这个地区，吉青纳曾以一军入法国营，拔其旗，迫成所谓"法所达事件"，法国历史学家称此举为"吉青纳的挑衅"。自此英法之间便有矛盾存在着，幸遇欧战，彼此为了生存才努力合作。

吉青纳这个人非常固执，但玩到中国古瓷之时，又非常有趣，好像小孩子贪多一般，金梁先生（字息侯，满洲人，早岁在盛京故宫服官，一度为溥仪的"内务府大臣"，今年已八十三岁，现居北京）常对朋友谈及吉青纳和他闹别扭的一件事，后来他记在《光宣小记》书中（一九三四年天津出版）。金先生虽身历其事，但其中也有些错误之处，大概对内幕还未知得详细。不过他的记事也可给我们参考，现在尽录于此。

希吉纳（案：这是金先生的译音，其实自第一次欧战以来，中国的标准音译是吉青纳。希吉纳的音译是相差很远的），英国名将也，曾任埃及元帅，老而鳏，爱瓷成癖，自言视兵如子，而以瓷为妻。来游中华，入觐监国（载沣时为监国摄政王——引注），闻盛京故宫多藏佳瓷，请赐游览，特旨允准，并谕选赠二件。余得电，颇为难，故宫瓷器数万件，宋元明清均有，以康雍乾为多，余方建楼陈列，外宾参观，传播海国，遂为希吉纳所垂涎，讵可任其自择，取大器重宝以行？乃先拣巨且精者百十器，移贮别库，始导之入。希一览无余，即问尚有佳者藏何处？余答以无，则竟出照片指问，凡所移贮者多在，不识何时何人所摄也。余仍答以不知。希怏怏，选小瓶，小尊，小盒各二件，皆精瓷，“苹果绿”又称“雨过天青”者也。尚欲别选佳者，余亟止之，谓谕赐二件，何多取耶？希则以盒加瓶上，谓此一件也，复指尊口曰：“此尚缺顶。”余正色曰：“此宫禁也，幸勿失礼，余亦考古者，奈何谩语！”希赧然不能答，惟必欲强携大器以出，其状如稚子得美食，爱之不能释手，可笑甚矣。时邓孝先（邦述）为交涉使（邓字正庵，江宁人，光绪廿四年翰林，授职编修，官至吉林民政使。他是一个很著名的学者，藏书极富，死后，遗书为中央研究院斥资四万买得——引注），亦陪观，乃调停其间。已见希以二尊纳衣囊，而手各握一小瓶，小盒不能容矣，辄请偕见督帅定去取。锡“文诚”（锡良死于民国六年，溥仪谥之“文诚”）时为总督，适梁燕孙（士诒）在坐，余等偕入见，告以故。锡向梁决可否。梁曰，既有电旨，即多取，亦只得许之，不可以细故失其意。锡始对客笑允。希大喜过望，亦欢然矣。余乃戏问之曰：“闻君以瓷为妻，西俗皆一夫一妻，君何以多多益善耶?”希喜甚，无他语，惟再三谢，挟以行，始终器不离手也。闻归国后，为其政府所知，竟以此罢官，而希尚引以为幸。余亦幸藏其巨且精者，否则如康熙窑大花缸，高数尺，上绘《万里江山一统图》，倘竟任之流海外，岂不为人笑哉！

上文所述吉青纳贪鄙之状，颇有趣。他说主张吉青纳予取予携者，是梁士诒，如果此说属实，则梁燕孙的“洋务”可谓办得甚为到家者矣！一面之辞，有时是不尽可信的，于是查一下梁士诒年谱。《三水梁燕孙先生年谱》也有记这件事，但并无说梁主张“予取予携”，金先生似乎记不清，否则就是造谣。梁谱宣统元年（1909）八月条下，记事云：

前英国驻印度陆军统帅吉青纳来华，访先生于京师。先生与吉固旧交也，因留之作十日饮，且陪其遍游京师附近名胜。是月中旬，吉欲回英，拟由大连至日本，再附航西行。时先生亦以关外铁路事，与南满路有磋商之件；且闻日本公爵伊藤博文有不日到连之讯，拟与会晤。因偕吉同至大连，并伴吉游奉天省城。会外务部电传上谕，饬东三省总督锡良，于奉天内库取古瓷两件赏赐吉青纳。因吉氏酷好中国古瓷，太后以此示睦邻之意也。锡良取豇豆红花瓶一对送吉。吉曰："中国习惯，以一对为一件，今奉旨赏两件，是应得两对；今数不合，谨辞。"锡良大窘，商之先生。曰："此旨由外务部传达，公曷不电外务部代奏请旨，以为从违！"锡即照办，旋得旨准赐吉氏两对。吉喜甚。

梁谱出诸凤冈门弟子所编，也许未经士诒在生前见过的，但材料必有根据，且经叶恭绰先生总阅一过，梁叶交情，非同恒泛，梁必定曾对叶谈过此事的。所以梁谱所记，较近事实。梁士诒在宣统元年，并非一个了不起的大臣，他怎敢自作主张，任吉青纳随意拿取古瓷。在专制时代，休说梁士诒这样的小官不敢作此主张，就是东三省总督，或京里的军机大臣也不敢擅自主张大内珍宝任外国人予取予携的。梁士诒有几个头颅敢说"即多取，亦只得许之"

呢。金先生此说似乎近于无中生有。并且宫廷赐给赏件，也没有任人自由选择之例。金氏又说他在盛京故宫“建楼陈列，外宾参观，传播海国”云云，似乎也不尽可信（这位金老先生的文字，时常夸大)。锡良于宣统二年（1910）八月奏请在盛京故宫里面设博物馆，任人纵观，摄政王批以：“所有尊藏器物，准其陈列齐整，敬谨瞻仰，毋庸另设博物馆名目。钦此!”（宣统二年八月廿八日朱批）是在宣统二年八月以前，故宫所藏器物，并无陈列任人参观之事，金梁说他“建楼陈列”，全是骗人之辞。我游盛京故宫，也未见有新建之楼来陈列古物。

金梁的《光宣小记》及梁谱都说是隆裕太后，摄政王载沣以瓷器赐给吉青纳，大有“恩出自上”之意，好像他们深知吉青纳爱好瓷器，便赐给他几件，以示睦邻，联络感情似的。但根据《锡良遗稿》所载，则是这个深爱古瓷的英国将军向中国请求的。宣统元年九月初八日，锡良的奏折中附片《盛京大内恭存瓷器提赠英将片》云：

再，前准外务部电开：“英将克奇纳（案：即吉青纳的另一译音）过奉游览，从优接待”等因。臣等遵即派委员司沿途接待。并据该英将以久闻盛京大内恭存瓷器为世界之宝，吁请恩赏，藉邀荣宠。当经据情电奏，奉旨允准。仰见朝廷怀柔远宾，破格优待之至意，钦佩莫名。该英将旋即到奉，当由臣等恭在大内瓷器库内提出康熙年制小花瓶、小花尊二对，宣示廷旨，亲自赠给。该英将感谢恩施，敬谨领讫。兹据内务府呈请奏咨立案前来，臣等覆核无异，除咨报内务府注册备案外，理合附片具陈，伏乞圣鉴。谨奏。宣统元年十月初二日奉朱批："该衙门知道！"

从这个附片看来，是吉青纳久闻盛京瓷器之名，告知通译，示意清廷赠他一两件的，并非"恩出自上"之意。金梁先生所说的，似乎过于渲染，清廷断不会因外国一个将军来华游历，知道他心爱古瓷就赠以大内古瓷的。至于锡良因吉青纳初时不肯接受赐件，梁士诒教他请示一节，《锡良遗稿》中没有说及，那是因为"遗稿"这一部分尽是"奏稿"，另有"电稿"尚未付印，将来的"电稿"部分印行，其中也许载有此电稿，那时候我们对吉青纳怎样拒绝赐件就可以得知一二了。

女词人吕碧城

今人龙榆生所编选的《近三百年名家词选》(1956年出版)，从明末的陈卧子起，到民国三十八年（1949）陈曾寿死为止，而以民国三十二年（1943）死于香港的女词人吕碧城殿后。此书一共收词家六十七人，女子的作品只收顺治年间的徐灿（字湘苹，陈之遴妻，即苏州拙政园的主妇，著有《拙政园诗馀》）四首，民国年间的吕碧城五首，选择不可谓不严了（我觉得很奇怪，道光年间的女词人顾太清也是一作家，何以落选)。龙榆生以吕碧城为殿，未必是以此人来结那一个时代的词局，但他偏偏抬出一位六十年间罕见的才女来殿后，倒也是很有趣的。这位女词人与以往的谨守深闺的女词人大不相同，她不仅懂得外国文字，而且久居欧洲，晚年客死香港的，所以值得介绍一下。她中年时候尝游邓尉，很喜欢香雪海的风景，大有死后埋骨于此之意，因作诗为券，有“青山埋骨他年愿，好共杨花万祀馨”之句（见《翠棉吟》词自注）。可惜她不能如愿，第二次世界大战发生，她从瑞士取道美洲到了香港，初时住在山光道。后来移居东莲觉苑，日寇侵略香港后，她闭门念佛，为世界人类祈祷和平，到一九四三年一月廿四日，以疾逝世，年六十岁。临死时，神志清明，只占七绝一首，与世告别。诗云：“护首探花亦可哀，平生功绩忍重埋。匆匆说法谈经后，我到人间只此回。”她遗命将尸体火化，骨灰和面搓成丸子，投入海中与水族结缘，她大概也愤恨当时的国民党政府无能力驱逐倭寇，不作邓尉之想了。

吕碧城是生于清光绪九年（1883）的，字遁天，号圣因，晚年因学佛之故，法号宝莲，安徽旌德人，父亲吕凤岐（字瑞田）是光绪三年（1877）丁丑科庶吉士，散馆授编修，曾放过山西省学政（下一科他们吕家又出多一个翰林吕佩芬，不知是吕碧城的什么人），所以她就是翰苑之家的一位小姐。她的文学天才极高，从小就精诗词书画，有“淮南三吕，天下知名”之称。那是指她的长姐惠如，次姐美荪和她而言（她还有一妹名坤秀，虽工诗文，然不如诸姐。时贤多言碧城为吕提学季女，误）。林庚白自视甚高，轻易不许人的，但他的《孑楼随笔》有一则曰：“余欲刊近三月以来所作诗词及语体诗都为一集，而苦无以名之，偶见旌德吕碧城女士诗，有“早知弱水为天堑”之句，几失此佳名。乃思以弱水名吾集。碧城故士绅阶级中闺秀也，惊才绝艳，工诗词，擅书翰。岁己酉（案：宣统元年，1909 年），余年甫十三，读书天津之客籍学堂，尝私往窥伺，时碧城才二十许，主女子公立学校，为时流所重，其诗颇有神似玉溪处。余尤喜《天风》及《崇效寺看牡丹》两律……皆置诸《义山集》中，几乱楮叶，而《天风》一首，竟似为余三年来写照，读之使人迴肠荡气，有不能自已者……”从这段记事，可见她的诗才一斑。（庚白于一九四一年十二月一日到香港，日寇占九龙后，庚白一日出门，为寇枪击毙命，他到香港只有八天就遇到战争，似乎没有和吕碧城相见。他作随笔时，乃一九三三年也。）

吕凤岐逝世是光绪二十年（1894）甲午，那一年吕碧城才十二岁，她在天津依娘舅读书，十五六岁时，她的诗词文字就为老辈所推重。樊樊山是吕凤岐的同年进士，吕碧城叫他做年伯的，樊山入北京时，拜读她的作品，赞不绝口。过了几年，傅增湘创设北洋女子公学，聘她做总教习，未几升任监督（即校长）。光绪三十四年（1908），严复应直隶总督杨士骧之聘到天津，是年七月吕碧城请他教授名学，据王蘧常《严几道年谱》是年条下注云：“有女学生旌德吕氏（案：名碧城），谆求授以名学，因取英人耶芳斯《名学浅说》讲解，经两月成书。”这个时候，吕碧城的英文粗有根柢了，经严复的指导，译成《名学浅识》，这是她译书的第一部。她先后所著的书有《吕碧城集》，《信芳集》，《鸿雪因缘》，《晓珠词》，《欧美之光》，《文史纲要》，《香光小录》，《雪绘词》，《观经释论》等。

辛亥以后，吕碧城主持的那家女校停办了，她奉母亲住在上海，专心研究英文，在一九一三年到一九二〇年这一段时期，她真是闭门下苦功，因此中西文都有极大进步。一九二〇年七月，她自费往美国入哥伦比亚大学为旁听生，研究文学，兼任上海《时报》特约记者。后来又转去欧洲，漫游英、法、意、瑞等国，写有游记，名《鸿雪因缘》，首先刊于周瘦鹃主编的《半月》杂志。自一九二六年，她就卜居瑞士，致力于戒杀护生运动，曾以英金二十镑资助英人福华德出版其所著护生之书。碧城早年才华艳发，二十以后迭经家难，两个哥哥，一姐一妹先后死去，又和二姐美荪因家产涉讼，种种不如意事，使她精神上大受打击。有一年她寓居伦敦，偶然读到《印光和尚嘉言录》，她得到启示，自此即潜心佛典，用英文来阐释佛经精义，宣扬佛教，这时候她家散人亡，孑然一身了（她自视极高，一向未易求偶，以独身终），她的《浣溪纱》词云："我蓼终天痛不胜，秋风萁豆死荒塍，孤零身世净于僧。　　老去兰成非落寞，重来苏季被趋承，不闻篓詈更相凌。（余孑然一身，亲属皆亡，仅存一"情死义绝"不通音讯已将卅载者，其人一切行为，余概不预闻，余之诸事，亦永不许彼干涉。词集附以此语，似属不伦，然读者安知余不得已之苦衷乎。）"

所指"情死义绝"之人，似系吕美荪，姊妹之间因何事而致此不共戴天，真不可解，若说因家产之事，恐不如此简单也。郑逸梅先生所作的《味镫漫笔》（此书刊于一九四九年六月，只印二百本分贻亲友，非卖品也），有"吕碧城刚愎性成"一则云："……其姐美荪，亦有诗才，惟不多见，或谓工力在碧城上。姊妹以细故失和，碧城倦游归来，诸戚友劝之毋乖骨肉。碧城不加可否，固劝之，则曰：'不到黄泉毋相见也。'时碧城已耽禅悦，空中悬观音大士像，即反身向观音礼拜，诵佛号南无观世音菩萨。戚友知无效，遂罢。其执性刚愎有如此。"上面所引两段文字，一是她的自记，一是别人所记，可见姊妹交恶之深，且有"不及黄泉"之誓，则其失和非因细故矣。

关于吕碧城的词，我也要详说一下的。她的词集《信芳集》出版于一九二九年，到一九三七年，她又将近作与《信芳集》厘定为四卷，名《晓珠词》，卷末附“惠如长短句”（惠如遗稿散失，只得廿五首，所以不能印专集，附印于后）。题《信芳集》者共三人，计：陈飞公（完），徐姜盦（沅），樊云门（增祥）。陈完《沁园春》前小序云：“昨与寒云公子夜话，泛及当代词流，公子甚赞旌德吕碧城女士……因以女士自刊《信芳集》见示。不慧寻览一过，奇情窈思，俊语骚音，不意水脂花气间及吾世而见此苍雄冷慧之才，北宋南唐，未容傲胝，今代词家，斯当第一矣……”樊樊山除题《金缕曲》一首外，几于每首皆有评语。《浪淘沙》一首，评以“漱玉犹当避席，断肠集勿论矣”。原词云：“寒意透云畴，宝篆烟浮，夜深听雨小红楼，姹紫嫣红零落否，人替花愁。　　临远怕凝眸，草腻波柔，隔帘咫尺是西洲，来日送春兼送别，花替人愁。”又《前调》一首，樊山评以“此词居然北宋”。词云：“百二莽秦关，丽堞迴旋，夕阳红处尽堪怜，素手先鞭何处著，如此山川。　　花月自娟娟，帘底灯边，春痕如梦梦如烟，往返人天何处住，如此华年。”评《清平乐》一首云：“南唐二主之遗。”《齐天乐》一首云：“此等起句，非绝顶聪明人不能道。仙心禅理。”《念奴娇》一首云：“松于梅溪，细于龙洲。”《祝英台》近一首评云：“稼轩宝钗分，桃叶渡一阕，不得专美于前。”其他好评不胜枚举，吕碧城可当之无愧的。我们从这些评语来看，可知她词学造诣之深与天分之高了。

长安印匄寿石工

印匄（即“丐”字）是故友寿石工的别号，本来风雅人士，不大喜欢取这些不好的字来做名的，但石工满不在乎。原来一九一五年，陈师曾和他同在北京，赠他的诗有“人海长安称印匄”之句，他那时候已在北京卖篆刻，所以索性就用印匄这个别名，给人刻印所署的边款，大都刻“印匄”两字。

石工是一九五〇年逝世的，到今年已是十周年，我想趁他的十周年祭，介绍一位有趣的北京印人给南方的读者。他刻印写字在北京很著名，称为北京印人，谁都不会反对的罢。不过他的印名不出北方五省，仍然是地方性的一位印人，不像吴昌硕、齐白石那样驰名全国。

寿石工单名一个玺字，字石工，一字珏盦，别号印匄、冷君，又有许多外号如破荷亭长、辟支尊者、南方墨者等等，细数下来，不下二十多个。他除了别号多之外，还有五多，那就是刻印多，写字多，填词多，藏古墨多，藏时人扇面多（约有二千馀页），是个以多为贵的人，但他并不以财多，他刻印写字取值极廉，也和我一样，只求稿写得多，卖得快，不计稿费多少。他是浙江山阴人，常称“山阴寿玺”，山阴自清亡后已改为绍兴，但他从不称绍兴人的，他的父亲在北方做幕友，曾跟过山西巡抚俞廉三，石工后来似乎也在山西和东北当过幕友，到一九一二年前后，他才在北京定居下来，以卖艺及教人作词为活。

故友杨千里（天骥）工篆刻，工力韵味，皆在石工之上，他曾对我说，一九一四年他和石工同住北京一屋，石工时时将所刻的印拿来向他请教，千里教他尽去明人《戏鸿堂印谱》那一类的恶俗之态，专摹汉印，旁学赵之谦、吴让之、吴昌硕，必能尽去俗气。石工果然将旧作尽行磨去，重新来过。

石工刻印极快，因为他刻得很熟，熟自然能快。和他同时的印人如乔大壮、陈师曾、杨千里、王福庵等，都要在印石上先写好了字才奏刀的。乔、陈、王三人，甚至写得很工整，还要照镜，看字形正不正，配搭好不好，杨千里、寿石工就不照镜了，约略在印石上写个字形就算（李茗柯、邓尔雅皆如此）。人称齐白石刻印不必写，下刀就成字形，这不一定可靠，简单的字还可以（例如白石二字，我刻起来也不必写呢），笔画多，字数多的，就难了。其实印之好丑，不在写不写，谁能在刻成后分别出来呢？

填词之多，也是石工一特色。曹经沅题石工的《珏盦填词图》卷子诗云："三绝名高辇下驰，垂垂肘印当家资。词人强半城西住（兼谓倬盦、联园、大壮诸子），几度驱车访辟支。""坫坛藉甚说同光，绝代疆村诗半塘。低首觉翁君最久，好从坠绪辨微茫。"从这两首诗中，可约略窥见石工之为人，"三绝名高"，指他的印、字、词，这三绝他在北京驰名是不错的。石工致力宋词极深，自称"佞宋"，对于梦窗和稼轩，尤有心得，朱祖谋赠他的词有"火传四明"之语（吴文英，字君特，号梦窗，四明人。石工尝取"火传四明"入印，也请杨千里刻过此印）。所以他对于朱祖谋有知己之感，朱翁逝世，石工有《鹧鸪天》二阕，用朱翁自挽韵挽之。今录于此，使读者欣赏一下他的词。词云：

臆碎匆匆泣羽分，江南遗恨削寒温，名山剩有千秋业，虫简翻期一字恩。　花月夜，薜萝身，东风如海了词人，泪痕点点成孤忆，鹭老苹愁渺圣因。

笛里呼杯见往因，短笺传句愧闻人，黄垆宛宛长安市，白发萧萧德裕身。　　空雪涕，枉书恩，兰依熏夕玉流温，劫灰轻换宜春字，海上阴晴惨不分。

石工藏墨极富，多明朝精品，其中四笏，死后为清华大学教授张子高所得（子高名准，湖北枝江县人，今年七十三岁，久任清华化学系主任，藏墨极富，名其斋曰“石顽墨艳之室”）。石工藏墨之室曰“玄尚精庐”，著有论墨之书曰《重玄琐记》（稿本）。

北京文人互相交换扇面，成为风气。石工居北京四十年，和当代书画家、名人交换的扇面不下二千页，死后不久，已陆续流入北京冷肆。去年沪友见市上有石工夫妇给我写的扇面一，问我要不要收回，我赶快写信叫买，但已为人捷足先登了。因此我手上并没有他只字（本来有他几个扇面，二十年前在上海、马尼拉失去），真是可惜。石工的原配，于一九二三年死于北京，继室宋君方女士，湖州人，今在北京以写画为活。

石工矮而肥，行路时的态度极令人可笑，有一次我同他逛市场，古董店的小伙计一路赶着捉弄他，拿个纸乌龟贴在他的背后，他也不以为忤。文人中脾气好和不立崖岸，无如石工了。

岳阳楼

湖南的岳阳楼在海内享盛名千年，完全是靠范仲淹那篇记才窜红起来的，其情形正如滕王阁靠王子安那篇序文一样。小时候读古文《岳阳楼记》到“至若春和景明，波澜不惊，上下天光，一碧万顷；沙鸥翔集，锦鳞游泳，岸芷汀兰，郁郁青青。而或长烟一空，皓月千里，浮光跃金，静影沈璧，渔歌互答，此乐何极。”读到此也为之心旷神怡，掩卷沉思，怎的将来有日游游岳阳楼才偿我的心愿。年纪稍大，读黄山谷诗有“未到江南先一笑，岳阳楼上对君山”，又使得我神魂飞越，想立即到岳阳楼上，对正君山，吊一下古时那个贤妃子。过了八年，一九二七年春假，我居然得偿此愿，坐在岳阳楼上，凭栏细啜君山茶，欣赏洞庭湖的风景，“一碧万顷”的波光里，可以隐隐约约的望见君山（君山以产茶著名，年产不过数十斤，王湘绮是湖南人，他致函岳州办厘金的张文心云：“君山新茶，真者可为致一二两，假者亦致一二斤，以慰渴思。”在八十年前本地人都这样难得真品，可见其名贵一斑）。

岳阳楼在岳阳县城西的城楼上，一跨进题有“南极潇湘”或“北通巫峡”的山门，就看见坪上那些青翠的树木，一座高楼矗立在跟前。楼身是木结构，平面宽深各三间，三层三檐。中层四面环以明廊，供人远眺。

楼的历史是相当长远的，据传三国时代吴将鲁肃曾在城楼上筑阅兵楼，这就是岳阳楼的前身。宋人范致明的《岳阳风土记》说：“开元四年，中书令张说除守此州，每与才士登楼赋诗，自尔名著。”但张说的诗题只有“南楼”之称，那是因为此楼在郡署之南，所以就随便叫它做南楼，可知其时还未有岳阳楼之称，此后二三十年，杜甫、李白、韩愈、白居易等大诗人的篇什中才见岳阳楼之名，从此以后才固定的用岳阳楼这一名了。

宋仁宗庆历五年（1045）滕子京（名宗谅，河南人）谪守巴陵，重修岳阳楼，以后历元明清各代都有修建，最后一次大修，是清光绪六年（1880），到一九五七年又再大修，修筑情形大抵是依照旧有的建筑予以整理，没有变更结构原式。楼前的两边有三醉亭和仙梅亭。三醉亭旧名望仙亭，现在才改名三醉，相传神仙吕洞宾过岳阳楼必要买醉，所以有望仙亭之筑。楼中还有吕洞宾的石刻画像，碑高五六尺，上题“孚佑帝君像”数字，不知出谁人之手，年久也忘记了。坪上放着一个大铁鼎，高八九尺，是光绪廿九年（1903）一班善男信女献给“孚佑帝君”的，祷拜的人烧纸钱元宝，就用这个鼎做炉子。鼎旁分置二铁桶，名叫铁梢，上有铭文铸“宋淳祐五年（1245）十二月吉日，孟府十位铸到铁梢，一样二只，各重一千斤”。据说这两铁梢本置君山的崇胜寺的，几时移在楼前已不可考。楼的中层和底层，各有木刻字屏六幅，刻的是清朝张照所写的范仲淹《岳阳楼记》。写时的年月是乾隆八年（1743）。张照字得天，江苏娄江人，康熙四十八年（1709）翰林，官至刑部尚书，以书名满天下，但他的字柔媚多姿，风格不高，因为当日的皇帝都喜欢这一类的字，他浪得虚名而已。

滕子京重修岳阳楼，写信请范仲淹作记，信中有说：“岳阳楼不知俶落于何代何人，自有唐以来，文士编集中，无不载其声诗赋咏，与洞庭君山相率表里。”范仲淹写记时，便将四周景物，早晚晴雨等各种不同的感触都作了极细致动人的描写，而对楼的历史却一点都不提及。范记中那两句“先天下之忧而忧，后天下之乐而乐”，不止成为千古名言，也是我国旧日士人的伟大政治目标。相传范仲淹做秀才时，就以天下为己任了，得到他替滕子京写此记，就借此发挥他的政治目标与政治哲学。直到今日，一般人都喜欢引用范文正这两句名言。俞曲园先生说到范仲淹这两句名言，有他的一个说法，现在录出来，给读古文的人参考。《茶香室丛钞》卷八云：

范文正《岳阳楼记》先忧后乐之语，千古称之。然余谓此自文正素志，何忽发于此？意则诚美矣，以作楼记而言，则似不甚切也。及读宋范公称《过庭录》云："滕子京负大才，为众忌嫉，自庆帅谪巴陵，愤郁颇见辞色。文正与之同年友善，正患无隙以规之。子京忽求作《岳阳楼记》，故中云：不以物喜，不以己悲，先天下之忧而忧，后天下之乐而乐，其意盖有在矣。"乃知文正有为言之，非横逞议论也。

曲园先生引宋人范公称所说的，很有趣，可为今日校中读古文的学生参考。我们从此也可知范仲淹不是在做秀才之时说这两句话的。原来滕子京有满腹牢骚，范仲淹以此规劝他。（俞先生又引南宋人周辉的《清波杂志》说滕子京修岳阳楼成，有人称赞他，他答道："有甚可喜，落成后，只待凭栏痛哭几场罢了。"以证滕子京有满腹心事。）

范仲淹这两句名言，不只后人喜欢引用，就是在北宋之时，官方居然也引用它，苏东坡做翰林学士时，还引此二语来批答章奏。据宋人周密的《齐东野语》说，范仲淹之次子纯仁（字尧夫，父死方出仕，累官中书侍郎，观文殿学士，谥“忠宣”）辞官，东坡代批答云：“吾闻之乃烈考曰：君子先天下之忧而忧，后天下之乐而乐，虽圣人复起，不易斯言。”到范纯仁在徽宗登位后，征他为观文殿学士，他因为眼病，不想出仕，死后上遗折，也说：“盖尝先天下之忧，期不负圣人之学，此先臣所以教子，而微臣所以事君也。”两句名言，在宋朝的政府中就用了几十年。

旧日岳阳楼的匾额，是清初汪涛所写的，大径六七尺，据说当时没有这样大的毛笔，汪就用破布蘸墨写成，苍劲飞舞，格外得神。（汪涛字山来，号梦龙，安徽休宁人，多膂力，人呼之为“梦龙将军”。精各家书法，尤善大书。）楼下屏门的《岳阳楼记》，乃乾隆年间商思敬所书，我往游时，不见商书，大概他所写的已经被毁，现在的人，只知张照一书，而商思敬的反而没有人提及了。滕子京修岳阳楼后，本楼为一绝，范仲淹作记，苏舜钦书文，邵竦篆额，合之称四绝。邵竦之名，也和商思敬一样，不为人所知。

但邵竦也是北宋一个精于篆书的大家，他是江苏丹阳人，素有节行，范仲淹极钦敬他。王琪守润州，荐于朝廷，赐号冲虚处士。范仲淹作《严子陵祠堂记》后，写信给冲虚处士，请他书丹上石。信中有这几句：

（拙文）非托之奇人，则不足传之后世，先生篆高出四海，诚能枉神笔于片石，则子陵之风，后千百年未泯，其高尚之为教也，亦大矣哉！

可见冲虚处士的人品书法如何，其为范文正推重，必有缘故的，可惜他的字极少见，在后世也没有大名。

桃花源

约在一千五百年前，陶渊明写了一篇《桃花源记》来发抒他的感情，寄其超然高举之志，纯是寓言文字，不必真有其事的。到了后世，好事之徒便替他演为实事，于是千百年来，国中的桃源便出现了好些处，而正宗的桃源，则设在今日湖南桃源县。近日读书，见有述及桃源者颇多，而感于此间有些文士，动不动就有“桃源思想”，发于诗文，因此我就搬一些有关此事的材料，藉备参考。

先说那些冒牌的“桃源”吧。这些桃源，并不是以桃花源为名，但他们的“精神”与桃源是无二致的。是什么“精神”呢？略言之，就是有些人不愿见异族统治中国，他们率家人避入深山，如全祖望的《鲒埼亭集》所载《邵得鲁事略》，说他在明朝亡后，削发为僧，一日入山迷道，不久后，行到一处有鸡鸣狗吠的地方，见有古衣冠的人出来迎客，原来彼此都是遗民，“因相顾而叹曰：此真桃源矣！”

又与全祖望同时的刘继庄，他的《广阳杂记》说，广东韶州乳源县，有个地方叫梅花，与外隔绝，居民百数十家，有张邓二老人为之主，众人都听他们指挥。二老是明末秀才，不肯降清朝，据险自守，官军不敢进去追讨租赋，只在外边大声说明总共多少，上面就如数缒下来，不欠分毫。二老死后，失去领导人，众人才归附清朝，即于此地设花县。这个“桃源”虽然为期甚暂，但他们的精神极可佩。

黄梨洲所记的《两异人传》（见《南雷余集》），说的也是满洲统治者下令剃发，有徐姓的人，抗不受命，约同宗族数十人，入雁荡山，自辟桃源。入山后数十年，亲友不知他们的消息。

此外，友人瞿兑之先生所记的河北老人村，也颇类桃源，其地在满城、涿县之间，居民大都是旧日避异族而迁入的中原遗民（瞿君有《会勘三坡纪略》一文，载《河北月刊》）。同治年间王湘绮日记记湘潭有“桃源”，陈其元《庸闲斋笔记》卷八，《今世之桃花源》一条，也是记同治年间所见的“桃源”。凡此所述，都可说是有些人不愿在异族统治下讨生活，而追寻他们幻想中的仙境，因此创造了一个桃源，这都是受了陶渊明的影响的。

至于“正宗”的桃花源，则附会得很有趣。它位于桃源县城西南十五公里之处，一出县城，便可望见“桃源八景”之一的那个“绿萝晴画”（“绿萝”乃是山名），而八景中的“桃川仙隐”，就是古桃花源了。

前些时读报，见有桃花源已修葺为游览胜地的消息，还说所传诗人刘禹锡所写的“桃源佳致”四字，也重新树起来了。这是一个颇有趣的事情。桃源古迹，在民国成立后三十年间，因为湘省军阀互相厮杀，已将这个古迹破坏无馀，十年前见某报所记的，拿以较五十年前华学澜所见的，又大不相同了。某报所载的文字，说到桃花源有水源亭，亭后有桃花潭，为桃花溪发源处，古人云“桃花潭水深千尺”云云，可见附会得应有尽有，甚至把李白、汪伦的事都从安徽搬到湖南，很是好笑呢。

关于唐诗人刘禹锡所写“桃源佳致”石刻的发现与失去，华学澜的《辛丑日记》及麟庆的《鸿雪因缘图记》都有提到。《辛丑日记》还详记桃源情形，最可供参考，现在分别摘录于此。（《辛丑日记》是光绪廿七年辛丑，公元一九〇一年，华氏为贵州乡试副考官时写的。麟庆一记，是道光年间的。)《辛丑日记》云：

七月初一日……巳初一刻至桃源洞行馆茶尖。行馆在山麓，门额曰古桃花源，堂额曰延致馆。阶较门高十余级，旧为山寺奉关帝处，前桃源令余良栋即其地改为之。初到，有道士数辈迎于阶前。少歇，令差纪呼一道士来导游。道士姓熊，名宗武，导余等由小门入。初经一六角亭，其一面门之上方墨书曰："此中人语"，不知作何解。亭内外碑甚多，皆剥蚀不可辨识（案：此处名叫"碑林"，十年前只剩唐宋碑十余方而已）……过桥数百步，至水源亭止焉。亭亦六角，构木为之。清泉汩汩，自亭后山头下注……泉流之旁有横石二，一刻"秦人古洞"，一刻"古桃花潭"。询洞所在，道士向亭后左偏指曰，即在此池水之下，从前人所能到，惟洞中地甚狭隘，前令余良栋欲穷所至，穿而深之，至丈许，而获此亭中之石几石柱等；已而水泉涌水，取之不竭，遂成此池，而洞门为水所漫，不能再问津矣。询山后何有，则曰乱山杂树，无可观……由神祠出，对面室三楹，后壁绘山之全图，入室则四壁皆嵌石刻，吴清卿前辈篆书陶记（案：吴大澂于光绪二十年曾为湖南巡抚），行书自撰之记两石存焉……至集贤堂，堂中奉陶靖节（渊明），王摩诘（维），苏长公（东坡）三木主……所至之处，对联甚多，所有匾额，皆前令余良栋所题，其字非篆非隶，极为别致。道士云，令为四川人，癸巳年（案：光绪十九年也）经营此山，缺者建之，残者新之，各题额焉……筱苏闻之李子香（案：吕筱苏为正考官珮芬之字，李子香则该县的巡检）云，桃源洞旧有刘梦得所题“桃源佳致”四字石碑，字已漫漶，余令磨去，易己名重书而刻之，可谓大煞风景……

所记的是五十年前的桃花源，可见自唐末就有人把陶渊明的寓言演为实事了。刘禹锡所写的“桃源佳致”四字石刻，早在六十六年前给那个附庸风雅的桃源县令余良栋磨去，他老先生自己写过重刻了。可惜日记中没有说明余良栋是模仿刘字重书而刻，仍用刘名，抑直用己名书写而记其事。无论怎样写法，余良栋将古刻磨去，实在是一个不懂事的风尘俗吏呢。

余良栋重修桃花源，是光绪十九年癸巳（1893），而距癸巳六十年，则是发现刘禹锡石刻之时，恰恰是头尾足六十年，亦见巧合。麟庆于道光十二年壬辰（1832）三月游桃花源，记云：

过绿萝山，午泊缆船洲，即古桃花源渔郎舍舟处也……爰登山谒靖节先生祠，有道士来迎，问以刘禹锡碑，均茫然不能对。……乃寻径下，见路旁有碑隐丛草中，爰命拨而观之，正禹锡所书“桃源佳致”四字。喜而指示，

道士亦欣然曰：“今而后可告游人矣。”余大笑……

刘禹锡的石刻，不知何时没丛草中，发见后六十年又为妄人磨去，则麟庆之发现它，似乎又是多事了。

醇王府的丁香花

北京宣武门内西南隅，有太平湖与太平街，街上有清朝的旧醇王府。醇亲王行七，名奕譞，是光绪帝的本生父，因此人们叫这所王府做七爷府。

这所王府之动人遐思，令人可爱，不在它是醇王府，而在它是百年前我国一个女词人顾太清曾住居过的。更有趣的是人家传说顾太清和龚定庵在此恋爱，后来定庵被太清的丈夫贝勒奕绘毒死。

龚定庵的《己亥杂诗》三百十五首，有一首云："空山徙倚倦游身，梦见城西阆苑春；一骑传笺朱邸晚，临风递与缟衣人。"自注："忆宣武门内太平湖之丁香花一首。"后来的好事文人便从这首诗闭门造车，制出定庵与太清恋爱的故事，曾孟朴在《孽海花》说部中更绘声绘影，说得若有其事一般。

顾太清是满洲人，嫁贝勒奕绘为侧室。奕绘与奕譞是兄弟行，乾隆帝是他的曾祖父。他的祖父永琪是皇五子，封荣亲王。永琪子绵亿降袭郡王，是为荣郡王，郡王之子奕绘，袭封贝勒。奕绘自号太素道人，又号幻园居士，著有《明善堂集》，内分诗为《流水编》，词为《南谷樵唱》。太清单名一个春字，字子春，号太清，世人称她为太清春，她也常举自己的族望为西林，自署名曰"太清西林春"。这里的"西林"，不知与雍正、乾隆年间的鄂尔泰的西林同一地否。一说太清是顾八代之后，八代是满洲镶黄旗人，姓伊尔根觉罗氏，官至礼部尚书，追谥"文端"。

太清的诗集叫《天游阁集》，词名《东海渔歌》。绘贝勒词名《南谷樵唱》。东海渔歌与南谷樵唱，就是太清配太素之意（孟心史先生这样说的），而南谷又是奕绘自营的生圹之名。太清的词，为清代一作家王鹏运常说，满洲词人，男有成容若，女有太清春，只此二人而已。民国二年（1913）癸丑，况蕙风序《东海渔歌》有云：

曩阅某词话，谓铁岭词人顾太清，与纳兰容若齐名，窃疑称美之或过，今以两家词互校，欲求妍秀韶令，自是容若擅长，若以格调论，似乎容若不逮太清。太清词，其佳处在气格，不在字句，当于全体大段求之，不能以一二阕为论定，一声一字为工拙。此等词无人能知，无人能爱。夫以绝代佳人，而能填无人能爱之词，是亦奇矣……

此序将太清之词推崇之高，可谓至矣。我现在草此短文，不是批评介绍太清的词，而是说明她与龚定庵并无恋爱之事（这一点不必我考证，远在四十年前，孟心史先生已证明无稽了。又记得苏雪林女士于一九三〇年的《妇女杂志》刊有《清代女词人顾太清》一文，同年十月又在武汉大学的《文哲季刊》写有《清代男女两大词人恋史的研究》。不知苏女士怎样说法，二十年前曾读过，今已忘个一干二净了），并说一下那个醇王府。

绘贝勒死于道光十八年（1838）戊戌，到今年戊戌为一百二十年，死时正四十岁，与太清同庚。龚定庵出都，著《己亥杂诗》三百（一）十五首，事在道光十九年（1839）己亥，太素奕绘死已一年了。定庵在道光廿一年（1841）死于丹阳县署，人家传说是中毒，冒鹤亭、罗瘿公一班人相信他是被绘贝勒遣人去加害的。这一点当然不能成为事实，他死了一年，怎能在一年后，还派人去毒死他的“情敌”呢？况蕙风序《东海渔歌》有一段说：

末世言妖竞作，深文周内，宇内几无完人，太清之才之美，不得免于微云之滓，变乱黑白，流为丹青，虽在方闻骚雅之士，或亦乐其新艳，不加察而扬其波，亦有援据事实，钩考岁月作为论说之申辩者。余则谓言为心声，读太清词又决定太清之为人，无庸断断置辩也……

这是暗中不满意于冒鹤亭、罗瘿公、曾孟朴诸名士的说法，我是极端同意于况蕙风这样说的。

关于荣王府——即后来的醇王府，现在可一说。永琪于乾隆三十年封荣亲王，三十一年死，谥曰纯。乾隆三十年是公元一七六五年，今假定这所王府是建于乾隆中叶，则荣王后人有此府差不多一百年，后来才转为醇王府，为奕譞所有。几时为醇王府，现在手头没有材料可以参考，按奕绘之孙溥楣，在咸丰七年（1857）袭封镇国公，同治五年（1866）因事革退，荣王府也许在此时没收入官，由西太后赐给奕譞居住的。光绪帝后来在此处诞生，到光绪十四年（1888），醇亲王上疏问西太后应否将此屋依照潜邸之例恭缴。是年九月一日降谕云：

皇太后懿旨，醇亲王奕譞奏：现居赐邸为皇帝发祥之所，敬稽成宪，应否恭缴，请旨遵行等语。醇亲王府第，为皇帝潜邸，应恪遵雍正二年成宪，及乾隆五十九年谕旨，升为宫殿，准其恭缴。贝子毓楝府第，赏给醇亲王居住，并赏银十万两由王自行修理，俟修竣后，再行移居。西直门内半壁街空闲府第一所，著赏给毓楝居住，并赏银一万两修理。所赏银两，均由户部发给。

于是醇亲王就由太平街迁居什刹海的新醇王府，旧醇王府变成宫殿，封闭起来了。到民国初年，一切“天家”的排场都廓清了，“潜邸”也拿来出租，于是进步党便租下这所“潜邸”来做本部。孟心史先生尝到进步党本部看那班议员政客开会，回来后有感于美人名士之可贵，他说：“顾太平湖一宅，独以昔日至可宝贵之遗址，居今日至不可向迩之人，尤为奇厄。”于是他有诗二首咏其事，第一首云：“太平湖水明如镜，可有丁香尚着花；一自淮南轻拔宅，空令鸡犬住仙家。”把这班党人议员政客骂为鸡犬，很是有趣。

旧醇王府（醇亲王迁居什刹海新第后，人家就叫太平湖的旧第做旧醇王府，或七爷府，太平湖第，而叫什刹海者亦曰西府）的丁香花最著名，邸后废园，还有百多株。民国四、五年间，党人王赓（后改名揖唐）办中华大学于北京虎坊桥侧，后来因为颇有发展，便搬到太平湖的七爷府。一九一八年春，王赓已将园址略加修葺，丁香盛开时，他邀请北京名流数百人为赏丁香之会，诗人樊樊山、陈征宇、郭蛰云、易哭庵等皆有诗。樊山七古一首，尤关丁香花故事，今录之以结吾文。题为：“戊午春暮，湖邸丁香盛开，王会长约为茶会，为赋长歌纪之。”诗云：

太平湖上醇王邸，甲观画堂诞龙子。穆宗登遐岁甲戌，帝御紫宸王北徙（德宗承统后，醇邸移居什刹海）。储祥宫观锁秋烟，金扉一闭四十年。（案：醇亲王奏缴府第，事在光绪十四年，至民国元年不过廿三年，就算湖邸在民国七年出租，也不过三十年罢了。樊山从光绪元年起计，故有四十年之语，大概他不知道是光绪十四年才恭缴的。）年年潜邸花开日，禁地无人啼杜鹃。啼鹃唤醒江山梦，天统逡巡嬗人统。飞甍桂馆千门开，五柞长杨万民共。为惜贤王第宅闲，两斋子弟安弦诵。往日惊飞兴献隆，只今任引承天凤。竹花不实凤凰饥，化为劳燕东西飞（学堂以无款停），剩有丁香百余树，风飘香雪沾人衣。学堂主人淹中客，房杜程仇俱注籍，即今暂辍鹅湖讲，岳岳龙门罗俊及。公余小作看花会，招客西园拥鹤盖，夷陵七十老侯嬴，何意信陵亲执辔。来游朱阁惺芳华，黯淡纹窗换旧纱，两世亲王天子贵，十三冲圣让皇家。银屏珠箔开芳苑，扣砌铜铺启前殿，千步廊回迤逦通，九华石峭参差见。葳蕤紫白万花垂，蔷藿詹唐诸品贱，压倒城南白纸坊，佛香那及天家酘。乌巾白袷入画图（是日群聚摄影），清簟疏帘置笔砚。主人风雅催赋诗，嚼花一喷云锦烂。白头重过旧朱门，愁对名花数紫痕，门下赐樱臣甫泪，后园补橘豫章魂。兴亡莫向花枝诉，两王摄政关天数，君不见，壁间尚挂金桃弓，坟上已摧银杏树。（案：末句指西太后因“风水”关系，生怕醇王再生天子，故把他陵园的一株银杏树斫去，光绪帝救援无及。这件事，清末各家笔记都有记述，说得比较详细而确实者，还是王小航的《方家园杂咏记事》。因文长不具引。）

常熟两名园

今年的干支在庚子，上一庚子，是六十年前的光绪廿六年（1900），到今已一周甲，当日八国的“文明军”曾攻入北京，相信名妓赛金花在此时期很活跃于“国际坛坫”，于是曾朴才有《孽海花》说部，而后来张鸿也有《续孽海花》之作。这两部小说写得都不错，尤其是前者写得更好。（张鸿的《续孽海花》三十回，于一九四〇年由瞿兑之先生介绍刊于北京出版之《中和月刊》，于二卷一期始，每期登一回。未刊完张氏即逝世，后来全书出单本，似乎是由上海古今出版社印行，后来有盗印本。三月廿四日某报的《说部丛谈》作者宁远先生言《续孽海花》共六十回，似误。）

曾朴与张鸿同是常熟人，早岁定交，亲如骨肉，曾是举人，张是进士，二人皆起家科第，久任京曹，而二人在常熟也各有名园。现在我要谈的不是他们的小说，而是他们在江南的花园。曾氏的花园名“虚霩园”，张氏的叫“燕谷园”，又名“燕园”。（“霩”字难排，以下称此园为石花林，从杨云史也。详下。）

常熟诗人杨云史（圻）是曾氏花园主人曾撰之（字君表，即曾朴之父，虚白之祖。君表起家乙榜，官刑部郎中，他与翁同龢有亲戚关系，在翁日记中常见其名）的外甥，云史早年借居是园，在诗文中凡提及此园都叫它做石花林。《江山万里楼诗钞》卷四有《石花林杂咏并序》，作于民国二年癸丑（1913），诗与本文无关，今录其序，因为这是此园的史料也。文云：

辛亥冬，余奉母居曾氏之虚霩园，名曰石花林，是园为君表母舅别业，半城半野，半山半水，方圆二十亩，台榭十余处，水木清华，为吴郡名园之一。今稍修葺，有梅花田、杨柳天、松下房栊、风潭、鹿岩、笑滩、鹤涧、风篁馆、锦绣谷、幽兰榭、莱柴（引案：此二字恐有误，似为“茶簃”也）诸景。春秋佳日，妇子奉母，步陟成趣，以博慈欢，怡怡然不复知有治乱衰壮之感矣。忆舅氏营此园，余方七岁，游此不出，舅觅余久不得，则扫雪酣卧梅花下矣。乃戏谓“儿清异，异日当以园赐尔。”余今得居是园，岂偶然哉！得园中诗一束，仿《辋川杂咏》存之。

从这篇序文来看，我们知道曾氏园创建于光绪七年(1881)，不见于序文中者，尚有寿而康室、桃花坞、草堂、天心楼、渡口诸胜，而锦绣谷又为杨云史夫妇的卧室也。今观《江山万里楼诗钞》卷七、卷八两幅照片，一题“石花林消夏之影”，诗人坐在荷池上的走廊纳凉；一题“石花林偕隐行乐园”，诗人和夫人同在池边，徐霞客夫人坐石上垂钓，稍远是石桥花棚，树木荫翳，风景绝佳，可见此园的胜概一斑。此园今日已为常熟县立师范学校宿舍。

杨云史写此序时，年三十七岁，已从新加坡副领事之任辞职归国，立下决心要做“遗老”了。一九三五年前后，日本军阀进一步欺凌中国，当时杨云史曾写过一本小书叫做《开窗说亮话》，力促国中新旧军阀各党派息争，一致枪口对外。到七七事变后，日寇强占北平，搜查杨云史住宅，幸得他已将此书全部烧毁，不致吃眼前亏，但常熟的日寇却在花石林搜出《开窗说亮话》一部分，一时兽性大发，恼起来把花石林一些建筑捣毁泄愤，这就是曾氏园残破的一个原因。

花石林在九万墟之西，是明朝钱秀峰（岱）小辋川花园的一部分遗址。道光三年（1823）钱梅溪尝往常熟一游，在他的《履园丛话》中提及燕园，但没有提到小辋川，可知其园久已荒废（五十八年后，曾君表方筑花石林）。花石林的地方虽然只有二十亩，但因有池塘，所以有曲折之致，而陆与水的面积相近，空间也较辽阔。入门水榭三间，其前池水逶迤，过九曲桥后就到了荷花厅，在厅中可以望见远处的虞山，设计颇巧。厅的后面，有小院一方，植茶花数本，东边又有一院，皆曲折有度，为此园今日最完整之处。东面的残留假山废墟以及其中的亭台廊屋，现在都没有了。西边是曾氏的住宅，系洋楼三间，二十年前长满了藤萝，一片青翠，今日也不见了，但红豆一株，犹为园中珍木，则不能不惹起人的相思了。

张鸿写《续孽海花》是用燕谷老人的笔名发表的，张鸿字隐南，号燕谷，他取号燕谷，就是因为占有燕谷园。《履园丛话》卷二十有“燕谷”一条云：

燕谷在常熟北门内令公殿右，前台湾知府蒋元枢所筑，后五十年，其族子泰安令因培购得之，请晋陵戈裕良叠石一堆，名曰燕谷园。甚小，而曲折得宜，结构有法，余每入城，亦时寓焉。

常熟的小园林很多，燕谷园为今日保存得最好的一个。(常熟名园尚完整者有壶隐园、赵园、澄碧山庄、顾氏小园、东皋草堂、之园、庞氏小园。其中大部分是明朝的园林，到清朝再经营的。）现在此园已变成市公安局的办公处了。

张隐南在光绪末年买得此园，他花了很多心血才使此园成为吴郡一名胜。此园平面狭长，可分为东、西、北三部分，游人若从冷僻的辛峰街上一个小石库门入园，便见门屋五间北向，其西长廊直向北。再进又有东西向的廊横贯左右，将这一区划分为二，循廊到东部是一小池，旁有假山，山南有小斋四间，极饶幽趣。池水沿山绕到书斋之旁，曲折循山势如环抱状，上架三曲石桥，桥复有廊。山间立峰，其形多类猿猴。山下水口曲折，势若天成，实为佳构。山巅白皮松一本，高达数丈，虬枝映水，玉树临风，想见承平岁月，园主必定曾在此处抚松而盘桓也。池北西向有一高楼，可望虞山。楼旁为花厅三间，是前后二区间极好的过渡。花厅旁有一阁，今已不存，阁下假山二区，上贯石梁，山下有洞，曲折可通，洞内有水流入。此园的假山，相传即出诸戈裕良之手，戈氏以叠假山著名，苏州环秀山庄的假山，就是他的杰作。

山后为内厅三间，庭前古树成荫，是张隐南在世时居住之室。其旁西向，本来有旱船一，现在只存遗址在树石下供后人凭吊了。厅西有一道长廊直通园门。布置此园的人，将这个狭长的地形划分为三区，入门为一区，利用直横二廊以及其后的石山，使人入园具有深邃不可测之感。东折小园一方，山石峋嶙，又别有天地。更可取的是从小桥导入山后的书斋，尤具曲折之胜。后部内屋又以假山中隔，外区为主人读书待客之所，与内屋主人居住之处截然相隔。

园主张隐南别署蛮公，因在园中所居颜曰蛮巢。抗日战争时，燕谷老人曾避地桂林，后来因日寇轰炸得太厉害，复于一九三八年取道香港回到上海，家人劝他回故乡，他说日寇一日不退，他一日不回去。到一九四一年冬天病死上海，年七十五岁。隐南工画，能写梅花。他离开燕谷园时，诗文稿全部放存园中，没有携出，后来他的好友徐某派人回常熟取东西，顺便到园中替他取出诗词稿，所以他才能在死前一年编成《蛮巢诗词稿》付印，后附《怀琼词》，盖纪念其亡妻之作也。这部书我未见过，也许其中有不少关于燕谷园的历史资料的。

《孽海花》的正续集在撰写时，曾张二公也许都曾在花石林与燕谷园埋头埋脑绞尽心血过的，那么，常熟这两个小园就值得我们珍视，尤其在庚子年值得在此一提了。

铁琴铜剑楼藏书

清朝末年，国内藏书，以宁波天一阁、聊城海源阁、常熟铁琴铜剑楼、归安（今并入吴兴县）皕宋楼为最，有四大藏书之称。海源阁的书，在一九二七至一九三一年间被兵匪所毁，散失斥卖殆尽，阁亦破坏到不成形了。皕宋楼的书，早在光绪三十三年（1907）全部给日本人出十万日圆买了去，皕宋楼“人去楼空”，楼也不在了。现今只有天一阁岿然独存，藏书四百多年，损失者才百分之三十，而常熟的铁琴铜剑楼虽则建筑尚存，书已散失不少。它虽然比不上天一阁保存得那么齐全，但有一百多年历史的私人藏书楼，到今日还尚在，已经不容易了（因为中国人破坏文物的本领特别强）。

铁琴铜剑楼的主人姓瞿，始创此楼藏书者是瞿镛，他的父亲绍基，在嘉庆末年已开始藏书，当时的藏书地方叫恬裕斋。楼在常熟十一公里外的罟里村，瞿氏的住宅早已不存了，但铁琴铜剑楼还无恙。

瞿氏住宅所占的地方多少，我不大清楚，只知家宅前的风景是很优美的。现在所存的遗址，住宅的第一二进已全毁，第三四进是藏书的地方。藏书楼向南，面阔三间，楼前有一个院子，老树数株，还有假山。楼的西面原本有一廊，现在不存了。楼后有一小天井，又有一楼，也是面阔三间的。

现在瞿氏的藏书，还保存极少部分在楼内，但绝大部分已归公家所有了。

关于瞿家藏书的历史，可以一述。叶昌炽的《藏书纪事诗》卷六，就有记瞿氏父子的事，他说：

同治《苏州府志》：瞿镛，字子雍，岁贡生，居菰里村。父绍基，好藏书，收藏多宋元善本。镛承先志，益肆力搜讨。常邑自绛云、汲古以至爱日、稽瑞，二百余年间，储藏家代不乏人，镛所著《铁琴铜剑楼书目》，既博且精，足为后劲。

这是说瞿绍基之子瞿镛，克振家业，将先人的藏书更增多了。（今人陈登原的《古今典籍聚散考》，出版于一九三六年，他引《中国新书月报》觉迷所作的《谈铁琴铜剑楼》一文，有云：“高宗数次南巡，曾以瞿氏铁琴铜剑楼藏书之富，一度临幸。而编纂四库全书时……盖以瞿氏铁琴铜剑楼，甬上范氏天一阁为最多……盖瞿氏藏书，历有数代”云云。这完全不是事实。陈君编著此书，引用该文时对此毫无纠正，连这一些目录学的常识都没有，可见他此书的价值一斑了。陈君去年出版《国史旧闻》，对于二十年前他那部书有不满之意，具见陈君学问精进。）光绪三十四年（1908）十月，传闻瞿氏的书有步陆氏后尘，卖给日本人之举，当时端方做两江总督，曾电江浙绅士设法阻止，必要时由公家出资购藏，幸喜只是谣传而已，叶昌炽的日记说：“瞿氏有此佳子弟，贤于陆纯伯（案：即卖书给日本人那个陆树藩）远矣。”到一九三〇年，常熟人有控告瞿启甲将书卖给外国人的事情，后经蔡元培、张元济等人证实没有此事，瞿氏子还是佳子弟也。

嘉业堂主人及其藏书

七八年前，香港思豪酒店的画廊，时见有刘氏嘉业堂的藏书、刻书出售，甚至还有主人刘翰怡寄来的《清史稿》关内本与关外本，当时的售价，每部不过五六百元，还可以打个折扣。转瞬之间，思豪已拆，刘翰怡那时不过六十多岁，今年已是七十八岁了。他现在还隐居上海，善本书已卖给政府，普通的书也陆续出卖，不愁生计。近年来他生活闲暇，不必为他的事业担心了。（他经营的商业，早在二十年前失败，田园地产，已卖去十之七八，上海的地皮更已卖光了。）

刘氏嘉业堂藏书是海内有名的，它的名头虽不及海源阁、皕宋楼、铁琴铜剑楼之著，但它却是后起之秀。海源阁、皕宋楼早已停止收书（陈氏且将书卖给日本人，而杨氏之书也遭兵匪破坏，且在光绪年间已不买书，只维持原状），而嘉业堂却不惜重价，见有好书就买，花五六百两或一二千两银子买一部书，当作家常便饭，无怪叶昌炽说翰怡“淫于书，书估踵门者如市，旧刻旧钞，日为评骘，昨日持示两书单尚未寓目也。”（见《缘督庐日记钞》民国五年八月初十日）他又先后聘请杨钟羲、黄孝纾、叶昌炽等人在上海替他校书刻书，厚送束修，例如民国五年（公元1916）年尾，他送叶昌炽五百元，叶辞谢不受，到第二年端午节，主人加送到一千元，昌炽因为校勘四史未完，未有成绩，虽然主人托朋友先对他说这次一定要收，但叶还是坚持，只肯收一半。像这样的大富翁，在现代都市中却是很难得的。

翰怡名承干，字翰仪，后来因宣统皇帝登位，凡是官绅人家都要避这个“仪”字，所以他才改作“怡”（唐绍仪也改绍怡，到民国后才恢复原状，翰怡则愿为遗少，始终没有改）。他的父亲刘锦藻（字澄如）是光绪二十年甲午科进士，官工部郎中、内阁侍读学士。一九三二年“满洲国”成立，锦藻以七一高龄往长春叩贺他的“旧君”，得赏“头品顶戴”，过了两年死去，年七十三岁。

刘家是吴兴南浔的大地主，以丝业起家，富甲一郡，发家的人是锦藻的父亲贯经，有人传他是铜匠出身，后来在丝庄做小伙计，勤俭诚笃，为老板所重，二十年间就发了大财。他一共有四个儿子，长名紫回，次名锦藻，第三名叫梯青，第四叫涵湖。锦藻有子十一人，翰怡居长，过继给大房紫回为子。他是乌程县附贡生，分部郎中，溥仪又“赏”给他“三品卿衔”、“候补内务府卿”，所以人家也尊称他为“刘京卿”了。一九一七年，翰怡撰《纶旅金鉴》进给溥仪，得赐“抗心希古”四字匾额（翰怡此书是“回锅菜”的，他以清初遗老苏州人徐树丕的《中兴纲目》来借尸还魂）。他们父子因著书进呈而邀“异宠”是有例的。后来锦藻也得到一方“殚见洽闻”的匾额之赐。那是他所著的《皇朝续文献通考》告成，翰怡进呈一部所得的“恩典”。锦藻的《谢恩折》写得很有趣，不妨钞给读者欣赏，因为伪满的文献多不获保存，今人秦翰才于复员后飞往东北公干，藏有一部分，现从秦君的《满宫残照记》将此文录出。折云：

头品顶戴，前内阁侍读学士臣刘锦藻跪奏，为叩谢天恩，恭折仰祈圣鉴事：十二月二十日，猥以臣子承干奏进臣所纂《皇朝续文献通考》，由前学部郎中臣王季烈寄到蒙恩赏给“殚见洽闻”匾额一方。臣锦藻当即恭设香案，东望叩头，谢恩祗领。伏念臣草茅弱质，蒲柳衰姿，循崦嵫而顾影，老学无成；昧委宛之秘藏，晚闻滋愧。研几忍古，识限区陬；勤志服知，目穷竘录。惟是征文考献，稍酬炳烛之微明；扬烈觐光，窃比引喤之初意。乃蒙恩焘曲被，宸翰遥颁，拜嘉有曜，瞻奎壁而分晖；循分逾涯，戴泰山而知重。庶几传诸州鄁，兴多士稽古之风；昭示昆仍，作累世教忠之范。所有微臣感激下忱，理合恭折具谢。伏乞皇上圣鉴。谨奏。宣统廿五年十二月廿一日。

刘翰怡也有一个“请安”折子，文曰：“头品顶戴，候补内务府卿，臣刘承干跪请皇上圣安。”年月未详。大概也是“宣统廿五年”十二月廿一日与谢折一齐寄去的问安折。(清朝的问安折最重要，不能稍有错误。平时的奏折如有错字或不合格式，不过罚俸而已，每月一次的问安折则绝不许有误，否则视为大不敬，有不测之祸，李鸿章初任直督时，曾屡受恭亲王警告。) 这个折子很奇怪，清亡已二十二年，还有“宣统廿五年”，岂非怪事！更妙的是这一年已是伪满的“大同二年”了，刘锦藻不用“大同”的年号，还是用“宣统”，大概他是不承认“满洲国”而是承认“大清”的。真有趣之至！

嘉业堂之名也与溥仪的“皇朝”有关的。原来民国二年（1913）清德宗安葬崇陵，锦藻捐助钜款为种树之用，溥仪“御笔”赐以“钦若嘉业”，所以他们为“纪恩”起见，取嘉业名堂。嘉业堂筑在吴兴，藏书十余万册，民国初年，刘氏父子因乡间地方不靖，将贵重的书籍完全搬到上海租界，现在南浔镇上的嘉业堂的遗址，已变成田园一片，不是藏书的地方了。今人徐中的《宋会要研究》卷三，附有《嘉业堂藏书楼游记》一文，是三十年前该堂盛时的一个写照，现摘录如下：

吴兴刘翰怡先生，世席丰华，雅嗜儒素，搜罗书籍约六十万卷，于南浔镇之鹧鸪溪上，建嘉业藏书楼，占地二十亩，与第宅小莲庄毗连，四周有水，环之如带。面南向池，池中及四围，叠石为小山，有亭台花木之胜。由池而上，有楼七楹，中一楹为大门，东三楹为四史斋，以置宋椠四史。西三楹日诗萃斋，以置翰怡父子所编之《清朝正续诗萃》。斋室均北向，斋楼多旧钞精钞各本，室楼皆宋元椠本。再进亦有楼七楹，左右绕以两庑，庑各六楹，楼下为厅事，三楹分列甲乙两部，上为希古楼，度殿本官印，而内府秘籍，亦在其中。楼东西上下，各两楹，杂置书五百七十余箱。左右两庑则各省郡县志。庑楼均为丛书，缥缃满架，美不胜收……书楼所蓄之物，多为旧家故物。如甬东卢氏之抱经楼，独山莫氏之影山草堂，仁和朱氏之结一庐，丰顺丁氏之持静斋，太仓缪氏之东仓书库，其积世珍录之帐秘，皆为此楼所钟聚。

刘氏父子除刻《嘉业堂丛书》、《求恕斋丛书》及许多单本书外，也有些著述。锦藻所著的《皇朝续文献通考》四百卷，那是刘氏以一人之力来续乾隆廿六年敕修的《皇朝文献通考》的，叙事一直到宣统三年止。这部书虽成于一人之力，有很多疏漏错误之处，但以一个有钱人能瘁心学问，孜孜不倦，成此伟绩，对学术界的贡献很大（此书于二十年前商务有影印本，且附索引）。清亡到今已五十年，在此若干年月中，在海外未闻有什么富人有这样笨以书破家，而且对学术有贡献的，我们对刘氏父子倒要表示敬意呢。

大房山石经

离北京约一百五十里的西南郊区，有大房山（原属房山县，现属北京市辖周口店区），离此不远又有个石经山，以藏佛教石经著名于世。

石经山原名白带山，也叫小西天，因藏石经，所以又叫石经山。山中有著名的云居寺，占全山风景最胜之处，自隋唐以来，云居寺就是河北佛教的胜地，据文献的记载，寺创于隋朝僧人静琬。历唐宋元明清各代都有重修过，到一九三七年日寇侵略中国，云居寺有很多建筑被日寇炮火摧毁，地面上的文物损失净尽，幸喜埋藏在山洞和地下的石经还不受影响。

中国的儒家，在汉朝刻有石经，以供读书人钞录，以为定本，汉石经所存之石，到今日已如凤毛麟角了，独有释教的石经，因为收藏得法，到现在还有数千块之多，真是我国可宝贵的文物！

据说静琬法师，就是接受了北周武帝毁佛灭法（事在574年）的教训，想把一些写在绢纸或木简上的各种佛经，雕刻在石上，封藏山洞里，不使受到毁灭。他选择了石经山这个地方，从隋朝大业年间（炀帝年号，共十二年，由605年起至616年止）开始刻经，一直到唐太宗贞观十三年（639）他死之时，二十年间所刻的经已装满七室。以后他的五代门人都相继刻经，一共装满了九个房间。自唐明皇以后，就有很多善男信女出钱帮助刻经，为父母或本身祈福。辽代的圣宗、兴宗、道宗也都赐钱刻经，于是在辽天庆七年（1117），就有辽代所刻的石经四千多片埋在云居寺西南角。以后金、元、明、清四代都曾刻过石经。

这些石经，除了一部分埋藏地下外，其他完全藏在云居寺东峰石经山的九个洞内。藏经洞在石经山山腰，上下凿两层石窟，上层七窟，下层二窟。下层的第一二两窟内共有石刻经一千九百七十八片，其中有少数是大业年间刻的，其余都是辽刻。洞口用直棂窗门锢封。九个窟中，以上层的第五窟规模最大，内容也最丰富。这个窟名叫雷音洞，平面近方形，洞内有四个不等边的八角石柱，柱上刻有一千八百零六个佛像。洞四壁镶着石经：左壁两层共有三十六片，全部刻《法华经》；右壁三层也是三十六片，主要是《无量义经》、《金刚般若经》、《胜鬘经》（元代补）、《弥勒上生经》（元代高丽僧达牧补书）等。这些石经，除了一部是元代补刻以外，其他都是静琬法师最早所刻的。从一九五六年起，中国佛教协会对这些石经已开始拓印了。

第三洞是唐代刻的。第四洞很小，只能藏石经百余块。第六、七、八、九洞，均在第五洞东边，洞内满藏隋至辽代的刊经。特别是第九洞，收藏的大部分是经头，而且多数都有线雕画像。是研究雕刻艺术的重要资料。

朱竹坨的《日下旧闻》所载，关于这些经碑，据辽代赵遵仁碑略载："辽太平七年（1027），涿州牧韩绍芳验名对数，总共二千八百五十六块。"但经这次捶拓经文时所计算，则共计有四千多块。比过去的文献所记载的多出了近一倍。

埋在塔下的石经，是辽代通理大师，游上方山，因见石经未完成，于大安九年（1093）在云居寺传戒，和门人刻经四千八百块，因当时九个洞已藏满，以后他的门人就把这些石经埋在地下，上面筑了一个压胜塔，把全部经的目录刻在塔上。压胜塔早已毁坏了．但塔下的石经无恙，一九五七年进行清理发掘，发见有石经八千多块，比原来的记载又多了一倍。

现在已经没有人企图灭法了，石经也不必永久埋藏在地下不见天日，拿出来以供文化界研究，正有此必要。以前怕散失，没有人敢主张发掘这些石经，现在印刷术日新月异，将石经拓印下来印刷成书，以广流传，真是功德无量。明人沈德符的《万历野获编》卷二十四有《房山县石经》一则，他是不主张开发所藏的石经的，今录其文以为读者参考。文云：

大房山在京师房山县境内，俗名小西天是也。隋大业间，僧静琬募金钱凿石为板，刻藏经传后。至唐贞观仅完大涅槃一部。其后法嗣继其功，直至完颜时始成，贮洞者七，穴者二，封以石门，镇以浮屠。我太祖命僧道衍往视，衍即少师姚广孝也。留咏而归。历代扃闭如故。去年浙僧名自南者，忽来谋于余，欲发其藏简，其未刻者绪成全藏。余急止之曰不可。方今梵夹书册盛行天下，何藉此久闭之石？静琬当时虑末法象教毁坏，故网此为迷津宝筏，今辇下凋弊，不似往年，宫掖贵貂，亦未闻有大檀施，若一启则不可复钥，必至散轶而后已。自南唯唯，亦未以为然。余再三力阻之，不知能从与否。

石经山明朝所刻的石经，不知有没有是自南所刻的，我现在未有材料可以说明，俟考。在明末之时，天下凋弊，暂时不开发石经，或不失为智举，但这批石经，有很多是现今失传的经典，就应该早日发掘，以广流传了。

一九二四年，云居寺石经遇一小劫，幸不尽遭毒手，当日曹锟贿选的帮凶京兆尹刘梦庚，要巴结总统曹锟，下令房山县知事沈严，督同军队将云居寺石经堂嵌壁的石经凿卸二十余片，损毁二片，拣选了十八片最完好的运入京师送给曹锟。叶恭绰先生闻知，忙联合文化界补救，由议员刘彦向国务院提出质问，刘梦庚临时诿为本拟交古物陈列所，以供众人观览。曹锟对文物绝无兴趣，便叫人将原石送回石经山。刘梦庚在上一年大力帮曹锟贿选，曹失败后，一九二五年吴佩孚与孙传芳合作对奉系作战，组织讨贼联军总司令部，设处长若干人，刘任机要处处长。

曹操关羽同好色

清初的学者刘献廷说，关羽是最行运的神，那是很可信的。满洲的统治者未入关以前，就把《三国演义》译为满文，清太宗还学周瑜用反间计来杀袁崇焕。到满人入关之后，他们更把关羽抬到三十三天，以收民心，将他列入祀典，一直到北洋政府垮台后，国家才没有祭关庙的典礼。经过满洲统治者这样抬举之后，关羽简直变作比天子还要尊贵的神，甚至有些颇有学问的人在文字上都不敢直书其名，称他为“关圣”或“关神武”，或称“关某”，可见其受人尊敬的程度，比死去的帝皇还要过之。而一般平民受了《三国演义》的影响，都敬重他重义气，不好色。不好色就是英雄，于是有小说中的《送二妃》及杂剧的《月下斩貂婵》（不久前，此间有粤语片《关公月下斩貂婵》），极力渲染他不好色。英雄是否就不好色，暂且不谈，不过食色性也，人不好色，此人必反常，好色而不及于乱，人各悦其配偶，正是人的好处。到底关羽是不是不好色呢？我看未必尽然。《三国演义》将曹操极力打扮成奸臣，说他好酒色，要打东吴取二乔放在铜雀台娱晚景，被人骂到今日。其实关羽也和曹操一样好色，不过小说中不敢写他这一件“韵事”罢了。《三国志》关羽本传的注语就记他一件趣事，今录如下：

《蜀记》曰：“曹公与刘备围吕布于下邳，关羽启公，布使秦宜禄行求救，乞娶其妻。公许之。临破，又屡启于公。公疑其有异色，先遣迎看，因自留之。羽心不自安。此与《魏氏春秋》所说无异也。

这一段记事真有趣。我们可知关羽不止好色，而且好之甚，他早已将敌人内部的虚实打听得一清二楚，甚至敌人里面有什么漂亮的姑娘，他都心中有数，先向曹公乞取敌人之妻，到城将破时，他更着急，又怕那个好色之徒的曹操见了美色而食言，所以三番四次对他一说再说，大有警告曹公不可“说过就算”之意。怎知弄巧反拙，竟因此惹起曹公的疑心，派人将敌人之妻拿来一看，果国色也。便留下受用，不以赐关羽了。这么一来，使关羽尴尬非常，自然也怀恨在心，后来关羽反曹，走回刘备帐下，也许怀有旧恨，如果曹公肯把那个“国色”赐给关羽，他自然死心塌地拥护曹公，日后也许称臣劝进，为魏国的开国元勋，而关羽的历史又当别有写法，他死后也没有“有井水处”皆有关庙了。

关羽所求取的那个“国色”是否貂婵呢？前人曾有论列过，不过不是说貂婵而是指吕布之妻，因《三国志》注语“乞娶其妻”这个“其”字，可指吕布，也可指秦宜禄。朴学大师俞曲园就说是吕布之妻。他的《小浮梅闲话》有云：“据此，则吕布妻必美，且又牵涉关公，杂剧有关公月下斩貂婵事，即因此附会也。”这是曲园先生所说的关羽乞取吕布妻而有此附会。其实照《三国志》的注语来说，不一定是吕布之妻，作秦宜禄之妻亦可。“其妻”二字，当然是指吕布之妻，在行文上看来如此，亦合文法。不过说是秦宜禄之妻，也没有不妥，因此前人也有为此争论一番的。清初诗人王渔洋的《香祖笔记》就有驳胡应麟之说。他说：

胡应麟作《丹铅新录》、《艺林学山》以驳升庵，自负博辩，然舛讹复不自觉。如引三国志关某传注，谓羽欲娶布妻，启曹公，疑布妻有殊色，因自留之。按此乃秦宜禄妻，与布何涉？元瑞岂未一检陈书耶？（按：胡元瑞乃明代一学者，他的《少室山房笔丛》包括有《丹铅新录》、《艺林学山》二篇，专驳斥杨升庵论学之说。）

胡元瑞是指吕布之妻的，王渔洋则主张是秦宜禄之妻，皆从“其妻”二字来做文章。因为这个代名词“其”字，指吕布秦宜禄皆无不可。如果要大打笔墨官司，是可以打得很热闹的。但他们都没有再找出一个有力的证据来证明是吕布妻，还是秦宜禄妻。后来袁子才有一篇《读胡忠简公传》，中有“苏武娶胡妇，关忠武请秦宜禄妻”（按：袁枚称关羽为“忠武”，殊无根据）之语，袁枚也是主张为秦宜禄之妻的。与袁同时的一个学者洪亮吉，他的《北江诗话》卷二有一段云：“关神武欲取秦宜禄妻，见蜀记，裴松之注《三国志》引之。近有一腐儒必欲为神武辩无此事。不知英雄好色，本属平常，不足为神武讳也。”卷三又有一段云：“英雄好色，奸雄反可以不好色。英雄好色者，所谓不修小节，如关长生之欲娶秦宜禄妻……”（按：《三国志》关羽传言羽本字长生，后改云长。）洪北江也说是秦宜禄之妻。他们之中，人主一说，也不过是从“其妻”二字去着想，未能举出旁证（虽然他们不是在开笔战），王渔洋既说“与布何涉”，何不在《三国志》找多一证据呢？《三国志》曹爽传，裴注引《魏略》曰：

太祖为司空时，纳晏母（案：何晏之母也），并收养晏。其时秦宜禄儿阿苏，亦随母在公家，并见宠如公子。

苏即朗也。读这一段文字，才知道那个“国色”有下文，“其妻”是指秦宜禄之妻，与吕布妻无涉。可知关羽乞娶及曹公所自留者，乃秦氏之妇也。秦氏妇归曹家，还带了一个“油瓶仔”阿苏同去。假如当日曹公以此妇归关羽，则关云长又多一义子关朗，与关平同为兄弟了。（洪北江“英雄好色，奸雄反可以不好色”之论，暗中以曹操列入英雄之内，而不敢明言，恐犯帝皇之威也。大抵自明以后，腐儒才普遍地骂曹操为奸雄，与杜工部称他为英雄不同了。到了清朝，《三国演义》之力大盛，更无人敢翻案了。）

水烟袋与苏东坡

在科举时代，考试作弊是不能免的，有考试，就有人想通过考试而达到目的，作弊的事情就会跟着来了。前记周福清通关节而致身败名裂，就是因为他贪一点小财而致如此，使到八十年后我们读史不免为他可惜。其实在考试时代，通关节是常见的事，即贤者亦不免。苏东坡是一代才豪，他为了爱才，要取中一个朋友，就给朋友一个关节，东坡虽然爱的是才，并非爱财，但仍然是作弊，不足为训的。宋人笔记记东坡知贡举，欲取中李方叔，反而给章惇二子占了便宜，是否真有此事，留在下文再说，现在先将宋人所说的摘录于此。潘永因《宋稗类钞》说：

元祐中，东坡知贡举，李方叔就试，方琐院，坡缄封一简，令送方叔处，值方叔出，其仆受简置几上。有顷，章子厚二子曰持曰援者来，取简窃观，乃扬雄优于刘向论二篇。二章惊喜，携之以去，方叔归，求简不得，知为二章所窃，怅惋不敢言，已而果出此题，二章皆模仿坡作，方叔几于阁笔。及拆号，坡意魁必方叔也，乃章援，第十名文竟与魁相似，乃章持，坡失色……而方叔竟下第，坡出院，闻其故，大叹恨，作诗送其归，所谓“平生漫说古战场，过眼终迷目五色”者是也。其母叹曰：苏学士知贡举，而汝不成名，复何望哉，抑郁而卒。

宋人的笔记这样的说法，似乎应该可信的了，但李方叔（荐）向来有文名，以文字受知东坡，何至见了扬雄优于刘向论就阁笔不能一字，这无论如何是说不通的。我怀疑东坡卖关节给他一事不可靠，大概是因为宋人喜为朋党之论，见章惇二子一时高第，便制造谣言，说他们是以诡道得到的。(《宋史》章惇传说章惇大公无私，即在相位日，不以爵禄给私人，他的四个儿子都是经由考试出身，官也做得很小，并没一个是显宦。)

陆放翁的《老学庵笔记》，也记东坡此事，但没有说他私下致简方叔，只说他素知方叔的才学，东坡知贡举，方叔往试，坡得一卷，认为必是李方叔的，大喜，在卷上批数十字，还对黄山谷夸眼力，说一定是方叔无疑，后来拆弥封，竟是章惇之子，方叔终身不第。东坡山谷都有诗在集中说到这件事。方叔考后出场，对人说他的文字不在第三名后，自负正高，但居然考不上。他的乳母年七十，听到此事，大哭曰："吾儿遇苏内翰知举，不及第，它日尚奚望!"这个老太婆一时气急，自缢而死。

放翁所记如此，没有一句涉及关节，可知关节之事，不尽可靠。章惇是一个有头脑的政治家，他附王安石行新政，见恶于正人君子，后来《宋史》将他列入《奸臣》传，而造谣之士更说他两个儿子的科名是徼幸而得的，无非党同伐异耳。(章惇在宋史为奸臣，而在湖南《安化县志》则为名宦。王船山先生的《宋论》还说他在湖南有大功呢。)

清初周亮工《书影》卷六，对这件事有所议论，今录于下，以备参考。

《养痾漫笔》载东坡缄封与李方叔者为二章所窃事。末云："坡拳拳于方叔如此，真盛德事；然卒不能增其命之所无，反使二章得窃之以发身，而子厚小人，将以坡为有私有党，而无以大服其心，岂不大可惜哉!"此论是矣。然使非小人如惇者，可谓坡无私无党乎？第中尚有疑窦：夫坡令叔党传与，可谓密矣；方叔既出，叔党不能俟其归乎？即不俟其归，宁不可再往，遂草草付其仆乎？方叔岂无斋室，仆岂不受叔党之教，面而致之，而乃置之几上，二章遂直造其室乎？此皆不可知之事也。或因坡素善方叔，欲栽培之，又有眼迷五色之诗，母有汝不成名之叹；而嫉二章并得巍科者，捏为此说，效二桃杀三士耳。今科第有无私者，而浪传为某友所私；有有私而无一人知其所自者，故此段不可臆断也。（案叔党乃东坡次子过之字，有小坡之称。）

周亮工这一段议论甚公允，但还嫌论得尚不透彻，章惇二子既能文，掇巍科自是意中事，李方叔又是能文之士，怎的就便见到题目不能下笔呢。所以我颇疑苏东坡简直没有漏题目给方叔一事，陆放翁所记是可靠的。

后东坡此事八百余年，清光绪二年（1876）丙子，湖南乡试副考官陆润庠也做了一件通关节之事，与东坡方叔者颇相似，甚有趣也。

民国初年，老诗人樊樊山写有《水烟袋歌》，就是记述同治十三年（1874）状元陆润庠通关节的事。歌前有序云：

故太保陆凤石前辈，同治癸酉拔贡，春秋连捷，遂魁天下（案：陆润庠死于一九一五年，溥仪谥之为“文端”。他是同治九年庚午拔贡，而非十二年癸酉。癸酉是他中举之年，下一年即中状元，见吴郁生所作的陆氏行状，樊山一时误记）。夙与湖南李拔贡同年相善，李试京兆不售，乙亥（光绪元年，一八七五年）春将还湘，陆饯之于丰楼，酒次，意甚郁悒。陆曰："若我主湘闱者，子必获隽"。李请关节，陆方食烟，即曰："水烟袋嵌于试帖句可矣"。未几，擢湖南副考官，先以书抵李曰："颇忆水烟袋否？"李发函狂喜，置书屉中，雀跃而出。妻睨其旁，疑为外舍情书，苦不识字，持归母家，母览而戒之曰："慎勿泄也！"母有三女，所天皆诸生，乃使长次女各告其婿。是科诗题为"惟善为宝"，得"书"字。陆得三卷，皆如所授，乃皆取之，独一卷后至，置副车，及拆封，李副榜第一，正榜两卷，则其僚婿也。一人名次较高，闱墨刊其诗云："烟水苍茫里，人才夹袋储"。（案："水烟袋"三字，已分嵌在诗中了，这就是关节。）久之，其事颇泄，言官欲劾之，以陆为人和易而止。李竟不获售，以道员需次某省而卒。陆此事诚干例议，然爱才念旧，非纳贿作奸者比，无足深讳。

陆润庠此举是不对的，无论是否爱才或纳贿，都是作弊，考试人才而作弊，有碍寒酸进身，所以一向是悬为厉禁的，他这次卖出的关节已告成功，如果给言官参奏，陆润庠的罪名比周福清还要更大，至低限度也斩监候的。（二十年后，陆润庠得江孔殷介绍，收广东人李某二万元点他为翰林，这个"文端"无乃不端乎！此事发生在光绪三十年甲辰，这二万元送去时，美其名为"刻书费"。某翰林已于一九六〇年死于海外。润庠前后卖关节皆与李姓有关，尤奇！一九六一年四月追记。）

樊山此歌写得非常谐畅，不愧名作，坊间所售樊山诗集未见刊有，三十年前我从报上钞下的，序文全钞，歌则只钞了一部分，其中有佳句云："湘闱万口传佳话，关节三言水烟袋。元和殿撰秉文衡，光绪初年岁乙亥（案：乙亥应作丙子，樊山误记）。"歌又引东坡事为波澜云："君不见东坡欲得李方叔，潜送程文李他出，章惇二子怀之去，端明坐迷五色目。榜发乃隽援与持，天之所废人无术。以古拟今何差殊，两僚诡遇二章如，李生若比老方叔，弱女非男聊胜无。"（案：副榜俗称半个举人，旧日出妇女生产来喻应试的士子，中举人者曰弄璋，中副榜曰弄瓦，但已是正途出身了。故歌有"弱女"之语。）歌的结句云："徒留烟水苍茫感，谁复人才夹袋储。"不免感慨一番，有余音袅袅不尽之意，佳什也。

高帽子

俗语说喜欢受人巴结的，叫做爱戴高帽，巴结谄媚的人叫送高帽。所谓高帽子者，一经套在人家头上，被捧者就头昏眼花，言听计从，于是捧人者就偿其大欲了。考高帽子一语，自明朝以来就颇为流行。

明朝有个学者庄定山，他有两句诗云："太极圈儿大，先生帽子高"，这是恶句，但当时的人相率仿效他这两句，一如十年前有些人仿胡适的"作了过河卒子，只能拼命向前"一样。（杨慎《升庵全集》卷五十五说：定山早有诗名，他的诗集刻于生前，浅学者相与效此二句，以为奇绝云云。按：定山名昶，字孔旸，江浦人。明宪宗成化二年进士。当其官检讨时，以不奉诏作鳌山诗，世颇称其气节。

尝卜居定山二十年，学者称定山先生。卒后追谥文节。）

《四库全书总目提要》批评他的诗，有很中肯之语，如云：“惟其癖于讲学，故其文多阐太极图之精义，其诗亦全作《击壤集》之体，又颇为世所嗤点……然如病眼诗‘残书楚汉灯前垒，草阁江山雾里诗’句，杨慎亦尝称之。”所谓“颇为世所嗤点?”之句，《提要》没有举例说明，大概就是那“太极圈儿大，先生帽子高”之类了。又所谓杨慎亦尝称其诗云云，现在从《升庵全集》卷五十五找出“庄定山诗”一条，他说的是：

然定山晚年诗入细，有可并唐人者……（升庵又举其诗之可笑者）“赠我一壶陶靖节，还他两首邵尧夫”本不是佳语。有滑稽者，改作外官答京官苞苴诗云：“赠我两包陈福建，还他一匹好南京”，闻者捧腹。

定山诗中的高帽子，是有所为而发的，因为高帽子在官场中的作用，比什么都强，送高帽子给上司，较诸求大官员写封介绍信还有效。怎见得呢？比如一个人在京里求大官写封八行书，拿到外省求官，那官员碍于情面，势不能却，这封信好像从上而来的大帽子，戴在头上，无法摘下。但是八行书有大小之分，如我求得一省的巡抚、藩司的八行书，另有一人求得京中尚书、侍郎的八行书，这样一来，我的帽子小，而他的帽子大，我敌不过他了。如果我求得尚书、侍郎的信，他则求到军机大臣、宰相、王爷的信，那就我的帽子仍然小，他的大，敌不过他。求官的人，除了求帽子之外，又有做帽子一法，这一法最灵。求恃人，做恃己，所谓求人不如求己也。大官员没有一个不喜欢人家巴结的，求官的人，只要探出大官平时喜欢什么，就从这方面着手。例如张之洞喜读书，一个在潮州做知府的方功惠（字柳桥，湖南巴陵人）就买嘱张的左右，每日把大帅所读的书名，详详细细写信通知他。在广州及武昌的梁鼎芬也是如此。他们得接情报之后，也跟着读大帅所读的书。见面时，与大帅谈起学问，便能应付裕如，谈得头头是道，深为大帅所喜，就升官了。这种巴结法，委宛从容，泯去痕迹，受巴结者不知不觉入其心坎中，令人意悦而首肯。这是最高的帽子，上司戴得最舒服，因为求来的高帽子，是加之以势，而自做的高帽子，则浃之于心也。

《廿载繁华梦》与周老十

二十多年前读过一部小说叫《廿载繁华梦》，又名《粤东繁华梦》，是黄小配所作的。全书四十回，光绪三十一年（1905）连载于香港的《时事画报》，下一年上海、香港都有单本刊行。我读的是那些一折九扣书的上海翻印本，近二十年已经买不到了，但这部小说在五十年前很是风行一时，广州香港的读者很多，原因是书中的主人公周老十是个名流，而查抄周老十又不过是前数年的事。作者黄小配（世仲）是广东番禺人，是当日一个颇享盛名的小说家，不过这部小说写得并不十分好，说些什么，在此二十年中老早忘记了，就是现在我能找到一部，也未必有耐性读下去。

这部小说印行了五十年，不知怎的近人蒋瑞藻的《小说考证》及《小说枝谈》都没有著录，只有孙楷第的《中国通俗小说书目》二〇六页有提到它。现在据录如下：

二十载繁华梦

未见

演周东生事。东生以一库书起家，为督臣岑春煊查抄。见《七载繁华梦》梁纪佩序及例言。

所记极简略，甚至作者也未见过此书。其实二十年前孙君作此书时，这部小说是随处都买得到的，并非如今日之难得。孙君所说的“演周东生事”，这个周东生就是广州人所叫的周老十。周老十名荣曜，字东生，他在广州的“大屋”位于西关宝华正中约，门面十三间（广州人叫十三便过），深约二十馀进，大厦里有花园亭台楼阁，还有一个戏台，地方颇大，可容观众数百人。查抄后，这所大厦已成官产，拨给粤汉铁路公司为办公处。辛亥革命后，一部分地皮出卖改建民房，一部分做了茶楼酒馆，而那个戏台则改为宝华戏院（似乎到一九二九年才没有的）。我小时在广州读书，先慈管教甚严，不许入戏院一步，到一九一八年嫡母要我们兄弟回潮州，与生母分别，先母才许我们大玩广州半个月，于是我才有机会在周老十的戏台看《梁天来告御状》。那时候周老十的“大屋”虽然分割得七零八落，但还稍有典型，我们小兄弟三人由女佣伴着，在大屋里玩了整个下午。现在闭目起来还可以仿佛想见其情形。

周老十在这所大屋里大概享过二十年繁华，到底好像做梦一般，流亡海外，托庇外人以逃刑罚，故此小说家才有《廿载繁华梦》之作。当周老十盛时，大屋里面自然是夜夜元宵，说不尽风流富贵。周老十本人穷奢极侈，固然不在话下，就是他的太太马氏也很会讲究享用，她自己就要拥有紫檀大床六七张，因为她有寝室七八间，春夏秋冬，因时而布置，就非有七八张不可。这种紫檀睡床，在六十年前一张约八百多两银子，今日的富豪花四五千港币买一张外国弹弓床，并不算怎样豪侈，若在六十年前那八百两，购买力之高，比四五千何止多十倍呢。即此一端，可见周老十之奢侈一斑了。

周老十之起家，诚如孙楷第所说“以一库书起家”的。原来他是粤海关一个师爷。粤海关是天下著名肥缺之一，做个师爷都可以发财，管理海关的长官就更不必说了。周老十做了二十多年，只要顺理成章的弄点钱，已极可观，如果法外聚敛，那就发财数百万，也没有什么希奇的。据老辈传说，周老十此缺是他的娘舅傅秩西让给他的，大约傅老头年老，发了财，不想再在宦海波涛中耽惊险，便将师爷之位顶给外甥，“顶手费”多少，已经没有人知道了。

光绪三十一年（1905）两广总督岑春煊查抄周老十家

产，周老十是个精灵鬼，早已逃到香港，再一步，转船到暹罗国游山玩水了，中国官厅其奈我何！岑春煊晚年在上海闲居时，著有《乐斋漫笔》（刊二十年前北京出版之《中和月刊》），中有记此事的经过，今摘录如下：

荣曜侵蚀公币，积资数百万，与官绅往还，俨然世禄。当谭钟麟督粤时，王某倚势相结，得其重赂。荣曜亦恃有护符，隐其蠹国病商之罪，益自骄纵，遂纳贿京朝，广通声气，得庆亲王奕劻之援，简任出使比国大臣，尚未出洋，余发其奸罪，奏请革职查抄，凡积年赃款，达数百万元之多。以一簿书小吏，而拥资至此，并得滥窃名器，贻笑友邦，果谁尸其咎欤？其后余召见时，面劾庆亲王纳贿鬻官，即举此为证，太后为之嘿然有愧色，遂不能更言。然海关宿弊至此廓清矣。

这是岑春煊生平引为最快意的一件事。春煊有“官屠”的绰号，他所做的事，未必尽符人望，但不贪污，这一点最难得。春煊的好友胡思敬（清末名御史）所作的《国闻备乘》卷一，记春煊在粤之事，也提到周荣曜，现在摘一些于此，以供参阅。

世凯……锋芒亦可畏矣，春煊气力更出其上。粤绅周荣曜者，初由关吏起家，积资数百万。春煊瞰其富，折简招至署中，责报效。荣曜不应，私挈金入都，求通奕劻之门，遂简四品京卿，出使比利时。春煊怒曰："奴子乃狡狯如是!"即日参其私蚀关税，请削职监追。荣曜奔香港，尽籍其产入官。奕劻熟视，莫敢出一辞救也。……春煊每至一省，必大肆纠弹，上下皆股栗失色。

胡思敬在当日也是"大肆纠弹"的一个御史，故与春煊为同调，其记此事或闻诸春煊也。不过周老十出使非以四品京卿，实在是以三品京卿简放的。清末外放钦使的人，大都以三品京卿居多，四品京卿是够不上资格的。周老十是否早已捐了一个候补道，今不可知，照例多金的人，多数捐个四品道台来过过瘾的，周老十必不例外。据我所知，周老十确是报效了一笔银两，弄到了一个候补四品京堂(京堂是不能捐的，只有向政府报效，由政府"赏给"，盖以京堂系京官，贵不可言也)，到光绪三十年，周老十又向庆亲王进贡，托他谋个出使钦差大臣。庆亲王嫌他资格浅，教他先向练兵处报效一笔，是年五月，清廷果然赏他以三品京堂候补（见《光绪朝东华录》)，到光绪三十一年(1905）八月初六日，即发表他为出使比利时国大臣，同日发表者尚有出使法国大臣刘式训，出使意大利大臣黄诰。(黄字宣廷，光绪廿四年翰林，广东驻防汉军旗人，也是以三品京堂外放的。民国初年，他是广州一个大绅士。）以一海关师爷，二十年间居然做到钦差大臣，无怪为士大夫痛心疾首了。这也可见西太后、庆亲王这个贪污集团的胡为，岑春煊提出此一证据，西太后也无话可说。

写到这里，读今日（五月十三日）某报刊某君一文，提到《廿载繁华梦》，说那个粤海关库书名周庸祐，我才记得小说中的周老十名叫"庸祐"，因庸祐与荣曜音相近。书中说周庸祐要娶邓家小姐为妻，请一位姓刘的媒婆给他去说亲，这个刘婆便说出周庸祐起家及其贪污的故事。因为我手头上没有这部小说，现在只能摘钞某君所引的给读者参考一下。小说中所说的倒有大半以上是事实呢。

刘婆说："此人……就是大坑村姓周唤做庸祐的便是。"邓家三娘听到，登时皱起蛾眉，睁开凤眼，骂一声道："哎唷，妈妈那里说？这周庸祐我听说是个少年无赖，你如何瞒我？"刘婆道："三娘又错了，俗语说，宁欺白须公，莫欺少年穷。他自从舅父抬举他到库书里办事，因张制台要拿他舅父查办，他舅父逃去，就把一个库书让过他，转眼三年，已自不同。娘子却把一篇书读到老来，岂不好笑？"三娘道："原来这样，但不知这个库书有怎么好处？"刘婆道："老身听人说，海关里有两个册房，填注出进的款项，一个是做真册的，一个是做假册的。真册的自然是海关大臣和库书知见；假册的就拿来虚报皇上。看来一个天字第一号优缺的海关，都要凭着库书舞弄。年中进项，准由库书经手，就是一二百万，任他拿来拿去，不是放人生息，即挪移经商买卖，海关大员却不敢多管。还有一宗要紧的，每年海关兑金进京，那库书就预早抬高金价，或串同几家大大的金铺子，瞒却价钱，加高一两换不等。因此这一缘故，那库书年中进项，不下二十万两银子。再上几年，怕王公还赛他不过。三娘试想，这个门户，可不是一头好亲事吗?”……（文中的张制台指张之洞。）

某君文中说：“这虽是小说家言”，但确是事实，周老十做库书一年有二十万进项，二十年间弄个数百万，那是大有可能的。清末广东官场有谚语云：“香山顺德睡十万，南海坐十万，番禺走十万。”此语一直到一九三〇年前后还是灵验的。睡十万，犹言县官不理事，睡觉过日，每年也有“天公地道”的入息十万元。坐十万，言坐而不动也有十万进款。走十万，那就苦了大老爷，要去奔走一下才能弄到手了。一个县已有这样的大好处，何况一个偌大的粤海关呢。

岑春煊在两广总督任内，严办南海知县裴景福也是一件大新闻。裴景福见事急，便溜去澳门，清廷交涉了三个多月，才将他引渡回国，充军到新疆。周老十实在比裴景福幸运得多，他不致以贪污罪名被引渡回国受刑，大概是远避到暹罗，隐姓埋名起来，没有人知道，过了六七年，清朝亡了，他又可以大摇大摆回国以富翁姿态出现了。（裴景福在新疆充军的时期有六年之久，遇赦入关，算是幸事。一九一四年，他还出任安徽省公署秘书长，政务厅厅长，一九二六年才逝世，周老十也活到差不多八十岁才寿终正寝。一九三二年，香港有几个年老多金的人，组织一个“九老团”，要七十岁以上的人才有资格参加。周老十时年七十七，也是团员之一。他何时逝世，俟考。)

从“食酒”谈到鼎釜之类

潮州人叫喝酒做“食酒”，外地人听了一定会觉得奇怪，酒怎能食呢？潮州人叫喝茶也叫“食茶”，如果“考古”一番，食酒正是雅到不能再雅，然而又极通俗之至也。梁晋竹的《两般秋雨庵随笔》卷一，有《食酒》一条云：

有阛阓子作日记册云，某日买烧酒四两食之。人遂传为笑柄。而不知亦未可非也。于定国传曰：“定国食酒数石不乱。”柳子厚序饮亦云：“吾病痞，不能食酒。”则酒之言食，其来有自。

食酒一辞，可说是其来久矣。潮州人一定要叫饮酒为食酒的，这是他们的口头语，如果说食酒不通，非改叫饮酒喝酒不可，我敢保证一班人必以为太不通俗，但在古书中，食酒却是雅辞也。又，潮州人叫买酒作“沽酒”，也是雅到可以，香港人只叫买酒就算了，不讲究是否与古书有关。

因此我想到文章的通俗与不通俗问题。我国的文字太复杂艰深，非改良不可，改为多用口头语及通俗的字句，是目前一急务，不过我国地方太大，方言太多，例如“食酒”、“沽酒”在甲地是通俗的方言，但在乙地却又太不通俗而甚至古雅了。这些都是文字学家要去解决的问题，我对于这一行完全不懂，不敢说一句，现在且说一些古雅与通俗的趣事。

一九三二年我在上海时，有一晚和几个朋友在高梦旦先生家中吃饭，饭后谈到商务印书馆的一些趣事。高先生不知怎的忽然谈到早期的商务印书馆，便讲一个笑话给我们听。他说，商务在教科书时代，专致力于编印教科书，所以设立一个教科书委员会之类的会议，凡着手编辑一部教科书，就召集编辑开会，讨论一下怎样着手，内容是什么，由谁负责种种问题。某次开会讨论所编的初级小学国文课本，其中有一课由蒋维乔先生编写的（蒋先生在三年前才逝世，九十多岁了。他是研究静坐的，近六七年还有上海教人静坐，重新写过一部静坐的书）。

梦旦先生见文稿中有个“釜”字，就以为太过古雅，恐怕初小学生不懂得，不如改为通俗而人人都懂的“鼎”字。他将这个意思对蒋先生说了。蒋先生大不以为然，他的理由是：鼎字虽然是古代烧食物的食具，但太过不通俗，小学生一定不懂，还是用釜字通俗些。梦旦先生不服，对他说：“鼎字是日常所用的字，通俗非常，你怎能说它是古字，你的釜字才是古呢。”蒋先生闻言有些不高兴，反驳道：“鼎字怎见得是日常的通俗字？”梦旦先生也带些愠意说：“哎哟，怎不是通俗字，小孩子哪一个不知道鼎是什样东西？”于是他们你一言，我一语，吵到面红面绿，险些儿拍案而起。忽然梦旦先生说出一句：“我们福建人叫烧饭烧菜的镬做鼎，怎见得不通俗？”蒋先生听他这样一说才有点愕然，再详细谈一下，才知道是误会，双方打个哈哈就算了。

福建人和潮州人都叫镬做鼎的，广州人的“镬仔”，潮人叫“鼎仔”，镬字在潮州人口头中是不易读出它的音的，釜字还可以。但读书人又不同了，他们读惯古书，知其音，而且还会用其字。据《辞海》说：“汉书刑法志注，‘鼎大而无足曰镬’。”那么，镬字也是古香古色的与鼎为“同胞”者也。

我在八九岁以前住广州香港，后来回潮州读书，听见家人叫“鼎仔”，不知鼎是何物，有次听见人叫“鼎仔”，婢女递上一个来，原来是镬，我才觉得好笑，明明是镬，何以叫鼎。过了几年，读书稍多，才知古人叫食器做鼎，与镬同用。由此看来，在南方，鼎与镬都是由雅而通俗化了的，北方则以釜及锅为通俗了。

后记

这里收集的几十篇短文，多是近十年在报纸杂志上发表过的，我本来就没有收集编印专书之意。一九五四年七月，有一天与皇甫光兄谈天，他极力怂恿我将近年的什文编集刊行，据他说，可能是有销路的，原因是有不少人喜欢阅读这类的文字。因此我才有信心，便鼓起勇气，先选出二百多篇，后经再三挑选，把一些太过专门化的割爱了。

说来惭愧，我自一九三三年起学写文字，忽忽已二十多年，起初三四年，只是玩玩写给朋友的报纸什志发表，并不计较稿费。但近十五年，则完全靠文字来吃饭，于是稿费便变成我收入的大宗，居然也把六个儿女养大了。我总是觉得我的文字写得不好，越写越不成，久欲投笔，另谋生计，可是总找不到机会，蹉跎至今；而生平所喜欢研究的几门学问，也为了要卖文吃饭而不得不搁置了。

我自一九三七年避地来到香港，两年后，就专恃卖文为活，如果把这十几年的文字集起来，选出稍有可取的印成专书，少说也有三四百万言，倒也可以说是“著作等身”了，六个儿女，就是从“著作等身”中养大的，假如我相信我的文字还稍有点“价值”，则“价值”在彼而不在此，也聊可自慰了。

关于听雨楼这个名字，我得顺便说一下。我是赁楼而居的，此楼可说暂属于我，而楼中并无听雨之匾。我生平喜雨，故名雨（其实此名已二十年不用了），并不叫伯雨。七年前，有一家报馆约我写些随笔，一时想不到用什么名字，于是就随便用听雨楼随笔的篇名，恰好壁上悬有张伯雨的山水立轴，便把古人的名字假借一下，以伯雨为笔名。香港多雨，遇到下雨之日，我在书案前，听到窗外的雨声，也颇以为人生之一乐，自以为南面王不易也。我之未能抛弃文字生涯，这也是一个小小的原因。

一九五六年三月十六日，伯雨记于雨声中。